天
Borderless
下

阿Q之死的标本意义

张建伟——著

法律出版社 LAW PRESS·CHINA

作者简介

张建伟

清华大学法学院教授。1966年出生于辽宁省锦州市。1989年毕业于西南政法学院，获得法学学士学位；1992年、2000年先后在中国政法大学获得法学硕士、法学博士学位。1992年至1997年供职于最高人民检察院。2000年至2003年执教于中国政法大学。著有《司法竞技主义——英美诉讼传统与中国庭审方式》《刑事司法体制原理》《刑事司法：多元价值与制度配置》《论检察》《证据的容颜 司法的场域》等法学专著,以及《刑事诉讼法通义》《证据法要义》等教材。学术随笔结集为《法律皇帝的新衣》《法律稻草人》《羞于称博士》等。

作者简介

（电话铃声）

——喂？

——你好，是张教授吗，清华大学法学院的？

——是。

——可找到您了。我是《糊涂周刊》编辑，听说您经常给《法学家茶座》写评论文章，我们也想请您给我们写点东西，您可别推辞哦。我读过您不少东西，写得精彩，您不但在民事诉讼法学领域颇有造诣，还在随笔杂文方面有许多佳作，太佩服了！

——我是给《法学家茶座》写过东西，但是，民事诉讼？不对，我是搞刑事诉讼的……

——哦，但你写过不少民事诉讼的著作和文章呢。

——我只写过刑事诉讼的书和文章，《司法竞技主义》《刑事司法体制原理》《刑事诉讼法通义》，还有一本《证据法要义》，民事诉讼倒是没有……

——这些太专业，我都看不懂的了，您的随笔集《法学蓝调》我倒爱读。

——记错了吧，我的随笔集是《法律稻草人》《法律皇帝的新衣》。

——呃，听您的学生说，您羽毛球打得很好，经常跟何家弘教授一起打球？

——你是说张卫平(章程)教授吧？哈哈,我没有擅长的体育项目！我是辽宁锦州人,“文革”开始那年出生,本科毕业于西南政法学院,后来在中国政法大学读硕士和博士。我是张建伟啊,你确定是找我？

——啊？打错了！

（挂断）

序

闲来无事，把卷在手，十分惬意。不过，在劣书成堆的当今社会，这句话绝对了点，如果手捧的是一部劣书，谋杀了你的时间不算，还污染了你的灵魂，不值得欣慰。何况，不是所有的人都喜欢闲暇时读书，有不少视书如仇者，简直把读书当作苦事，黄卷在手，荆棘在背，有何快意可言。

据说我们中国乃文化大国，不过，在读书这个问题上，却愧不如人。你看我们从小接受教诲要刻苦学习，结果捧着教科书狂读十几年，绝大多数时间都在孜孜备考，最后浑浑噩噩混到大学毕业，究竟读书量有多大，自己可能都没有认真想过。有一位大学生对老师说："不知怎的，我看课外书，有一种负罪感。"这是长期套牢在考试制度中，失去了自觉求知的意识之故也。在应试教育的制度下，课外书乃是杂览，既然非考试范围，读那干啥。各位莘莘学子只可拼命应考，不可耽读闲杂之书，天经地义，久之养成习惯，到了大学也还不自觉保持这样的惯性，真是"悲夫悲夫"。既然读书已经自囿到可怜的教科书范围，读书的数量也就必然是萤火虫的屁股——量(亮)不大了。至于大学毕业之后，各位在毕业典礼之际扔过方帽的家伙更不读书了，扔方帽也似在庆贺总算不必再读什么鸟书了。等到好事者在全世界做统计，显现我们中国人的年人均读书量少得可怜，虽不至于奉陪末座，排出来可也寒碜，与自封的文化大国实在不相称。

本人执教有年，有时学生问到，该读些什么课外书哩。对于这个问题,我一概一脸诚恳地回答:我是林语堂主义者。林语堂说得好:读书,全凭兴趣,自己想读啥读啥,读自己想看的书,才是读书的真谛,才能领略读书的乐趣,不把这事变成苦差。要知道,读书,最累的是为应考而硬着头皮读枯燥乏味的教科书,书不可爱而日日与之相亲,大家都体会过这其中的苦。不过,说起来有趣,那些味同嚼蜡的教科书有一种特别功能被开发出来,我曾亲见一位警察朋友,在值班室的床边总放一本中学数学课本,睡前读上一段,眼皮沉重,不久恬然入梦,这种书成了进入黑甜乡的护照。

法律人日常处理人的事务,多读点书当然是好事。如今司法官有文凭在手,但样貌气质言谈举止粗俗不堪的却多,大概与读书太少有关。游人断喝:法律人已经揖别黉舍,工作那么忙,把案子办好就得,读哪门子书!这事儿往俗套一点说,理由有四:一是读书可以丰富自己的精神世界,不但长知识,而且可以使内心充实,改变气质谈吐;二是学会明察,读书可以广见闻,对于世道人心有更多体悟,增强辨别力;三是培养法律人应该具有的人文素养;四是特别重要的,实现法律人的专业化,日本管理学家大前研一曾言,每个人都可以成为专家,成为专家的途径就是读书。良非虚言。

聊起读书话题,大家如数家珍,说出不少好处,但很少听到有人谈读书的弊端。其实,读书太多,不总是好事,弄不好反而成了坏事。好与坏,要看能不能化:读而化之,多多益善;读而不化,就"六经误我,我误爹娘"了。读书不化的人被称为"书虫儿"或者"书橱",或者干脆被人称为书呆子。有人戏言:曾有一人,老被人嘲笑为"书呆子",于是他就想改,改来改去,把那点儿书卷气改没了，就剩下呆了。所以，读书要读而化之，才能不成为读腐了书的人。不仅如此，读书非常要命的一点，就是读书太多的人不性感。另外，读书太多戴眼镜过马路容易出危险。

读书的话题，经常有人谈及。我听见过最豪迈的话是一个法国人说的："我从来不买书，要想看书的话，就写上一本。"不久前，我在一本小说上读到一句话，也很喜欢，是这样说的："桌上点一盏小灯，我就不会害怕，多搭一条毛巾我就不会孤单。读一些好书我就不会惆怅，即使一个人，我也不再悲伤。"

这真是凡人读书的美妙境界。

目录

卷一

掀开墨纸惊淋漓

卷二

透过《聊斋》看司法

卷三

《水浒传》的法律世界

卷四

既然开卷就有益

闲日闲书闲心情

卷五

卷六 世间若无明眼人

卷一

掀开墨纸惊淋漓

何处不是人肉宴，
古久账簿几篇章。
如斯大梦谁先觉，
先生荷戟独彷徨。

——聂绀弩《题狂人日记》

刑求逼供何时了
冤狱知多少
拳脚加害死尸青
残虐不堪回首侦查中

法条饬令应犹在
棰楚无人改
管它民有几多艰
官崽剔牙酒后倚栏杆

仿李煜《虞美人》

阿Q之死的标本意义

愚弱国民示众材
围观不下百人来
何因示众无人晓
嘲弄千言告示牌

——聂绀弩《题〈示众〉》

阿Q绝非“生的伟大,死的光荣”的人物;他的身世暧昧,在赵太爷“不配姓赵”的严厉呵斥后,他连姓氏都无法自清,每天活得模模糊糊、迷迷瞪瞪。阿Q不仅活得窝囊(他自己未必这么想,整天精神胜利着),也死得狼狈草率,被捕、游街示众、处决,整个过程都含含糊糊。

鲁迅对于阿Q之死,着墨不算多。尽管如此,这一冤案却在法学和司法上具有标本意义。一个公认的事实是,“阿Q的蒙冤处死,毫无疑问是个惨烈的悲剧。尽管阿Q麻木、愚昧,又有其他种种缺点,但无论如何,他的被冤是值得同情的。他的被捕、被处死,并非罪有应得,更非咎由自取”,①一般人从文学欣赏或者文学批评的角度解读,法学者可以从法律角度审视。阿Q冤案提供了一份刑事司法曾经是怎样以及不应该是怎样的标本,从法律角度观察和感受,与一般文学欣赏和分析理应有所不同。

阿Q经历的司法程序

小说不是历史,不必与实事完全吻合。但小说也未必一定如天马行空,全出于想象。周作人曾著有《鲁迅小说里的人物》一书,书中谈到《阿Q正传》,指出书中有些描写出于想象,但也有一些并非毫无事实依据。当初小说在《晨报》副刊“开心话”栏目陆续发表之时,“有许多人都栗栗危惧,恐怕以后要骂到他的头上”,有的甚至“猜疑阿Q是某人做的,何以呢?因为只有某人知道他这一段私事……从此疑神疑鬼,凡是阿Q正传中所骂的,都以为就是他的阴私”,等到打听出《阿Q正传》的作者究竟是谁时,“才恍然自悟,又逢人说明不是骂他”,②这正说明,《阿Q正传》虽属虚构,却折射了当时真实的人生世态,不可纯以虚妄视之。

阿Q从被逮捕到被处决,经历了民团捕盗、庭审、游街示众和刑场处决几个环节:

---

① 卢今:《旷代文章数阿Q》,载陈漱渝主编:《说不尽的阿Q》,中国文联出版公司1999年版,第94页。

② 鲁迅:《华盖集续编》,天津人民出版社1998年版,第233页。

鲁迅描写阿Q被捕的过程，云："赵家遭抢之后，未庄人大抵很快意而且恐慌，阿Q也很快意而且恐慌。但四天之后，阿Q在半夜里忽被抓进县城里去了。那时恰是暗夜，一队兵，一队团丁，一队警察，五个侦探，悄悄地到了未庄，乘昏暗围住土谷祠，正对门架好机关枪；然而阿Q不冲出。许多时没有动静，把总焦急起来了，悬了二十千的赏，才有两个团丁冒了险，逾垣进去，里应外合，一拥而入，将阿Q抓出来；直待擒出祠外面的机关枪左近，他才有些清醒了"。到得正午，阿Q被押到城里，进了一所破衙门，拐了五六个弯，进到有木栅栏门、三面都是墙壁的小屋里。①这段描写，涉及我国乘夜掩捕这一刑事缉捕惯例，"暮投石壕村，有吏夜捉人"俨然是从古到今始终不渝的传统，至今也还奉行如仪。不过，抓捕时过于"郑重其事"，确是有点滑稽，不但来了太多的军警侦探，而且连机关枪也用上。这段描写，不仅现在读来觉得夸张得可笑，鲁迅同时代人也已非议：到乡下抓一个愚昧无知、"瘦伶仃的"农民何须如此大动干戈？有人给作者写信指摘《阿Q正传》描写捉拿一个无聊的阿Q竟用机关枪有悖于情理，鲁迅本可以夸张变形以创造喜剧效果为由把这一指摘轻易打发过去，但他认了真，不但为小说中这段描写辩护，顺便讽刺执政府事先得知学生请愿而在东门添了军队、还在西门架好两挺机关枪，说以当前的时事看，"那时的事，我以为即使在《阿Q正传》中再给添上一混成旅和八尊过山炮，也不至于'言过其实'的吧"。何况，"他确曾上城偷过东西，未庄也确已出了抢案。那时又还是民国元

① 《阿Q正传》第9章大团圆。

年,那些官吏,办事自然比现在更离奇”。[①] 他劝告:“请先生不要用普通的眼光看中国。”[②]郑重其事,十分较真。

接下来是过堂。庭审过程已经显出文明和进步,大堂下面站着一排兵,两旁站着十几个长衫人物,“都是一脸横肉,怒目而视的看他”,备足了剑拔弩张的气氛。小说中称审判和羁押的地方是“一所破衙门”,这衙门显然是旧时代皇权和制度落败的象征。关押抓来的人的监舍和审理案件的大堂以及堂上人物布局,用的是前清遗留,显示司法保留着旧时的习惯。旧衙门里当事人以跪拜姿势接受审讯的司法仪式虽已废除,阿Q的膝关节仍然不由自主宽松,要跪下去,惹得两旁十几个长衫人物吆喝出来:“站着说!不要跪”!阿Q似乎也懂得不要跪,但跪了几千年的国民膝盖习惯成自然,总觉得站不住,先蹲下去,终于趁势改为跪下。长衫人物鄙夷地说:“奴隶性”!实际上,怕见官不但是草民普遍心理,据说即使是见多识广如学者的,也不免心怀忐忑。美国人明恩溥曾言:“彼国之学者,往往出于地方长官之前,必战战兢兢,如有临深渊、履薄冰之恐。如或被纠弹,则遂不能开口,而至不能发一言者。现据我人之所知,有一个学者,因为证人而被唤至地方官之前,因恐怖而绝倒,不省人事。送归家后,不久即死者。”[③]简直就是契诃夫小说情节的中国翻版。

周作人谈到审问一节,云:“审问的情形全是想象的,但是有

① 鲁迅:《华盖集》,天津人民出版社1998年版,第62~63页。
② 鲁迅:《华盖集》,天津人民出版社1998年版,第62~63页。
③ [美]明恩溥:《中国人的气质》,佚名译,中华书局2006年版,第184页。

一点也有事实的依据。光复后表示民主平等,问案时被告直立回答,无须跪下,但实际官绅的威势还是很大,老百姓一被抓进衙门,便吓得不得了,想站也站不住,两只膝头兀自发抖,问官叫他扶住桌子,连那公案桌也自摇动得快要推倒,结果让他蹲了下去,著者写阿Q的跪下,便是利用这资料,也并不是由于阿Q的非跪不可。"[①] 跪与不跪,在中国司法中曾经是一个马虎不得的问题。美国人何天爵在1873年和1877年两次会同中国官员审理案件,都曾与坚持当事人要跪的中国官员发生争执,其中一起案件,与福建省按察司一起审问牵涉受贿案件的一大批中国人,当时需要在美国驻华领事馆担任职务(有美国国务卿签发的任命书)的一名中国人出庭作证,作为同意其出庭的条件,何天爵要求中国官员将其视为美国人,即享有不跪特权,但由于该证人是中国人,福建省按察司开庭时坚持要其跪下,何天爵反对,遂发生严重争执,使诉讼难以为继。[②] 这一争执,何天爵若不记入书中,后人哪里还会记得?到了民国,当事人、证人等出庭皆可不跪,这是辛亥革命给司法带来的明显变化,不可等闲视之。阿Q一时不适应,是奴性使然,怪不得他。

在公堂上,审理案件的是头发剃得精光的老头子,阿Q疑心他是个和尚。他对阿Q很沉静很和气,劝诱阿Q招供,长衫人物也大声说"招吧"。问话本来暧昧,阿Q的回答更是糊涂,但总

---

① 周作人:《鲁迅小说里的人物》,人民文学出版社1957年版。引自陈漱渝主编:《说不尽的阿Q》,中国文联出版公司1999年版,第167~168页。

② [美]何天爵:《真正的中国佬》,鞠方安译,中华书局2006年版,第167~169页。

算有了口供。第二天庭审，老头子只问了一句“你还有什么话说吗”，阿 Q 回答“没有”，一个长衫人物就拿着笔让他在口供上画押。整个庭审活动很快完成，一点不拖沓，过程非常简陋。

中国式错案往往离不开刑讯，阿 Q 冤案竟是个例外。阿 Q 在审判过程中没有受到刑讯，显然因为他在把总和气的审问之下已经糊里糊涂“招了”，没有刑讯的必要；倘若阿 Q 不招，是否用刑就不好预料了。不过，他也可能躲过这一劫，盖因民国临时大总统孙中山令内务、司法两部通饬所属：“不论行政、司法官署及何种案件，一律不准刑讯。鞫狱当视证据之充实与否，不当偏重口供。其从前不法刑具，悉令焚毁。”为使这一饬令切实得到贯彻，还规定上级官府“不时派员巡视，如有不尚官司，日久故智复萌，重煽亡清遗毒者，除褫夺官职外，付所司治以应得之罪”。[①] 阿 Q 案件审理之时，这一饬令是否下达，书中未表，不便乱猜。

周作人道：“阿 Q 在口供上画押，画圆圈不圆，惭愧得要命，虽是滑稽的穿插，却也很与事实相合，因为这的确不是任意事。他生长在专制统治下，什么都不大着急，以为人生天地之间，大约本来有时要抓进抓出，要在纸上画圆圈的，甚至本来有时也未免要杀头，要游街示众的，惟有画圈而不圆，乃是大可懊恼的事，这里的‘反语’真是深刻得抠进肉里去了。”[②]

---

① 张国福：《中华民国法制简史》，北京大学出版社 1986 年版，第 92 页。

② 周作人：《鲁迅小说里的人物》，人民文学出版社 1957 年版。引自陈漱渝主编：《说不尽的阿 Q》，中国文联出版公司 1999 年版，第 167～168 页。

阿 Q 第三次到得大堂,老头子还是很和气,问一句:“你还有什么话吗?”阿 Q 还是回答没有,于是被许多长衫和短衫人物给穿上写有黑字的洋布白背心,还反缚了双手,抬上一辆没有篷的车,游街示众。游街示众乃是“国粹”,笔者少年时曾多次看到公捕公判大会和游街示众,有的还是学校组织去看的。近年来虽然少了很多,但媒体偶尔仍有披露。例如,2008 年 11 月 26 日《西安晚报》报道:特大持枪杀人抢劫案的 3 名嫌疑人在前一日被警方押解回陕西榆林市府谷县,引得万人围观。3 名嫌疑人被五花大绑,胸前挂着写有硕大名字的牌子,被全副武装的武警押着游街,围观群众欢呼喝彩,秧歌队也来助兴,锣鼓喧天,歌舞翩跹,共襄盛举,令人血脉贲张,比阿 Q 经历的游街更为劲爆,完全忘了嫌疑人还只是有犯罪嫌疑,尚未被法院定罪,这种游街示众违背无罪推定精神,与现代文明格格不入。与之相比,阿 Q 游街没这么盛大,何况还是被定罪以后。

游街示众后,阿 Q 被送到法场处决,执行方法是枪决。枪决算是新的文明执行方法,过去多的是斩和绞,见多识广的阿 Q 绘声绘色给未庄人描述过杀头的好看。按照民国初年《刑事诉讼律》规定:执行裁判由配置于谕知裁判之审判衙门检察官指挥之。谕知死刑已确定后,指挥执行之检察官应速将文件送交法部。接受法部执行死刑回报,应速执行之。执行死刑应由检察官审判衙门书记莅视。执行死刑除经检察官或监狱署长之允许外,不得入刑场。莅视执行死刑之书记,应作执行始末书,并由检察官及监狱署长签名盖印。这些规定本来很完备,但在阿 Q 案件中却没有体现,执行过程还是沿袭前清那一套,只不过将斩、绞改了枪决,

惹得围观的人议论枪毙不如杀头好看。至于《刑事诉讼律》中检察官角色,阿Q案件中压根没有这一号人物,连法官也还不算专业的呢。

整个刑事司法过程,随着阿Q“两眼发黑,耳朵里嗡的一声,觉得全身仿佛微尘似的迸散”而告结束。

阿Q案件司法过程,本应适用《刑事诉讼律》;不过,也有可能光复未久,尚未确定前清法律草案能否适用,因此用的是掺和了几个文明因素的前清县衙审案和执行那套做法。

《刑事诉讼律草案》为东洋名宿冈田朝太郎博士起草、中国法学家沈家本修订,民国初年即决定参用。卢尧云:“中国旧有刑律,而刑事诉讼律向无专名……刑事诉讼律特散见于刑律,未尝独立为一书,且其条例较诸外国刑诉法之详密十不逮一,而其起诉之法(旧起诉以被害者告发为原告,新法以检察官起诉为原告)、审问之法(旧审问用跪供,用刑讯;新法则庭上犯人身体仍得自由,不得刑讯。举一以例,余不同之点甚多)、判决之法(旧秘密,新法公开;旧重供,新法重证)、执行之法(旧审判、执行同一人;新法审判在审判厅,执行由检察厅)尤迥不相符,然则虽有诉讼断狱捕亡诸门,直谓之无一刑事诉讼之律可也”。[1]《大清刑事诉讼律草案》凡6编515条,比现行《刑事诉讼法》多出小一半条文,由于直接聘请日本法学家起草,内容堪称详细,在当时亦几近

① 卢尧编述:《刑事诉讼律》,广东公立监狱学校讲义,广州桂香街粤华兴承刊,第1页。

完备。该法采弹劾制度，检察官终结侦查或预审处分者，因职权或命令，应提起公诉而请求公判。在庭审过程中，除定数推事终始出庭外，检察官及审判衙门书记亦应出庭。实行辩护制度，遇有下列情形，并未选任辩护人或所选任之辩护人不出庭者，审判衙门因职权或检察官之请求以决定指定辩护人：被告人未满二十岁；被告人系妇女；被告人系聋哑；被告人疑系精神障碍；审判衙门认为被告案件应置辩护人。按庭审程序规定，庭审活动与当代大陆法系诸国无异，实行起来与大清传统上公堂问案绝不相侔，必不如小说描述的那么草率。

《刑事诉讼律》确定的审判程序，并没有在阿 Q 案件庭审中呈现。阿 Q 案件的庭审过程，几乎复制了清代大堂上审案的情形，不同之处在于审案者与庭丁都换了与前朝不同的衣冠、法庭上的跪拜已经取消、刑讯没有施行而已。最后一项在形式上未必足以剖分与前清司法审判的区别，在清代大堂上，被告供认不讳，官员也不必施刑；但在实质上，两者又迥然不同，盖因在民国法庭上明令禁止刑讯，大清公堂之上刑讯乃合法的取证手段。刑讯与否，代表了新旧刑事司法的不同时代特征。

我国刑事审判素来注重案件的实质，对于形式，主要是法庭上的程序缺乏足够重视。在古代案件审理中，司法的仪式性受到重视，公堂的布置和人员的配置都有一定规矩，官威所系，马虎不得；但公堂上的审理程序却简陋得几近没有。内乡县衙博物馆编《内乡县衙与衙门文化》一书对县衙制度和县衙文化有详细介绍，但在介绍司法审判程序时，却无法列出庭上活动如何展开，有哪些步骤。之所以如此，非因编写者孤陋寡闻，实在是巧妇难为无米之炊。即使到了民国三年(1914年),当时颁行的《县知事审理诉讼暂行章程》[①]于庭审程序的规定也如前清一样简陋。按照该章程,“凡未设审检厅各县第一审应属初级或地方厅管辖之民刑事诉讼,均由县知事审理”。此即县知事兼理司法制度。该章程第10章专章规定审判,凡十条(第26条至第35条),规定了审判公开原则、维持法庭秩序准用条款、审判上文书、民刑事判词准用条款和程式要求、民事批谕和判决的生效与送达、缺席判决等,规定得都还不错,后来有所修订之各条也多有可圈可点之处。惟庭审活动如何进行,只有一条规定云:“审判方法由县知事或承审员相机为之,但不得非法凌辱。”[②]这一规定实在太笼统。若按此规定,阿Q案件的庭审程序无可指摘,与《刑事诉讼律》之规定相比实不可同日而语。究其原因。我国古代诉讼不大注重审判本身的形式,一直不能发展出一套不仅具有形式意义而且还有实质功能的庭审程序。《刑事诉讼律》乃日人将其本国审理程序移植到中国,中国庭审程序才有了不同面貌,阿Q没有福气享受这一套新式公堂审理办法,实在倒霉透顶。不过,虽然公堂审案最终引入了西方崭新的现代庭审制度,但人们的普遍心理仍然认同这样一种观念,即“当只有实质是重要的时候,如果被形式所困扰,不过是白白浪费时间”,[③]直到今天,这种观念还时常左右着我们对于实质正义和程序正义的看法,庭审侧重于问取口供并每每流于

---

① 民国三年(1914年)四月五六号公布,民国十年(1921年)一月十六号修正,同年三月一日司法部修正。

② 第27条。

③ [美]本杰明·N. 卡多佐:《讲演录——法律与文学》,董炯、彭冰译,中国法制出版社2005年版,第112页。

形式。回眸往昔,方知其来有自,是有家传的。

如阿Q案件之庭审方式,国人原本以为理所当然。中华法系本来自给自足、封闭发展,缺乏与外界先进司法制度的比较,也缺少来自域外先进法律文化的影响。如杨鸿烈所言:"中国法系,到了清代中叶,就呈现动摇倾覆的预兆。这样实在自隋唐完成中国法律的体构,经过宋元到了明代益加发展得完满结实,足为东方各国家的冠冕;但因地势和历史的关系,没有与自己文化相等或比较优越国家来交换影响,就不能不几千年来都离群索处,惟以同化临近西北东北的野蛮游牧民族为最大能事;这样各种制度学术,只能希望不为外来的野蛮民族所摧毁消灭就于愿已足,而进步缓慢就可不言而喻了……直到乾隆中年欧美各帝国主义者欲占领此一块大商场,就强迫我国与之周旋,于是此近世纪最进步的罗马法系和英美法系的国家就与东方唯一的中国法系起了直接的接触,很露不安的状态。"杨鸿烈引用日本今井嘉辛所著《中国国家法论》一书记述的三个案例——英国船成功号(Success)船员(法国水手)案、英国船 Lady Hughes 号炮手案、美国船 Emily 号水手案,这些案件都以中国衙门处决外国水手、炮手告终,不但刑罚过分严酷(斩首),而且审判程序潦草,在相关国家的人没有机会在场旁听情况下进行了快速审判。其中,美国水手"既被交付华官,乃于城内无美人会同在场受审判,二十四时间内竟告斩首",这些西方人受到的待遇与中国国民相同,既不更好也不更坏,但由于无论实体还是程序都如此不公正,"生息于近代最进步的罗马英美法系的人,就很急于脱离中国法系的支配”。[①] 此后西方列强攫取在华领事裁判权,实与此有关。

阿Q经历的司法审判,可以用“含糊了事”或者“含糊了结”之类字样来概括总结,这四个字恰好揭示了旧式审判制度的弊端。当年张汶祥“刺马”案发生后,对该案的审理,李岳瑞评价说:“张汶祥[②]刺杀马新贻一案,当时问官含糊了事,以故,事后异论蜂起”。[③] 在审问中,“时道府为孙云锦,上元县令张开祁、江宁令萧某即于上元署中同讯。余等皆在屏后窃听。文祥上堂,原原本本如数家珍。两令相对眙愕,莫敢录供通详。次日,商于梅启照,梅曰:‘不便直叙。’须令改供浙江海盗,挟仇报复,张不肯。其后种种酷刑,皆逼令改供,非无供也。”[④]刺马案的审判,审问者极力掩盖真相,称其含糊草率,不足以概括其司法的黑暗。无独有偶,清末某外国公使曾对恭亲王、翁同龢等人道:“贵国刑狱不过如杨乃武案含糊了结耳!”一句话引得恭亲王坐立不安,杨乃武案方得昭雪。[⑤] 阿Q案件虽发生在民国成立之后,阿Q仍然死在这样含糊草率的司法审判上(几乎是“审判无程序”),真令人浩叹。

满头剃得精光的老头子

司法程序越是简单粗陋,对司法官的人格和个人素质的倚赖

---

① 杨鸿烈:《中国法律发达史》,商务印书馆1930年版,第869~871页。

② 即张文祥。

③ 李岳瑞:《春冰室野乘·张汶祥案异闻》,载辜鸿铭、孟森等:《清代野记》,巴蜀书社1988年版,第1185~1196页。

④ 张祖翼:《清代野记》,中华书局2007年版,第188页。

⑤ 张国风:《公案小说漫话》,三联书店1989年版,第135页。

就越重。我国古代对司法审判的期待,不在对审判程序公正性的追求,而在对理想司法官的渴望上面。不知何时起,包青天成为这一理想司法官的形象化身。张国风指出:“包公在中国,几乎就是清官的代名词。几千年来,在正史和野史里,留下了无数清官的名字,但是谁也没有包公的名气大。”①传统司法审判中的法官,自宋以后,大多有一种幻想,幻想自己是青天包大人;一般人也期望他们是包青天,等来的却往往是失望。

包青天式审判,审判方法都由裁判者“相机为之”,随意性很大。我们可以从阿Q案件的诉讼活动中领略这种审判方式的特色:

1. 行政官兼理司法(也可以说司法官兼理行政)。在我国古代是常态,直到清末,司法官才有了普遍与行政官分立的动向和制度,但在民国之初,袁氏把持天下,又恢复县知事兼理司法的制度,前述《县知事审理诉讼暂行章程》就是为县知事审理司法案件设定的规范。

2. 裁判者实际上是事实真相的追查者。我国司法传统重视发现案件真相,纠问式审判制度使法官集事实调查员与裁判员的角色于一身,找出真相是为官者的职责。这种职责的特定性与明确性,使得在当事人间分配证明负担没有必要,这正是纠问制下没有生成证明责任制度的原因。

3. 主观臆断。中国传统司法中的裁判者凭经验办案,带有很

---

① 张国风:《公案小说漫话》,中华书局1989年版,第11页。

强的主观性。这一特点,在包大人审案中很突出。张国风曾言:“往往是证据尚未到手,蛛丝马迹尚未澄清,被告一提上来,包大人察言观色,便已成竹在胸,暗暗下了结论:‘见他凶眉恶眼,知是不良之辈’,‘此妇听他言语,必非善良’;‘包公看许生貌美性和,似非凶恶之徒’。”①完全是以貌取人,主观臆断。

4. 审讯中疾言厉色,使对方产生心理畏惧,以此获取口供,实行惊悚式审判。不过,如果被审问者供认不讳,又赶上裁判者心情不坏,审讯时和颜悦色也是有可能的。阿Q案件的庭审便是如此。

5. 刑讯往往是审判者获取口供的常见手段。由于发现真实是裁判者的职责,在专业分工还不够充分的情况下,为了裁判者履行好调查者的职能,赋予其刑讯取供的合法权利。

6. 官威之下,诉讼当事人没有诉讼主体地位,不过是诉讼客体而已。我国古代审理案件,大堂上的气氛庄重严肃,百姓本来就见官觳觫,其诉讼中屈辱的跪拜姿势凸显了卑下的诉讼地位。这种慑服于官威之下的跪拜姿势在民国时期总算废除了,但物理性的跪拜仪式虽然废除,精神上的跪拜状态却不容易改变,民国初年,阿Q膝盖仍然发软,不值得大惊小怪。

在这种审判方式下,裁判者人格不同,智愚贤不肖,对于案件的影响很大。人们寄希望于“青天”而不是审判方式的改良,多少年来,未见审判方式有进步,正是这个原因。

---

① 张国风:《公案小说漫话》,中华书局1989年版,第11页。

在我国,裁判者作为与一般行政官不同的专门审理司法案件的官员,清末始称"推事",台湾一直沿用到1985年改称"法官","推事"才弃置不用。"法官"称谓与"律师"一样,乃来源于道教和佛教。英文"法官"一词,则是judge,本意是判断,法官(judge)意谓"精于判断的人"。《阿Q正传》中案件审理的裁判者既非称"法官"也不叫"推事",显然也不那么精于判断。周作人谈到大堂上审问阿Q的那位"满头剃得精光的老头子",云:

> "那个满头剃得精光像是和尚的老头子,本文中大抵是说那留用的知县大老爷,但事实上当是军政分府里管民政的首长,大概叫做民政长吧。据把总在和举人老爷抬杠的时候说,做革命党不到二十天,可以知道是在光复不久的时候,军民分治,设立知事,一直还在以后,初任知事是俞景朗,这之前的民政长大概也就是他,不过这位俞君鲁迅不曾见过,所描写的不会是他,而且说老头子也不对,因为那时总还不到中年吧。"①

这里的时代背景是,阿Q被逮捕、受审判之时,正值民国创立,当时南京设立中央审判机关,"在各省情况则比较复杂,因为多数省府州县表面上虽然属于南京临时政府管辖,但实际上都在军阀和旧官僚把持下,因此,该地区的司法机关仍然沿用清朝行政司法合一的审判机构"。湖北省和上海县等地方还成立了独立

---

① 周作人:《鲁迅小说里的人物》,人民文学出版社1957年版。引自陈漱渝主编:《说不尽的阿Q》,中国文联出版公司1999年版,第168页。

设置的审判机关，但司法人员主要还是清朝旧司法官僚。①

留用一部分旧司法官僚，在大革命改朝换代的初期并不稀奇，这本身体现了对司法特殊性的重视。1949年中国共产党夺取政权，新政府面临选任体现新统治阶级意志的司法人员的紧迫问题，也留用了一部分旧司法工作人员参加工作，条件是他们必须经过教育改造才能量才使用。当时的司法工作已不能适用“六法全书”，在新法律系统发布以前，司法活动的依据是共产党的政策、人民政府和人民解放军发布的政策、纲领、法律、命令、条例、决议的规定，以及新民主主义的政策。因此，司法人员的选任没有必要对法律素养和法庭经验提出高条件。政治素质成为就任司法人员的基本条件。针对司法干部缺乏的状况，新政府要求“为加强司法工作，必须配备一定数量的坚强干部作为骨干，并需教育他们重视司法工作，帮助他们提高政策水平”，当时调配了一定数量和质量的老干部作为骨干，以便更好地掌握政策，建立良好作风；此外，还大力培养新干部，通过力求改进各大学法律学系的教学内容和方法使其切合新的需要来培训干部，省以上人民政府也着手培训干部，一些男女知识分子被吸收到司法岗位进行锻炼。对于需要一定专门知识的岗位，如法医、检验员等，采取了抽调干部讲习或会同卫生部门办训练班等方法加以培养来弥补人员的不足。② 这都是临时应急的举措。

---

① 张国福：《中华民国法制简史》，北京大学出版社1986年版，第89页。

② 参见《中央人民政府政务院关于加强人民司法工作的指示》(1950年第18期《中央政法公报》)、《系统地建立人民司法制度》(1950年8月26日《人民日报》社论)。

民国初年,留用清朝旧司法官僚属于不得已而为之的办法,但这些留用的官员虽有司法审判经验,却没有现代法律和法学系统、专门训练。通过科举考试考上来的官员,苦读四书五经,何曾钻研过律例?断案之时有幕僚帮衬才不至于无所适从,那时"衙门必有六房书吏,刑名掌在刑书,钱谷掌在户书,非谙习之人,而惟幕友是倚者。幕友之为道,所以佐官而检吏者也"。[①] 幸好有刑名师爷协助断案,司法审判才得以维系,对裁判者的专业资格如此不以为意,世上罕有其匹。

在司法历史中,清末以前司法官没有形成一种与行政官不同的独立职业,也没有相应的职业训练和专业要求。对此,"韦伯指出帝国的官吏是行政官兼司法官,受的是人文式的教育,君子不器的理想追求的是通才式的'文化人'(Kulturmensch),而非专才式的'职业人'(Berufmensch),没受任何专业法学训练之下出任县官,对于断案相关的律例等法律知识与司法程序,完全倚赖非正式的刑名师爷。在这种情形下,专业法学教育不受重视,既不像欧陆大学里有完整的法学课程,也不像英国有庞大的律师行会(法官由律师产生),负责专业法律人才的训练……居上位判案的正式的官吏没有法学训练,在旁辅佐的非正式的师爷却以熟悉刑名律例来主控司法审判的实际运作。但是,刑名师爷具有非正式性质,他是县官的私人秘书与机要人员,并未纳入编制,随官员四处迁徙,无法形成一个团结强大、人所公认的法律人阶层"。[②] 当

① 汪辉祖:《佐治药言》,载《一个师爷的官场经》,九州出版社1998年版,第8~9页。

② 林端:《韦伯论中国传统法律》,三民书局2003年版,第32页。

然，专精律例之学而卓有成就的官员不是绝对没有，却也真如凤毛麟角，满清统治数百年，不过薛允升、沈家本等数人而已。李岳瑞《春冰室野乘》谈到薛允升时说："长安薛云阶尚书允升，官提调十余年，始获外简。甫六岁，复内擢少司寇，洊长秋官，掌邦刑者，又二十年，终身此官，其律学之精，殆集古今之大成。秦汉至今，一人而已。尝著一书，以大清律例为主，而备述古今沿革，上溯经义，下逮胜朝。比其世轻世重之迹，求其所以然之故，而详注其得失，以为后来因革之准。书凡数十册，册各厚寸许，卷帙繁重，竟无人能为任剞劂者，恐日久终不免佚阙矣"。①

马克斯·韦伯将"专门的"法律教育看作法的理性化的产物和标志之一，他指出，"专门的"法律教育有两种方式："其一是，由实务家来进行的经验性的法教育，全面或主要在实务当中进行，亦即讲求'经验'的'工匠式'训练。其二是，在特别的法律学校进行的理论性的法教育，以理性且系统化的方式来探讨法律，亦即讲求'技术'的'学问式'训练"。前者如英国交由律师来训练的工会式的法教育；后者为近代以来大学里的理性的法学教育，"举凡唯独受过大学教育者方能从事法律实务之处，法教育即为大学教育所独占"。② 我国近现代法学和法律教育始于1902年，实行在特定的法律学校进行理论性的法律教育方式，"京师大学堂仕学馆开学，比较系统地讲授法学课程，标志作为知识体系的近现代的法学和法学教育，已被最高当局认可并有计划地加以推

① 辜鸿铭、孟森等：《清代野记》，巴蜀书社1988年版，第1185～1196页。

② ［德］马克斯·韦伯：《法律社会学》，康乐、简惠美译，广西师范大学出版社2005年版，第182～188页。

行。1904 年,《奏定大学堂章程》更将法律学列为 10 种专门学之一”。在此之前,1840 年以前固无足论,即使在 1840 年到 19 世纪末“在这不算太短的 60 年里,由于没有新的近代立法,没有新的教育体系,中国近代法学和法学教育并未展开。这中间,尽管有同文馆和广方言馆等的公法学,以及北洋大学堂的律例学教育,外国法律法典和法学著作亦有一定数量的翻译传播。然而就整体而言,解释、指导中国立法和司法的学问,仍然是传统的古老律学”。①

在以科举考试方式进行官员铨选的制度下,“考试考什么”就是应试者下工夫去学习和掌握的,除此之外,便无暇顾及。除了绍兴师爷为了一种特殊职业的谋取而进行律例传授之外,几乎没有专门的法律和法学教育,因此中国司法官的专业水准不够,不值得大惊小怪。阿 Q 案件审理之时,中国现代法律和法学教育已经起步,但这位头发剃得精光像是和尚的老头子未必接受过这样的教育,做个民政长或者县知事也不需要经过专门的法律和法学教育。

在我国传统司法审判中,缺乏“形式的限制”,法律形式主义的程度不够,与对于司法官专业资格缺乏要求有直接关系。这印证了马克斯·韦伯的说法:“一种理性的、系统的、专业化的科学职业,以及经过专门训练的专业人员,却只有在西方才能看到,而且只有在西方才达到了它在当今世界文化中所占据的主导地位……不可否认的是,任何国家、任何时代都不曾像近代西方如

① 李贵连等编:《百年法学》,北京大学出版社 2004 年版,第 1 页。

此深切地体会到，整个国家生活的生存，它的政治、技术和经济都绝对地、完全地依赖于这样一个经过特殊训练的组织系统。社会日常生活之中最重要的一些功能已经逐渐被那些在技术上、商业上以及在法律上受过训练的政府行政人员所操控。"①他还指出："具有毋庸置疑的重要性的无疑是法律和行政机关的理性机构。因为，近代的理性资本主义不仅需要生产的技术手段，也迫切需要一个可靠的法律制度和遵循规章形式办事的行政机关……这样一种理性的法律制度和行政机关，只有在西方才处于一种相对合法而且形式上完备的状态，从而它们一直对经济活动的发展起着促进作用。"②

马克斯·韦伯曾言："法律形式主义可以让法律机制像技术和理性的机器那样来运作，并且以此保证各个法利害关系者在行动自由上，尤其是对自身的目的法律效果与机会加以理性计算这方面，拥有相对最大限度的活动空间。诉讼成为以和平手段来进行利害斗争的一种特殊形式，使利害斗争受制于确定且不可侵犯的游戏规则。"在法律形式主义之下，法官严格受到拘泥于形式的程序规则、证据规则和证明方法的约束，这对于法官的专业水准（熟谙这些形式规则）要求的程度就会很高。我国传统司法审判

① 马克斯·韦伯还指出："实际上，如果'国家'指的是一个拥有理性的成文宪法和理性制订的法律体系，并拥有一个受理性的规章法律约束、由训练有素的行政人员管理的政府这样一种政治性的联合体而言，具备所有这些基本性质的国家也只有西方才有，尽管国家也可以用其他的方式组成。"参见［德］马克斯·韦伯：《新教伦理与资本主义精神》，陈平译，陕西师范大学出版社2007年版，第15～16页。

② ［德］马克斯·韦伯：《新教伦理与资本主义精神》，陈平译，陕西师范大学出版社2007年版，第16页。

注重实质公道,赋予法官在发现事实真相方面以便宜行事的权力,没有建立起一系列程序规则和证据规则对于事实的发现过程加以严格的形式限制,形式理性化程度有着严重不足的特征,“相应于政治团体的家长制性格,亦即对形式法律的发展毫无兴趣,所以似乎根本没有任何特殊的法律教育可言”。①

在传统社会里,犯罪手段和类型不具有现代社会新型犯罪的复杂性,手段缺乏科技含量,刑事侦查技术也不发达,一般地说,司法官凭借“普通判断力”(common sense)就可以对案件事实进行调查和判断,这也是对司法官专业水准要求不高的原因。我国古代虽有将奖惩事务“宜付有司论其刑赏”的主张,这种主张并不是基于司法对于司法官素质和专业化程度有着较高要求之故而提出的。在我国当代司法实践中,司法审判需要由有特殊专业资格的人承担的观念仍然不那么强固,对于司法理性的重视不够,认为“法官那两下子没啥”的大有人在,虽然法官、检察官和律师的任职资格已经限定为通过统一司法资格考试,但司法机关降低考试门槛的呼声一直不断;各个司法机关的“首席法官”(法院院长)和“首席检察官”(检察长)反而不受司法考试及格这一法官、检察官任职条件的限制,扮演着“拍板角色”的他们被“特许”以自然理性(natural reason)对案件作出终局处理。所有这些,与传统中国司法的影响不能说没有关系。至今,当年英国法官柯克和国王詹姆斯一世的争论,对于我国看待司法官职业的特殊性仍然具有启发作用。詹姆斯一世认为法官不过是国王的代理人

① [德]马克斯·韦伯:《法律社会学》,康乐、简惠美译,广西师范大学出版社2005年版,第232页。

(delegates),国王可以自由地将讼案从法官手里拿回来亲自审理,但柯克及支持他的法官坚持认为国王没有这样的权力。詹姆斯一世回答说:法律建立在理性之上,他和法官一样具有理性。柯克回答说:“诚然,上帝赋予陛下超凡的智慧和异禀;但陛下并没有精研过英格兰的法律;对于攸关臣民的生命、继承、货品或者财产的诉讼案件是不能依据自然理性加以判断的,必须依赖于后天培育的理性(artificial reason)和法律判断,一个人只有经过长期研习和在实践中获得经验才能够掌握法律。”①柯克这段话表达的信念,不仅对于阿Q时代的裁判者来说是陌生的,就是在当代,对于许多掌握较高权力而依据现有机制参与具体案件处理的法律门外汉来说,仍然是陌生的。

司法官与行政官的身份长期合二为一,审理阿Q案件的“那个满头剃得精光像是和尚的老头子”无论是留用的知县大老爷还是军政分府里管民政的首长(民政长),承担的都是行政官兼理司法的老一套职能。在这种体制下,司法官的性格里有着浓厚的行政官色彩,司法官缺乏中立品格,肩负“保一方平安”的治安官职责。这种行政官性格对我国司法官集体人格的塑造,至今有着刻骨的影响,现在的司法机构虽然形式上与行政机构分立,互不隶属,但在许多人(包括许多肩负领导职责的人)眼里,法院、检察院不过是类似行政系统的一个部门;司法机关自身对于与行政系统保持一种疏离,也缺乏应有的意识。司法官的血液里仍然流淌着行政官的血,岂独“那个满头剃得精光”的老头子为然?

---

① Charles Grove Haines, *The American Doctrine of Judicial Supremacy*, The Macmillan Company, 1914, pp. 27 – 28.

把总"刑事政策学"

阿Q冤案大约发生在民国元年(1912年),当时解决刑民纠纷沿用清末法律。南京临时政府成立后,对于"前清制定之民律草案、第一次刑律草案、刑事民事诉讼法、法院编制法、商律、破产律、违警律中,除第一次刑律草案关于帝室之罪全章碍难适用外,余皆由民国政府声明继续有效,以为临时适用"。当时一些地方沿用清末法律有两种方式:一种方式是删除与民国国体相抵触的部分,余皆暂用,例如,浙江省议会决定将前清刑律草案中"称中国者"改"称民国","称臣民者"改"称人民",还有若干条文也有所删改,由都督公布施行;另一种方式是原样施行,不做删改,例如,上海县发布告示称奉民政总长①令"所有本县民刑诉讼,一切暂照从前法律执行",倒也省心省事。②

赵家被抢,这一抢案该当何刑;阿Q被判有罪,罪是否至死,应当参考当时刑法来判断。

就刑法而言,中国至清宣统元年(1909年)八月以前为旧律时代,自宣统元年(1909年)八月起至民国元年(1912年)三月止为新旧律过渡时代,通行的是已经修改的现行刑律,后进入新律时代。民国初年,即临时适用经过修订的晚清的刑律。学者卢尧指出:"中国之新律时代,其在民国成立之初元乎?前清几经萌芽之、发育之,至于成熟,乃留遗待民国之颁行也。溯新律草案,由

① 实为上海民政总长李平书。

② 张国福:《中华民国法制简史》,北京大学出版社1986年版,第86~87页。

修订法律馆起草,其调查考计之事,出于日本博士冈田朝太郎者为多,而我国法学巨子归安沈家本实总其役。自光绪三十三年(1907年)八月告成,经各部及各省签注,加以修正,复于宪政编查馆核订,由资政院第一期议会议决通过总则,而分则不及议毕,即于宣统二年(1910年)十二月一并颁布,未及实行。民国初元,乃由司法部删除修正。"①当年汪有龄、张宗祥、董康②为修正刑法草案告竣呈请提交参政院议决的呈文称:"中国编纂刑律肇始于前清,光绪季年维时修订法律馆旁采列国成规别行撰次,至宣统二年间具稿甫完,其分则一编尚未提交议会通过,民国成立急需应用,因将关于国体各条略行芟除,呈请颁布,本系权宜一时,并非为永制。"由于"极知刑法最关紧要,首先提议修订",法律编查会聘请前清时担任教习和法律馆调查员的日本博士冈田朝太郎"参预是役",前司法部长梁启超提出修改意见,法律馆员悉心编订,经过八个月全编告成。这部法律虽成形于晚清,但起草者来自成功进行了近代化转型的日本,又先后经过沈家本、梁启超等人主持修订,民国时期的修订仍有冈田朝太郎参与其中,该法律实际上是颇为先进的。后人诋毁该法律多封建糟粕而民国竟暂予适用,进而诟病民国革命之不彻底,实出于偏见,并非公论。

查阿Q案发时的刑法,现行新刑律专章规定有"窃盗及强盗罪",关于强盗罪的规定主要有三条,其第373条规定:"强盗有左

① 卢尧编述:《刑律总则》,广州桂香街粤华兴承刊,第6~8页。

② 这三位的头衔,汪有龄为"上大夫参政院法律编查会副会长",张宗祥为"中卿衔少卿司法总长法律编查会会长",董康为"少卿大理院院长法律编查会副会长",现在看来真有点古怪。

列行为之一者,处无期徒刑或二等以上有期徒刑:一、侵入现有人居住或看守之第宅、建筑物、矿坑、船舰内者;二、结伙三人以上者;三、伤害人而未致死及笃疾者。”第374条规定:“强盗有左列行为之一者,处无期徒刑或一等有期徒刑:一、结伙三人以上在途行劫者;二、在海洋行劫者;致人死或笃疾或伤害至二人以上者;三、于盗所强奸妇女者。”第376条规定:“犯强盗之罪故意杀人者处死刑或无期徒刑。”按照上述规定,强盗罪最重刑罚为死刑,但只适用于“犯强盗罪故意杀人者”。犯强盗罪致人于死,分为两种情形:一是犯强盗罪者蓄有杀人之意,也就是故意杀人;二是犯强盗罪者无杀人之意,被害人系因伤致死。也就是说,“与旧例强盗杀人有杀与伤之分别也”。[①] 就刑罚适用的规定看,新刑律规定的刑罚不算重,而且对于不同情形适用不同规定,比我国现行刑法还要来得明确,例如可处死刑者只有一种情形,现行刑法多达八种情形,显然现行刑法规定的刑罚更重于清末民初。此外,阿Q一案还涉及刑律总则关于共同犯罪的规定,该章第23条规定:“二人以上共同实施犯罪之行为者,皆为正犯,各科其刑。于实施犯罪行为之际帮助正犯者,准正犯论。”如果阿Q犯罪属实,以他的畏葸、愚昧性格和前科推断,只属于“实施犯罪行为之际帮助正犯者”。

从案情看,赵家遭抢,在夜深时分。阿Q“忽而听得异样的声音,又不是爆竹”,这异样的“拍,吧~~”!声音很可能是枪声。也就是说,强盗属于持械侵入现有人居住之第宅,而且显然属于

① 程继元、胡必达编辑:《现行新刑律汇解》(第6册),文明书局1918年版,第44页。

“结伙三人以上者”。举人老爷主张第一要追赃,从这一点推测,抢劫中并无人受伤或死亡。这样看来,按照新刑律的规定,即使阿Q为强盗罪共犯,也罪不至死;不但他罪不至死,那些强盗罪的正犯依新刑律规定也罪不至死。

然则阿Q何以就死了呢?《阿Q正传》道其原因:“举人老爷主张第一要追赃,把总主张第一要示众。把总近来很不将举人老爷放在眼里了,拍案打凳地说道:‘惩一儆百!你看,我做革命党还不上二十天,抢案就是十几件,全不破案,我的面子在哪里?破了案,你又来迂。不成!这是我管的’”!原来,处决阿Q有公私两种考虑:从公的方面看,为了惩一儆百,发挥刑罚的一般预防功能,依靠死刑和示众的吓阻作用,以儆效尤,维护一方平安;从私的方面看,把总的面子不可不维护住,把总做了不上二十天的革命党,抢案多得梳成辫,若都不能破案,便失了面子。国人何其爱面子,在面子大于他人生命的把总眼里,阿Q有资格作为实现把总“刑事政策学”和修补面子的工具。于公于私既然大有益处,阿Q焉得不死?

其实,刑罚有特殊预防功能,也有一般预防功能,但适用刑罚于具体犯罪人,需要恪守罪刑法定原则。刑罚自然能够产生对社会一般人的吓阻作用,发挥一般预防功能,不必在应得刑罚之上再度加码。何况加重处刑的效果颇为有限,贝卡利亚曾言:“人的心灵就像液体一样,总是顺应着它周围的事物,随着刑场变得日益残酷,这些心灵也变得麻木不仁了。生机勃勃的欲望力量使得轮刑经历了百年残酷之后,其威慑力量只相当于从前的监禁。”[①] 我国晚清法学家沈家本也指出:“谓将以警戒世人,而习见习闻,转感召其残忍之性。”[②]政府行为对民众价值观的形成与演变有着重要影响,而严刑峻罚一旦成为政府行为的准则,则轻贱人的生命、健康、自主的价值观就会影响社会,形成不良的社会风气。美国学者L. 布鲁姆等人指出:“当法律规定权利与义务并以强制力量相威胁以维护其规定时,法律便变成了一种强有力的传播媒介,每一个执法行动都表达了它对社会的价值观的态度以及它对这些价值观的承诺。”[③]

在犯罪形势严峻的情况下,无论官方还是民间,反应大抵都如法家,信奉严刑峻罚主义,尽管古训有云“刑新国用轻典”“刑平国用中典”“刑乱国用重典”,但刑事司法恰如唐代杜佑所言:“历代盖治时少,罕遇轻刑;乱时久,常遭重典。”[④]在严刑峻罚的刑事政策下,现有的刑事被追诉者被当作刑事政策的工具来使用,他们承担了超过其犯罪应得的刑罚,成为罚不当罪、罚重于罪的牺牲品。

将人工具化,其根基在于反个人主义的观念,即对个人价值采取蔑视态度,把个人当作施行公共政策的工具,这种祭旗式随

---

① [意]切萨雷·贝卡利亚:《论犯罪与刑罚》,黄风译,中国大百科全书出版社1993年版,第43页。

② 王觐:《中华刑法论》,朝阳学院1943年版,第1145页。

③ [美]L. 布鲁姆:《社会学》,张杰等译,四川人民出版社1991年版,第648页。

④ (唐)杜佑:《通典》,岳麓书社1995年版,第2259页。

意牺牲他人的哲学,必然造就阿 Q 式的悲剧。把他人当作工具,而不认为对方是权利主体,对其自由权利没有任何敬畏,是把总"刑事政策学"的要害。这种反个人主义的观念,在国人心目中颇为强固,个人主义却被歪曲、丑诋,把它与自私自利主义画上等号,便是突出表现。梁漱溟先生谓:"中国文化最大之偏失,就在个人永不被发现这一点上。"①

对个人生命、自由、权利的漠然态度,加上急功近利的公共政策宣导和执法者的面子问题,以上诸因素共同作用下,阿 Q 便成为"理想的被害人",送上"祭台"就成了他必然的命运。所以,尽管依照刑律,阿 Q 即使有罪,也罪不至死,然而刑律规定是一回事,实际判案又是一回事,②马克斯·韦伯称中国司法缺乏形式理性,不是没有道理。中国是充满可能性的社会,鲁迅曾云:"先前,我觉得我很有写得'太过'的地方,近来却不这样想了。中国现在的事,即使如实描写,在别国的人们,或将来的好中国的人们看来,也都会觉得 grotesk。我常常假想一件事,自以为这是想得太奇怪了;但倘遇到相类的事实,却往往更奇怪。在这事实发生以前,以我的浅见寡识,是万万想不到的。"③这段话听似"刻薄",道出的却是实情。

令人疑惑的是,把总真的相信阿 Q 是强盗吗?

---

① 梁漱溟:《中国文化要义》,学林出版社 1987 年版,第 259 页。

② 也不排除革命后的民国元年该实施什么法律还不明确,司法存在无法无天一段空档的可能。

③ 鲁迅:《华盖集续编》,天津人民出版社 1998 年版,第 237 页。

假如把总相信阿 Q 是强盗,那是把总的草率和轻信造就了阿 Q 的不幸。这固然糟糕,但还不算是最糟糕的;最糟糕的是,依把总“刑事政策学”进行合理推断,即使他并不认为阿 Q 是强盗共犯,也照样可以杀他来祭旗——以犯了强盗罪的名义杀了无辜的阿 Q,可以起到实现“侦破案件”零的突破以及惩一儆百、保有面子的作用。有论者言:“手握兵权的老把总在辛亥之后,权力不但没有削弱,反而加强了,为了维护自己的权势,他是可以什么都不管不顾的,他给阿 Q 过堂,不过走走过场罢了,过堂时他连话都没让阿 Q 说完就草草了事,在一无人证二无物证的情况下,这个在阿 Q 眼里很和气的老头子就把他的性命断送掉了。”①对于蒙在鼓里的一般民众来说,只要抓住并惩罚了“罪犯”,安全感就会增强或者恢复,对执法机关和人员的拥戴之情也会得到培育,这种情况,才是司法最黑暗的表现。

合理的可接受性?

阿 Q 案件经过审判,当然需要有一定证据对指控乃至判决加以支撑。很明显,给阿 Q 定罪,有以下证据可供判断:

给阿 Q 定罪,必定有人告发,不过告发者并没有出庭(这与当代法庭审判证人、被害人不出庭如出一辙)。告发者的陈述可以作为证言采纳为定案依据。如果该陈述作为证据提出,这一证据并没有提交法庭公开检验并使被告人有质证的机会,这是重大的诉讼瑕疵。

---

① 卢今:《旷代文章数阿 Q》,载陈漱渝主编:《说不尽的阿 Q》,中国文联出版社 1999 年版,第 90 页。

本案给阿Q定罪最有力的证据是他的口供。表面上，阿Q供述了参与犯罪，实际上驴唇不对马嘴，不过是乌龙一场。他与审问者完全是聋子对话，各说各的，答非所问，但稀里糊涂地竟像是很合逻辑的一问一答，仿佛阿Q与抢劫举人老爷的一群人是一伙的。

从阿Q那里获得口供，没有、也不需要使用刑讯，诉讼中也没有为追赃而给阿Q肉体施加什么压力，所有不正当的讯问就是两句威胁、利诱式问话："你从实招来吧，免得吃苦。我早都知道了。招了可以放你。""说出来就放你了。"这种利诱（招了可以放你）、欺骗和威胁（免得吃苦），表面上没有刑讯那么严酷，其实同样会使某些无辜者招供"有罪"进而铸成错案。堀口宗路在《还你清白》一书中记载：松尾政夫冤案中警察审问松尾政夫到凌晨三点了，一个警察似乎察觉了松尾的心思，温和地问："松尾，你有老婆吧？她一定在家里等得很着急呀。如果坦白了，马上放你回去。你不想得到自由吗？"松尾问："你是说，要是我说了，就让我回家吗？"警察肯定地说："当然啦！"松尾又问："不是在骗我吗？"警察说："警察怎么能骗人呢！"吉川许下诺言，其他刑警随声附和。这时松尾政夫已经累得支撑不住，他动了心，心想：不如姑且做一个虚假坦白，躲过这一关再说，以后再说出真实情况。此时他最大愿望就是尽早回家让久惠放心。松尾政夫开始虚假坦白，在这个过程中，具体犯罪情节事实都是吉川诱导的，松尾只是回答"对，是的"就够了。早晨5点左右，审讯结束，调查笔录也整理好了。松尾在那份记录上捺下手印。堀口宗路指出："松尾的坦白似乎有些轻率。可是，设身处地地想一想，在那种情况下，有多少人能够否认到底呢？这些刑警在取供方面都是行家，即便不直接动手施加暴力手段，也可以使被审讯的人感到无限的不安和恐惧，并使其不明不白地招供，这并不是很难做得到的。摆弄像松尾这种老实纯朴的人，肯定更是轻而易举的了”。[①] 这份记录在日后的定罪中发挥了重要作用，警察在拿到口供后没有兑现放人的承诺，他们在利诱时根本就没有打算兑现那个承诺。与松尾政夫不同的是，阿 Q“供认不讳”并没有受到审问者利诱的影响，他的供述完全出于糊涂。

进一步思考，阿 Q 之所以被人告发，与他进城“阔着”回到未庄有关。阿 Q 要与吴妈困觉，被逐出赵太爷家，生计立即出了问题，于是去偷静修庵尼姑的萝卜，吃后就进城谋活路。过了许多时日，阿 Q 神气活现从城里回来，“从腰间伸出手来，满把是银的和铜的”，“看去腰间还挂着一个大搭连，沉钿钿地将裤带坠成了很弯很弯的弧线”，还卖了许多件衣物给未庄的女人们。原来他在城里一伙贼中充当过小脚色，“不但不能上墙，并且不能进洞，只站在洞外接东西。有一夜，他刚才接到一个包，正手再进去，不一会，只听得里面大嚷起来，他便赶紧跑，连夜爬出城，逃回未庄来了，从此不敢再去做”。这一底细为未庄人所知，为他日后的冤狱埋下祸根。然而，从证据法的角度看，对于类似事实（similar facts）或者类似行为（similar acts），总的原则是，相似犯罪、错误或行为的证据不能用来证明某人的品格以说明其行为的一贯性，亦即“一次为盗，终生为贼”的逻辑是不成立的。阿 Q 以前参与盗

---

① ［日］堀口宗路：《还你清白》，张爱平等译，法律出版社 1997 年版，第 36 页。

窃的事实,不能用来证明这次劫案也有他的份,两者没有关联性。

总的看来,本案给阿Q定罪的证据薄弱得可怜,至于所谓的“赃物”更是杳无踪迹,但就是这种粗糙至极的证据成就了这个平民的“莫须有”冤案。

对于这起冤案,耐人寻味的是未庄人的反应:“至于舆论,在未庄是无异议,自然都说阿Q坏,被枪毙便是他的坏的证据;不坏又何至于被枪毙呢”?也就是说,在未庄人眼里,阿Q被定罪、被处决具有“合理的可接受性”。不仅置身事外的未庄人如此想,就是举人老爷一家,对于阿Q被定罪和杀头也没有觉得不合理、不可接受,他全家号咷只是因为阿Q死了却没有追赃。至于城里人多半不满意,原因倒不是因为本案实体公正方面或者程序公正方面存在问题,而是阿Q“游了那么久的街,竟没有唱一句戏,他们白跟一趟了”。

在了解全部底细的读者看来(读者有着与上帝一样全知全能的眼光),阿Q冤案无论从实体判决还是程序运作,都不具有“合理的可接受性”。这说明所谓“合理的可接受性”本是主观性很强的判断,而且必然受到资讯充足与否以及时代进步程度等因素影响。是否合理以及是否可接受,因人而异,因时代而异,因掌握的资讯多寡而异。这一群人认为合理的可接受的,另一群人却认为不合理和不可接受。例如,诉讼两造立场相反,任何一方对案件裁判结果都可能持有与对方完全相反的评价。当今认为不具有合理的可接受性的,过去却可能被认为具有合理的可接受性。例如,对于清代司法审判,当代的诉讼法学者恐怕评价不高,但19

世纪的西方人阿拉巴斯特却赞扬说:"中国的制度对中国来说并不落后——而是极为适合他们;它也不是古代制度的遗迹——而是四千年文明演化的结果。"[①]尽管美国人何天爵认为"从中国法庭的实际运行操作看,贪污受贿、敲诈勒索、徇私舞弊、残害忠良等等现象不仅难以避免,而且司空见惯",他却用赞赏的口吻这样描述中国的法庭:"从理论上至少可以说,中国法庭的办事效率高、花钱少,而且比较令人信服。"[②]"从整体上看,清朝的法律充满了智慧,温和而讲人道……在这样一种从整体上来说如此温和而又不悖常理的司法制度之后,再加上一套针对滥权和不公正的相当成熟和完备的预防机制,应当说,它能够做到使作奸犯科者无一漏网,而清白无辜者无一冤枉。"[③] 由此可见,判断是否具有"合理的可接受性"受制于时代并具有主观性,以"合理的可接受性"作为评判案件的标准或者诉讼法学与证据法学的理论基础,

---

① [英]约·罗伯茨:《十九世纪西方人眼中的中国》,蒋从越、刘林海译,中华书局2006年版,第24页。

② 他描述说:"任何中国人如果有事要控告另一个人,那么无论在白天或是黑夜的任何时候,他都可以来到这里击鼓敲锣,鸣冤喊屈。地方官员听声闻讯后,按照法律规定,他必须立刻穿好官服,走到前台,正襟危坐在太师椅上,随时随地面对任何一个原告或者被告,在使他们不受任何恐吓挟持、不偏袒任何一方、不收取任何费用和报酬的条件下,认真地听取双方的申诉,然后根据实际情况作出公正的判决。"并说:"中国的司法制度可能是在世界上具有最古老悠久的历史,而且似乎多少个世纪以来,这一制度并没有经历过什么重大的变化。这一体制的内容虽然较简单,但有充分的证据表明,它试图努力保护那些求助于司法制度的人们,无论对原告还是被告,也无论人们所控告的是官方的不公正还是敲诈勒索。"参见[美]何天爵:《真正的中国佬》,鞠方安译,中华书局2006年版,第153~154页。

③ [美]何天爵:《真正的中国佬》,鞠方安译,中华书局2006年版,第155~157页。

恐怕靠不住。

“合理的可接受性”是实用主义的概念，最初由美国哲学家希拉里·普特南提出，普特南认为“真理是某种(理想化的)合理的可接受性”。① 他指出：“在真概念和合理性概念之间有着极其密切的联系。粗略说来，用以判断什么是事实的唯一标准就是什么能合理地加以接受。”②近年来一些学者喜欢借用这一动人的短语来弘扬程序至上的理念，认为只要诉讼程序得到了恰当的遵守，无论得出什么样的判决都是合理和可以接受的(这种观点使刑事司法审判不再是罗尔斯认为的“不完善的程序正义”，而成了与赌博一样“纯粹的程序正义”)。有的甚至认为所谓“裁判事实的可接受性”而不是如何发现真实的问题(即认识论问题)应作为证据法学或者诉讼法学的理论基础，主张诉讼的目的不在于探究过去发生的事实，而是建立关于过去发生的事实的可接受的版本。

问题是，究竟以谁的评价为标准来确定是否具有可接受性？阿Q是“强盗共犯”，这样一个关于过去发生的事实的版本被未庄人和城里人接受，连阿Q自己都认为“他不过以为人生天地间，大约本来有时也未免要游街要示众罢了”，死到临头，他忽然感到害怕，要喊“救命”，却始终没觉得杀他的头有什么不对。这种“接受”能成为证据法学和诉讼法学的理论基础以及评价司法及其案

---

① [美]希拉里·普特南：《理性、真理与历史》，童世骏、李光程译，上海译文出版社2005年版，第56页。

② [美]希拉里·普特南：《理性、真理与历史》，童世骏、李光程译，上海译文出版社2005年版，第2页。

件处理优良与否的标准吗?

进一步追问,如果“合理的可接受性”不是人们对于外在事物的主观评价或者感受,而是指我们评价对象自身具备的属性,如司法审判符合当今公认的实体正义或者程序正义的标准就是合理的可接受的,那么这个词除了换了一个心理状态的角度来描述实体正义或者程序正义已经存在的标准,还有什么其他有价值的贡献吗?

实用主义的观点具有反理性主义的性质。认为不必顾及真与非真的问题、只应考虑裁判事实的可接受性的主张,很容易让人联想到某些“实用主义”的观点。实用主义者并不拒绝“真”与“非真”的讨论。相反倒常常涉入这样的讨论。只不过,他们认为“真”没有客观实在的性质。实用主义者认为“真理是善的、有用的和‘令人满足的’,它并不具有逻辑必然性。为了我们的需求,我们创造了真理。所以,在建构真理的过程中,我们完全是自由的”。[①]例如,詹姆斯给“真理”下的定义是:真是我们最好加以相信的东西。理查德·罗蒂曾言:“没有办法知道,什么时候一个人已经达到了真理,或什么时候一个人比以前更接近真理。”[②]他们是新旧实用主义的代表人物。爱弥尔·涂尔干指出:“被接受为真的判断与被拒斥为假的判断都取决于有用性(utility)。真理即

① [法]爱弥尔·涂尔干:《实用主义与社会学》,渠东译,上海世纪出版集团 2005 年版,第 100 页。

② [美]理查德·罗蒂:《后哲学文化》,黄勇编译,上海译文出版社 2004 年版,第 233 ~ 234 页。

是有用性的观念，便是实用主义的根本原则。”①

将这种反理性主义的“实用主义”观点②应用在刑事司法当中，会为“杀一儆百”之类把总式“刑事政策学”提供理论支撑；发展到极端，甚至为选择哪一个人为社会治安“祭旗”更为有利的想法提供支持。罗素曾辛辣地指出：“那些鼓吹反理性主义观点的比较博学的作者，例如实用主义哲学家，他们的观点就不那么容易被识破。他们认为根本不存在像客观事实这样的事物，我们的意见如要证实是真实的，就必须与之相一致。对于他们来说，意见只是生存竞争中的武器，那些能帮助人们生存下去就被称为‘真实的’……虽然实用主义者关于‘真实’的定义是像上面所说的那样，但在日常生活中却以很不同的标准去对待实践中提出的较少掩饰的问题。一个就任审判官的实用主义者，在审理谋杀案件时，也将会像别人一样注重证据的正确性，而如果他采取他所信奉的标准，那他就应该考虑在全国人民中哪种人的绞杀对他最有利。按照他的定义，这个人就是犯谋杀罪的人，因为相信他有

---

① [法]爱弥尔·涂尔干：《实用主义与社会学》，渠东译，上海世纪出版集团2005年版，第5页。

② 爱弥尔·涂尔干指出：“实用主义对理性的攻击确实既猛烈，又坚决。”他警告说：“无论我们的文化，还是全部哲学传统，都以哲学思辨为肇端，其灵感均来自理性主义。倘若实用主义是有效的，那么我们就不得不彻底颠覆这一传统。”因为“与其他学说相比，实用主义更容易使我们认识到我们有必要改变传统的理性主义，因为它向我们揭示了理性主义的缺陷”。“它具有民族性的重要意义。从根本上说，整个法国文化本质上是一种理性主义的文化。18世纪是笛卡儿主义蔓延的时期。所以对理性主义的全面否定会带来一种危险，使我们彻底抛弃我们的整个民族文化。如果我们不得不接受实用主义所代表的非理性主义形式，那么整个法国精神就必然会产生彻底的转变。”参见[法]爱弥尔·涂尔干：《实用主义与社会学》，渠东译，上海世纪出版集团2005年版，第2页。

罪,这较为有利,因而也就更'真实'。"[1]

显然,如果不必顾及裁判事实的真与非真的问题,连阿Q之死是否冤枉也成了一时难以确定而需要另觅评价标准的问题。"合理的可接受性"要不得,这是很明显的例证。

结论

日本竹内好先生曾言:"一百页的《阿Q正传》和一千页的《死魂灵》同样是包含着等量的群象的大宇宙。"[2]这部小说可以被看作现实的一重幻影,也是落在读者颈上冰冷的槐蚕,[3]小说揭示和批判了中国的国民性和各种问题,是该小说除艺术以外极为重要的价值所在。侯外庐论《阿Q正传》曾言:"三十多年前,我提出:为什么鲁迅用英文字母'Q'作为'阿Q'的名字呢?我的看法是'Q'即英文'Question'(问题)的第一个字母。鲁迅选择它,说明在《阿Q正传》正传中反映了中国社会的一系列重大问题。"[4]鲁迅使用字母"Q"究竟是不是用来代表"Question",可以姑且不论,《阿Q正传》的确"反映了中国社会的一系列重大问题",包括司法问题。读《阿Q正传》,应当关注阿Q的命运,更应当思考造成阿Q悲剧的原因,并借此审视我们的司法传统及其对

① [英]伯兰特·罗素:《真与爱》,江燕译,志文出版社1990年版,第133~134页。

② [日]竹内好:《落在》,载陈漱渝主编:《说不尽的阿Q》,中国文联出版社1999年版,第751页。

③ 方瑜:《落在颈上冰冷的槐蚕》,载陈漱渝主编:《说不尽的阿Q》,中国文联出版社1999年版,第635页。

④ 侯外庐:《祝贺与希望》,原载《鲁迅研究年刊》1979年创刊号,又载陈漱渝主编:《说不尽的阿Q》,中国文联出版社1999年版,第372页。

当今司法的影响,寻求改良之道,这是法律人不可推卸的使命。

造成阿Q冤案的原因有多种,大体可以归结为程序简单粗陋、审判官专业水准和审案态度不佳、取得证据和采纳证据不当、缺乏辩护等原因,更可归结为以人为工具的“刑事政策学”和处理案件的“实用主义”思路。

尽管鲁迅对阿Q冤案着墨不多,但对旧时刑事司法和裁判者的刻画也算是入骨了。小说中的描写,如果能够唤起法律人对本国司法存在弊端的自省意识,人们拿它来与现实刑事司法制度作一个对照,算是没有枉费作者一番苦心。阿Q虽然被枪决,但人们都相信阿Q精神并没有死,阿Q也未像小尼姑咒骂的那样“断子绝孙”。我们现在看阿Q时代的司法虽有隔世之感,但那种司法弊端和司法意识,并没有随旧时代而消亡,在当代时常见到它的影响,例如,即使在21世纪的中国,还偶尔见得到游街示众。虽然有法律,但法律被参考资料化、刑事辩护不足、司法人员虽然通过司法资格考试但专业水准不能满足办案的需要、证据法简单粗陋、重刑主义和司法实用主义占据观念的要津,这些问题,多多少少都还有着传统的影子。这提醒我们,改变观念,改良司法,这条路还需要加大步伐继续走下去。事实上,我们的司法制度的进步,需要选择一个历史起点(例如,可将阿Q时代当作这样一个起点),这样的历史起点可以使我们清醒地知道应当告别什么,应当革除的是哪种司法状况。尽管是文学虚构,阿Q冤案毕竟提供了一种黑暗司法的典型,这正是阿Q之死具有的标本意义。

窦娥的「二度被害」

勿谓勿妨，
勿谓无伤。
匹夫含怨，
三年亢阳。
匹妇结愤，
六月飞霜。
可以安危，
可以兴亡，
敢告司宪，
无轻国章。

（唐）张说《狱官箴》

苏力的文章常常别出心裁，譬如他的《窦娥的悲剧》一文，观点就很新异。这篇文章为桃杌辩护，为张驴儿辩护，认为窦娥的悲剧不可避免，认为窦娥对自己的悲剧要承担责任。文章最终的结论是:“《窦娥冤》讲的就是这样一个人类的悲剧:在一个没有强有力自然科学技术、实证科学研究传统和职业传统支持的司法制度中,哪怕司法者很有良心和道德,也将注定不可能运送正义,而更可能运送灾难和悲剧。也许这应当是《窦娥冤》对于我们的永远的警示!”这结论显然来自苏力自己的诠释(或谓之杜撰亦可),并非《窦娥冤》原著者想要明白告诉读者和戏剧的观众的。

一般地说,领异标新是文章的优点,杜甫即以“语不惊人死不休”自熹,但别出心裁若是由反逻辑的织造呈现的异样效果,就不那么令人起敬起畏了。读朱苏力文章,感觉辞章华美,沁人心脾,不过其论证有时缺乏缜密性,逻辑缺乏一贯性和必然性,若过山车突然驶出轨道,[①]但由于整篇文字峰回路转,扑朔迷离,若不仔细审视,常常被遮掩过去。《窦娥的悲剧》一文,无论从主要观点到具体论证,缺陷都很明显,发表之后引起非议,良非偶然。[②]

谓予不信,不妨就此审视一番。

掐头去尾,《窦娥的悲剧》分为五部分:悲剧是如何发生的,谁的话更可信,证据问题,证据问题的背后,超自然证据和鬼魂的意义。本文依此顺序就该文及其引出的话题展开探讨。

---

① 苏力喜欢在文章题目下引诗词歌赋作为点题或者点缀,《窦娥的悲剧》一文也是如此,题目下引《君子行》曰:“君子防未然,不处嫌疑间;瓜田不纳履,李下不整冠。”然而读罢全文便知,这首诗似与全文没多大关系。

② http://www.tianya.cn/new/publicforum/Content.asp?strItem=law&flag=1&idArticle=42104 作者:qiufeng209,回复日期:2006-6-4 18:48:12。

悲剧是如何发生的?

《感天动地窦娥冤》(简称《窦娥冤》)是关汉卿的名剧,全剧为四折,另有楔子一折。剧情为:窦天章幼习儒业,饱读文章;争奈时运不通,功名未遂;一贫如洗,流落在楚州居住。窦秀才浑家亡化已过,撇下一个女孩儿,小字端云,如今已经七岁。此间一个蔡婆婆,其夫主亡逝已过,只有一个孩儿,年长八岁,娘儿两个过日子,家中颇有些钱财,靠放贷为生。窦秀才向她借了二十两银子,本利该还银四十两。蔡婆婆数次索取,窦秀才只说贫难,无力偿还。蔡婆婆见他女儿生得可喜,长得可爱,有心看上他,要她做个媳妇。窦秀才应允,择吉亲送女儿到蔡婆婆家。两人既是亲家,本利四十两银子免掉;蔡婆婆再送窦秀才十两银子做盘缠。窦秀才留下女儿一径上朝应举去了。不上二年,蔡婆婆的孩儿呜呼死了,婆媳两人相依为生。悲剧就此埋下伏笔。蔡婆婆放高利贷,又无悍夫作为后援,早晚出事。山阳县南门有一庸医,姓卢,人称"赛卢医",开着生药局,曾向蔡婆婆借了十两银子,本利该还二十两,蔡婆婆几次来讨,没的还她。一次蔡婆婆又来讨债,赛卢医诱其到外面无人处,用随身携带的绳子要勒死她,正巧张驴儿和他的父亲路过此地,冲上来,搭救了蔡婆婆性命,赛卢医慌忙逃走。张驴儿父子亦非好人,闻蔡婆婆还有一媳妇,两人便以死威胁,强与婆媳俩儿成婚。蔡婆婆无奈,只好应许,将两人引自家中住下。窦娥不从,张驴儿便到南门外生药局讨副毒药,意欲趁那蔡婆婆害病,下药害死她,强迫窦娥与之成婚。张驴儿见赛卢医正是下手谋害蔡婆婆之人,乃胁迫其给自己合了一副毒药。赛卢医本来就想躲到别处另做营生,见此情景,怕受牵连,一溜烟跑到涿州卖老鼠药去了。张驴儿讨得药后,将药下在窦娥为其婆婆做的羊肚汤内,蔡婆婆打呕吃不下,张驴儿的父亲给吃了,结果中毒身亡。张驴儿再次逼迫窦娥与之成婚,不成,乃诬告窦娥下毒害死其老子。楚州太守桃杌升堂审理此案,对窦娥施行刑讯,窦娥坚不认罪,桃杌便要当着窦娥的面拷打蔡婆婆,窦娥怕婆婆吃亏,便自诬服,最终窦娥被斩首法场。刑前许下三愿:“要丈二白练,挂在旗枪上:若是我窦娥委实冤枉,刀过处头落,一腔热血休半点儿沾在地下,都飞在白练上者……如今是三伏天道,若窦娥委实冤枉,身死之后,天降三尺瑞雪,遮掩了窦娥尸首”。第三愿是“着他楚州大旱三年”。窦娥一死,果然头落血上练,六月天降雪,楚州旱三年,一场冤狱告一段落。窦天章到京师后一举及第,官拜参知政事,因其廉能清正,节操坚刚,加两淮提刑肃正廉访使,随处审囚刷卷,体察滥官污吏。一日来到淮南地面,正诧异楚州何以三年不雨,取来窦娥案卷来看。是夜窦娥冤魂来父前鸣冤,天明窦天章查问此案,真相大白,窦娥之冤遂得洗刷,然窦娥已死,不可复生矣。

《窦娥冤》一剧,意义甚明,咸谓:该剧乃是借窦娥冤案,对窦娥的反抗精神加以赞赏和歌颂,对元代吏治和险恶世道展开抨击。[①] 从整个剧情看,关汉卿对于元代横暴的政治及司法状况的揭露和对滥官污吏的谴责直截了当,十分明显,并无隐晦曲折之处。不过,在苏力的解读之下,“窦娥的悲剧与‘无心正法’的‘滥

① 郭汉城、沈达人:《中国历代戏曲名著汇粹·前言》,长江文艺出版社1998年版,第25页。

官污吏’其实关系不大”。①

苏力的理由之一是：“从剧中情节来看，窦娥之冤与官吏的贪污无关……戏剧中也没有任何证据表明甚或细节暗示，窦娥之冤被判死罪是因为桃杌收受了张驴儿的钱财”。这话说得固然不错，但苏力显然忽略了一点：窦娥之冤虽然与官吏的贪污无关，却不能说与贪污的官吏无关。桃杌办案遵奉两大信条：一是贪污，桃杌自谓：“告状来的要金银”，“但来告状的，就是我的衣食父母父母”。二是刑讯，桃杌的经验是“人是苦虫，不打不招”“桃杌将窦娥打得昏死三次问成死罪后，就到后宅吃酒去了。视人命如儿戏，草菅人命习以为常”。② 案件到了此等贪钱滥刑之人手上，不必问结果已知窦娥凶多吉少。此后断案，虽然无收受张驴儿钱财的情节，但横暴滥刑、草菅人命却是赖不掉的，怎么能说“窦娥的悲剧与‘无心正法’的‘滥官污吏’其实关系不大”呢？

苏力的理由之二是：“窦娥之冤也很难归结为官吏昏庸无能的产物。确实，同传说中其他廉洁、睿智的官吏——例如包拯、况钟——相比，桃杌确实能耐不大，未能明察秋毫。但是由于制度的限制，由于天才人物的罕见，像包龙图这样有特殊才智的官吏是可遇不可求的，否则我们的文化中就不可能有一个艺术化的包龙图了。不能且不应当用包拯作为官吏有无能耐的一般标准。”③ 苏力这里用“确实能耐不大”这一轻描淡写的说法将桃杌草菅人

---

① 郭汉城、沈达人：《中国历代戏曲名著汇粹》，长江文艺出版社1998年版，第35页。

② 苏力：《法律与文学》，生活·读书·新知三联书店2006年版，第122页。

③ 苏力：《法律与文学》，生活·读书·新知三联书店2006年版，第123页。

命的司法罪错一笔带过,从剧作中看桃杌不审情由便滥施刑讯于窦娥和蔡婆婆,哪里是仅仅一句“确实能耐不大”可以遮掩过去的?窦娥一案,是否非包龙图在世才能问个清楚、查个明白,值得深究。实际上,窦娥在被刑囚时曾提出一个对其“犯罪”足以构成“合理怀疑”的问题,那就是“我这小妇人毒药来从何处也”,这个问题恰恰是窦天章在复查此案时提出的疑问,即“卷上不见有合药的人,是哪个的毒药”?在张驴儿诬称“是窦娥自合就的毒药”之后,窦天章又言:“这毒药必有一个卖药的医铺,想窦娥是个少年寡妇,哪里讨这药来。”毒药的来源是此案的一个罅隙,追寻此案的毒药来源,案件并不难揭破。尽管桃杌审案时赛卢医已经逃之夭夭,但是莫说赛卢医不是绝对不能寻访缉拿得到(窦天章复查此案时就做了这样一件正确的事,“山阳县续解到犯人一名赛卢医”,当庭指认张驴儿正是买毒药之人,见《窦娥冤》第四折),就是访拿不到,毒杀案发生前夕本地生药铺医生忽然失踪不见,本身不就启人疑窦,令人怀疑赛卢医与此案有关?窦娥与蔡婆婆关于此案前因的说法就有了几分可信度。这并不需要包拯、况钟之类“天才人物”就能办得到,只要智力正常、祛除预断,一个循吏足可顺藤摸瓜,使案情大白。不访拿赛卢医便遽然用刑逼迫窦娥承认自己没有犯过的罪,将这归结为官吏昏庸无能,归结为官吏滥权恣为,并不为过。

很难同意苏力这样的说法:“由于天才人物的罕见,像包龙图这样有特殊才智的官吏是可遇不可求的,否则我们的文化中就不可能有一个艺术化的包龙图了”,实际上,除了夜理阴间官司这类无稽之谈之外,包龙图审理案件并没有多少神异之处,所谓他办理的许多案件其实并不真是他办理的,而是许多人办理的案件编派到他头上,使他俨然成为中国的“福尔摩斯”了,是故胡适称其为“箭垛型人物”,就是万千好事集于一身的人物。包龙图其实恰恰是许多个“包青天”汇集起来的人物,像包龙图这样的官吏并不是可遇不可求的,我们的文化中有一个艺术化的包龙图并不意味着古代官吏办案各个昏聩,没有一件明白官司。

苏力进一步提出:仅就证据而言,即使是“作者心中的理想人物”窦天章“也会做出与桃杌相类似的判决”,此案之得平反,乃是窦娥冤魂作用的结果。苏力把这看作“关汉卿在剧中也有意或无意地——因此也就更有意义地——展现”出来的。[①] 从剧中看,窦天章拿到窦娥案卷,见是药死公公的十恶不赦案件,又是“问结了的文书”,虽是与其同姓之人犯案,“不看他罢”。这表明不是所有的案件都必有冤错,因此也就不必逐案复查,而不是暗示窦天章“也会做出与桃杌相类似的判决”,故而没有仔细审查的必要。这一情节也不能印证仅就证据而言窦天章“也会做出与桃杌相类似的判决”,盖因此际窦天章尚未审阅窦娥案卷,仅因案件名称和该案卷是“问结了的文书”而决定不看,也就是说,窦天章在窦娥冤魂出场前并没有接触案件证据,当然就得不出所谓“仅就证据而言”窦天章“也会做出与桃杌相类似的判决”的结论。窦娥诉冤,将自己的案卷从文卷底下翻到上面,又向乃父陈述事实和死刑后的异状,并未指出本案证据问题。证据存在的问题(如前述毒药来源缺失一环),恰是窦天章自己发现的,我们可以合理地推

① 苏力:《法律与文学》,生活·读书·新知三联书店2006年版,第123页。

断:没有窦娥冤魂出现,窦天章仔细阅读案卷,也会发现此案件事实和证据存在疑问;窦娥冤魂起到的作用,主要是打消其因此案已经"问结"而"不看"的念头。我们还可以进一步推断:如果此案由窦天章之类"廉能清正,节操坚刚"的官员初审,未必"也会做出与梼杌相类似的判决"。

苏力的理由之三是,窦娥的觉悟被一些学者牵强附会地拔高了,窦娥的悲剧并非根源于封建统治。针对《窦娥冤》中的剧眼,苏力有一段令人咄咄称奇、目迷五色的议论。那剧眼是窦娥的一段唱词:"天地也!只合把、清浊分辨,可怎生糊突了、盗跖颜渊……地也,你不分好歹何为地?天也,你错勘闲愚枉作天!"苏力认为:这里的"天"从来不是避讳字,并不特指"皇权",因此说窦娥的这段唱词是直斥皇权便拔高了窦娥的觉悟。实际上,这类文学作品恐怕难以直接对皇权展开控诉,要控诉的最妥当办法就是指天骂地,将"天"理解为"皇权"并非绝对不可接受的一种理解。这段话固然是出自剧中窦娥之口,实际上是作者关汉卿借窦娥之口浇自己胸中块垒,将这里的"天地"与"窦娥的小民身份联系起来"认为"天"就是头上乌飞兔走的那个天,"地"就是脚下春种秋收的那个地,就忽视了作者关汉卿的表达:剧作并非社会实录,窦娥未必实有其人,怎知将"天地"与"窦娥的小民身份联系起来"就是唯一正确的答案?

苏力在这里有一段话,有失偏颇,云:"天从来不是避讳字;在许多文学作品中,作者都使用了'天';否则,与关汉卿同时代的马致远的‘断肠人在天涯’就会是一首反诗了。”[①]这里的“天”的字意太过明显，无论怎么解释，“断肠人在天涯”恐怕也解释不成一句反诗。此外，这里的“天”为“天”之本意，并不能否定“天”有指代皇权的意思，就像“年年岁岁花相似”中的“花”取花之本义，并不能否定黄巢“我花开后百花杀”中“花”乃指代自己的意思一样。

苏力的理由之四是：“很难说，窦娥的悲剧根源是张驴儿这样的坏人。”苏力接下来的论证令人惊讶，他说：“任何社会都会有这样的坏人，会伤人害人。如果这样归咎，那么就很难说是一个悲剧。而且，窦娥是被梼杌处死的，尽管有张驴儿的促成。”[②]这也是一段奇语，有点匪夷所思。窦娥悲剧的根源是不是张驴儿这样的坏人，用一个方法就足以检验，那就是把张驴儿这样的坏人摈除于窦娥的故事外，看是釜底抽薪的效果还是扬汤止沸的效果。在本剧中，若张驴儿的逼婚、下毒和诬告，就不复有窦娥被斩首的悲剧矣，这是明摆着的事实。

柏杨曾说：“一旦出了事，血肉横飞，官盖云集，开会如仪，号叫着要追查责任，结果查来查去，除了死人有责任外，谁都没责任。”[③]苏力接下来的论述，就直接将悲剧的根源移植在窦娥身上。苏力认为，窦娥尝谓“这都是我做窦娥的没时没运，不明不暗，负屈衔冤”，又云“不告官司只告天”以及“本一点孝顺的心怀，倒做

① 苏力：《法律与文学》，生活·读书·新知三联书店2006年版，第124页。
② 苏力：《法律与文学》，生活·读书·新知三联书店2006年版，第124页。
③ 柏杨：《丑陋的中国人·为别人想一想》，载http://www.tz94.com/bbs/read-htm-tid-19976-fpage-10-toread--page-2.html。

了惹祸的胚胎”，这些“似乎都在反思自己的行为（为婆婆免受刑罚而委屈认罪）的后果”。这里窦娥将自己的悲剧归咎于时运不好，表达的是一种无奈的情绪，并非认真检讨自己悲剧的根源，我们自己在倒霉时也说“运气不好”，并不因此抹杀倒霉的真正根由。“不告官司只告天”，紧接上文三桩事愿而言，意思是说，官府听不进一腔冤屈，窦娥便只得向天申告而不是向官府申告，通过上天降下异兆来昭示冤屈，并非是指官司不错，只是自己运气不好，否则第四折中窦娥所唱，“端详这文册，那厮乱纲常当合败。便剐了乔才，还道报冤仇不畅怀”，又当做何解说？显然，苏力此处的理解恐怕有误。

苏力在此节得出结论说：

> “在我看来，恰恰因为关汉卿（或者是这一故事原型的记录者或创作者）没有像同时代的一般文人将类似的冤案仅仅归结为官吏的贪污无能，《窦娥冤》（以及故事原型）才有了更深刻的意义，获得了一种真正悲剧的崇高感（我在这里使用的悲剧是古希腊意义上的，即人的努力无法避免命运），才使得它得以在大量元代公案剧中显得格外醒目。”①

噫！皮之不存，毛将安附？此话真不知从何说起。

---

① 苏力：《法律与文学》，生活·读书·新知三联书店2006年版，第125页。

谁的话更可信?

苏力极力要证明的是:“在传统社会条件下,司法很难处理像窦娥这样的案件。这种悲剧很难避免。”苏力所言“传统社会条件”主要强调的是一个相关科学技术和专业技术都不发达的社会条件。

苏力就此进行的论证包括三项内容:一是桃杌并无作恶动机,甚或他想为民除害,此案并非司法官故入人罪,要找出悲剧的根源需要别寻他途;二是“案件裁判者楚州太守桃杌及其吏典完全不了解这一事件的全过程,也不熟悉张、窦、蔡等人的背景和人格”,在“没有现代司法所要求的直接证据”的情况下,裁判者只能根据人之常情和一般的逻辑,判断谁的话更可信;三是张驴儿的话更可信。

桃杌有无作恶动机,对于此案的悲剧性并没有什么影响,关汉卿通过此剧要展示的并非桃杌与窦娥的个人恩怨,而是贪墨滥刑的官员在诬告陷害的官司中铸就了窦娥的悲剧,没有个人的作恶动机,更容易揭示桃杌一类贪墨滥刑的官员入人于罪的必然性或者极大可能性。但是,我们无法由桃杌有无作恶动机而得出结论:所有官员办理此案都必然导致窦娥含冤被斩的结果。

桃杌确实不了解这一事件的全过程,也不熟悉张、窦、蔡等人的背景和人格,所谓有着一个“陌生人”立场,这和我们作为剧本的读者或者戏剧的观众具有的全知全能的优势有着迥然的差异。我们作为“观众”而非戏剧中的“法官”,可以像全知全能的上帝

一样知晓来龙去脉,甚至在人物一上场时就做出这是"好人"还是"坏人"的归类和判断,本案的裁判官却做不到这一点。但是,在"没有现代司法所要求的直接证据"的情况下,裁判者只能根据人之常情和一般的逻辑判断,以"谁的话更可信"作为裁判的依据,却不具有足够的理由。我们用《十五贯》作为对比来探讨这个问题,可以看得很清楚。与《窦娥冤》一样,《十五贯》展示的是在传统社会条件下审理的案件,过于执、况钟也与桃杌一样不了解杀人事件的全过程,也不熟悉苏戍娟等人的背景和人格,对于苏戍娟等人来说,比《窦娥冤》更不利的是,案件证据看起来更为客观、扎实。《十五贯》中过于执没有作恶动机,与桃杌一样"甚或他想为民除害",但他不进行细致的现场勘查,完全不顾及油葫芦被杀的其他可能性,大施刑讯,酿成错案。《十五贯》给我们提供的启示是,这种错案之铸就,并不是必然的,而是与过于执这类人作为裁判官的因素有关,其他条件未变,换一个裁判官,错案可能就不能铸就,也就是说,"这种悲剧很难避免"的结论是靠不住的。且看:况钟也是裁判官,面对的是过于执审理的同一案件,况钟与过于执一样也不能做到在人物一上场时就做出这是"好人"还是"坏人"的归类和判断,但苏戍娟等的冤情,况钟不是最终可以"确实知道"(与我们作为观众确切知道的是一致的)吗?况钟作为裁判官也不是观众,他面对的生活中也同样没有"脸谱",他复查此案件,并没有特异功能、特异手段或者神灵启示作为助力,况钟本人也非福尔摩斯、赫克尔·波洛那样的天才侦探,但他耐心、认真倾听苏戍娟等的陈述并以经验法则和逻辑规则为判断依据,对过于执判决的正确性产生怀疑后,不是仅凭当事人陈述就得出结论,而是到现场重新勘查并进行暗访,进一步印证了这个怀疑的正确性，查清此案，得出的判定与我们“观众”的了解是一致的，过于执、梼杌之流所缺乏的，就是这种持平公允、耐心细致和全面调查取证的精神。

苏力用较大篇幅来论证张驴儿的话更可信，理由是：死者是张驴儿的父亲，“一般说来，儿子毒死亲生老子的可能性尽管不是没有，但这种可能性要比窦娥或蔡婆婆毒杀张父的可能性要小得多”。在这一点上，所有的普通人包括审理案件的官吏，首先会倾向接受张驴儿的指控。① 这话说得不差，但首先会倾向接受张驴儿的指控，并不等同于最终认同张驴儿的指控。因为从案件表面上看，被毒死的是张驴儿的父亲，但实际毒杀的对象却是蔡婆婆，张驴儿的父亲之所以被毒杀，仅仅是因为蔡婆婆口中作呕喝不下这羊肚汤才转由张驴儿的父亲喝下，这一情节有蔡婆婆和窦娥的口供可以相互印证，审理案件的官员只要不存预断和偏见，就会意识到：实际毒杀的对象是蔡婆婆，要定窦娥的罪，除非排除这种可能性。裁判官一旦确认实际毒杀的对象是蔡婆婆，张驴儿的做儿子的不会毒死自家老子的说法就崩解了。梼杌本该注意到这个情节却没有注意到，或者虽然注意到却不予追查，自然难辞其咎。

张驴儿的父亲被毒死后，蔡婆婆和窦娥不想把事情闹大，原因当然不是于理有亏，而是惮于张驴儿这类坏人的威胁、普遍的厌讼心理和对官府查明真相、得到公道没有充分信心，古人所谓

---

① 苏力：《法律与文学》，生活·读书·新知三联书店2006年版，第127页。

“君子善人畏避官司”,[1]正是这个道理。在传统中国社会,即使有理有据也未必愿意惊官动府地寻求“官休”,蔡婆婆和窦娥没有提出马上告官,想把事情私下解决,并不值得大惊小怪,了解中国传统社会心理的人,大概也不会仅凭蔡婆婆和窦娥的这一表现就得出结论说蔡婆婆和窦娥毒死了张驴儿的父亲并进行遮掩。张驴儿父子抓住的是蔡婆婆胆小怕事的心理,他们意外搭救蔡婆婆之后,逼婚和强行住进蔡婆婆家,一直如此。

张驴儿在公堂上提到其父与蔡婆婆的关系,表面看起来蔡婆婆俨然是他的后母,其实并非如此。在第四折中,蔡婆婆回答窦天章的讯问,窦天章问:“我看你也六十外人了,家中又是有现钞的,如何又嫁了老张,做出这等事来?”蔡婆婆的回答是:“老妇人因为他爷儿两个救了我的性命,收留他在家养膳过世;那张驴儿常说要将他老子接脚过来,老妇人并不曾许他。”[2]蔡婆婆与张驴儿的父亲并没有真正形成夫妻关系,此事搭救、逼婚在先,强行入住在后,对于这一事实,初审时蔡婆婆和窦娥没有理由不和盘托出,裁判官只要细心询问,不难问清来龙去脉。不问青红皂白,就断言“这两个寡妇是自愿的”,他们之间恐怕有什么“不伶俐的勾当”,是一个裁判官应当避免的。

毒死张驴儿的父亲的汤是窦娥做的,苏力认为这一事实对窦娥不利,我却认为并非绝对于窦娥不利。既然要谋杀,谋杀者总

---

① (元)胡祗遹:《杂著》,载杨讷点校:《吏学指南》,浙江古籍出版社1988年版,第256页。

② (元)关汉卿:《窦娥冤》,载《中国历代戏曲名著汇粹》,长江文艺出版社1998年版,第30页。

会想到案发后如何脱身,一般不会在最容易被联想到自己作案的环节进行谋杀,除非想借助逆向思维冒一把险,但这样做风险太大。若窦娥真想毒死张驴儿的父亲,假如想事后脱身,绝不肯在自己做的汤中下毒,否则与自蹈死路何异?苏力谓:“张驴儿也有机会下毒,但机会小得多(时间少得多)。”苏力以此论证张驴儿的话更可信,但生活经验告诉我们,下毒不需要很长时间,瞬间即可完成,要确认窦娥下毒,必须排除其他人(包括张驴儿)下毒的可能性。

窦娥挺过了严刑拷打,这本身就对她有利,裁判官应当对自己的预断进行检讨,避免造成错案。梼杌转而拷打蔡婆婆,这对于窦娥来说,无异于精神上的刑讯,在这种情况下,窦娥自己承认没有犯过的罪,云:“住住住,休打我婆婆,情愿我招了罢,是我药死公公来。”这种“突然的转变”,乃因孝顺心肠引起,在极力宣扬孝道、重视孝道的社会,无足为怪,但苏力却谓:“在常人看来,则很不近人情。因为在这里,这种利他主义的风险太大;为了免除一个并无直接血缘关系的长者不受刑讯(刑讯尽管痛苦难熬,但由于法律的限制,一般不会有死亡的威胁),窦娥宁愿牺牲自己的生命和名誉,这是一个可以理解却不大理智的行动,超出了一般人包括今天的一般人可能理解和接受的情理范围。”①苏力这番话倒是“很不近人情”,在公堂之上,窦娥是否会像坐在书房里没有面临任何险境或者困境的苏力教授一样冷静地进行利他主义的风险评估,首先就是一个疑问。在苏力看来,蔡婆婆对窦娥来说

① 苏力:《法律与文学》,生活·读书·新知三联书店2006年版,第127页。

只是“一个并无直接血缘关系的长者”,恐怕窦娥不这么看。窦娥嫁入蔡家,不但与蔡婆婆结成婆媳关系,而且蔡婆婆对其有养育之恩,这种恩重情重的关系,使作为卑亲属的她在尊亲属遭受厄运时甘以身代,不值得大惊小怪,直接血缘关系并不是唯一的甘愿牺牲关系。对于古之婆媳关系,我们还可以从东湖冤妇案中加以观察:

东湖(湖北宜昌府首县)民妇某氏,事姑素孝。每晨起,洁室,治中馈,然后适姑寝问安,侍奉盥栉,进早食,习以为常。一日清晨入姑室,见床下有男子履,大骇,悄然阖户去。姑觉之,羞见其妇,自缢死。乡保以妇逼姑死鸣官。妇恐扬姑之恶也,不置辩,竟自诬服,已经按律定谳矣。已而官迁调去,后任张公至,见此妇神气娴雅,举止大方,窃疑如此之人,何至逼死其姑,此中当别有故也。再四研诘,矢口不移,谓之曰:“若有冤苦,当为汝直之,过此不言,行将就法矣。”妇曰:“负此不孝大罪,何颜复立人世,惟求速死而已。”公终疑其冤。①

张公后来用了正当性大有疑问的方法查清了此案,“悉心鞫问,尽得其情,妇之冤乃大白”。②

此案同样为婆媳关系,媳妇发现婆婆床下有男子的鞋子,未敢声张,但婆婆自觉无脸面见媳妇,自己上吊死了。乡保以媳妇

---

① 卢叔度辑校:《我佛山人短篇小说集》,花城出版社1984年版,第100页。
② 卢叔度辑校:《我佛山人短篇小说集》,花城出版社1984年版,第100页。

逼死婆婆向官府告发，媳妇恐怕婆婆丢丑，竟不置辩，从容面对杀身之祸。要是按苏力教授利他主义的风险评估方法，为了免除一个并无直接血缘关系的长者名节受损，宁愿牺牲自己的生命和名誉，就是一个不大理智的行动，但东湖这个民妇就是这样做了。苏力认为这类事“超出了一般人包括今天的一般人可能理解和接受的情理范围”却言过其实，以今天的一般人可能理解和接受的情理范围，推断也超出了古代的一般人可能理解和接受的情理范围，真不知有何根据。

至于苏力所谓“刑讯尽管痛苦难熬，但由于法律的限制，一般不会有死亡的威胁”，这种话更不近人情。且不说蔡婆婆年事已高，不抗打，打了之后性命堪虞，就是不能挺过刑讯，诬服的后果同样堪哀。若问那刑讯是否惨酷，还是看剧本中的描述吧：

“恰消停，才苏醒，又昏迷。捱千般拷打，万种凌逼，一杖下，一道血，一层皮。

打得我肉都飞，血淋漓，腹中冤枉有谁知！”

这种酷刑，倘若窦娥尚可忍受，蔡婆婆能忍受吗？

证据问题

窦娥之冤，一冤在于遇到张驴儿这样的恶人，不从其淫威则受其诬告；二冤在遇到桃杌这样的法官，草菅人命、滥施酷刑，终于造成错案。

窦娥案件在桃杌审理下存在严重疏漏，裁判官本应追查毒药

感天動地竇娥冤

来源却没有追查，本应对案件前因事实进行调查也没有调查，对于赛卢医无所传唤与访拿，这些环节恰是查清本案事实的关键。

窦娥被梼杌判定有罪的证据，包括张驴儿父亲的尸身及其中毒死亡的征象、盛过羊肚汤的碗、张驴儿的陈述、蔡婆婆的陈述和窦娥自己的认罪。这些证据证明张驴儿父亲系中毒死亡，决无疑义；证明窦娥下毒却存在严重疏漏。毒杀案中毒药的来源特别重要，裁判官应当特别留意。清代王又槐云："毒药杀人，有故买制和秘密谋害者；有备毒禽虫兽物，收藏不妥，因而误杀者。此乃罪名攸关，秉钧者当虚衷审办，握管者需细心酌核。"[①]在案件审理过程中，窦娥自己曾经提出的一个强有力的质疑，即"我这小妇人毒药来从何处也"，这也是窦天章在复查案件时提出的疑问和极力追查的，梼杌初审时却未予理会，遑论"虚衷审办""细心酌核"！

此外，蔡婆婆对于她们婆媳何以与张驴儿父子同住一个屋檐下的陈述和窦娥自己对犯罪的否认，均是有利于窦娥的证据，梼杌显然听不进去。在给窦娥定罪的证据中，发挥最重要作用的是窦娥的有罪供述，该口供是在蔡婆婆受到刑讯威胁时为救婆婆而进行的有罪供述，属于精神胁迫下的口供，以今日的眼光看来，其证据能力颇为可疑，遑论证明力（或曰证据力）了。

古之狱讼，刑讯乃合法取证手段。在侦查、控诉、审判集于法官一身的纠问主义诉讼中，法官负有查明案情的职责，为保障这

① （清）王又槐：《办案要略》，九州出版社1998年版，第6页。

一职责的顺利执行，赋予法官刑讯手段以利其查明真相。往往是，有一定证据表明被告人有犯罪重大嫌疑而其坚不承认，这种情况下才进行刑讯；不能不问青红皂白上来就是一顿捶楚，以免难成信谳。其实，即使事有可疑，在没有较大把握的情况下也不宜动用刑讯，特别是要案，动用刑讯更应慎重。汪辉祖曾云：

> “词讼细务，固可不必加刑矣。或谓命盗重案，犯多狡黠，非刑讯难取确供，此非笃论也。命有伤，盗有赃，不患无据。且重案断不止一人，隔别细鞫，真供以伪供乱之，伪供以真供正之。命有下手情形，盗有攫赃光景，揆之以理，衡之以情，未有不得其实者。特虚心推问，未免烦琐耳。顾犯人既负重罪，其获罪之故，当听其委婉自申，不幸身罹大辟，亦可于我无憾。若欲速而刑求之，且勿论其畏刑自诬，未可信也，纵可信矣，供以刑取，问心其能安乎？”①

汪辉祖主张“要案更不宜刑求”，不仅是一个审判经验问题，更重要的是一个办案态度问题。对于要案更要慎重，那涉及是被告人在狱成之后的性命予夺。

古今多少冤狱，几乎皆由刑讯促成。不用刑审就不能查清事实？汪辉祖曰否，他说：“夫官坐堂上，可茶可烟，可小食，从容自如，犯跪堂下，外则饥惫，内则畏惧，虽甚刁谲，言多必失，静听其

① 汪辉祖：《学治臆说》，辽宁教育出版社1998年版，第53页。

隙而严诘之,受之以需,何患不得?而必酷以取供,爱民者不以为然也。”[1]人若有罪,畏刑掩饰,有许多语言征象和身体征象,求速决而用刑,有时欲速则不达,反而使无辜者受害,不可不慎重对待。由刑讯取得的口供,有虚假的极大可能性,当今法治国家不承认这种口供之证据能力,一方面出于人权保障之考虑,另一方面亦为满足发现案件真相之需要。

很明显,综合窦娥被定罪的全部证据,认定窦娥有罪达不到确信无疑的程度。苏力承认:“在我们看来,按照今天的标准,此案中提出的不利于窦娥的证据并非‘铁证如山’,并非‘没有合乎情理的怀疑’。”[2]

不过,苏力又为桃杌辩解说:中国传统社会对重大刑事案件甚至涉及死刑的案件采用的证据原则并非“铁证如山”或者“没有合乎情理的怀疑”。那意思是:桃杌断窦娥案达不到“铁证如山”或者“没有合乎情理的怀疑”的证明程度,理所当然,无可厚非。他进一步论证说:“只要努力就一定能够搜集到如山的铁证”的想法,“任何有实践经验的人,不仅是审判人员,包括当代负责调查、侦破刑事案件的警方和检察官,都知道这是一种愿望创造出来的神话。作为理想,值得追求,但即使在今天,即使不考虑财力资源的制约因素,在任何国家,至少在某些案件中,无论调查人员如何努力,都不可能获得铁证,有时甚至完全无法取得基本的相关

① 汪辉祖:《学治臆说》,辽宁教育出版社1998年版,第54页。

② 苏力:《法律与文学》,生活·读书·新知三联书店2006年版,第130页。

证据”。①

苏力这段论述淡化了中国传统社会注重发现案件真实情况的事实，从而转移本案主要事实认定错误的焦点。刑事案件的主要事实包括两项内容：一是犯罪事实确已发生；二是被指控之人确实犯有该罪。窦娥案中张驴儿的父亲是被毒杀的，犯罪确已发生没有疑问，但桃杌判定窦娥毒杀了张驴儿的父亲则完全背离了事实。中国传统社会虽然没有在法律上明确规定“铁证如山”或者“没有合乎情理的怀疑”的证据原则，但要求裁判官在实践中寻求案件真相并据此依法作出判决却没有什么争议。

“铁证如山”中“铁证”的意思是“铁一般的证据”，这不过是个比拟的说法，实际指的是真凭实据，换句话说就是真实的证据，“真凭实据像山一样不能推翻，比喻证据确凿，无法改变”。② 一宗案件的真凭实据（即所谓“铁证”，记住这一点很重要，可以避免被“铁证”这一带有文学色彩的词“一叶障目，不见泰山”）真的如苏力所言那么难以获得，居然有“神话”之想？苏力云“至少在某些案件中”，无论调查人员如何努力，都不可能获得铁证，有时甚至完全无法取得基本的相关证据，但苏力至少不否认不是所有的案件都不能取得“铁证”，怎么能用“在某些案件中”不能取得“铁证”来推而广之，认为所有的“铁证”都不能取得，甚至再怎么努力

① 苏力：《法律与文学》，生活·读书·新知三联书店 2006 年版，第 130 页。

② 刘松筠等主编：《中华成语大辞典》，吉林文史出版社 1997 年版，第 866 页。

都不能取得呢?①

谈“铁证”时,苏力笔锋一转,又谈起证据力。苏力称:“由于一种简单的唯物主义哲学指导以及对于认知条件缺乏反思,当代人,包括当代中国的绝大多数法律家,都很容易产生的一种错觉:证据力是作为证据的人和事自身的性质,因此证据是否充分,是否铁证如山,是否‘没有合乎情理的怀疑’,都是一个脱离社会语境的‘客观事实’或性质,任何时代的任何人对一个证据都会作出大致相当的判断。”② 苏力想要表达的意思是:梼杌那个时代有着自己的社会语境,与现时代的人对证据作出的判断可能做不到“大致相当”。但苏力并没有给出明确的论据来证明梼杌所处时代的社会语境与现在有何不同,也没有就窦娥案具体谈那个时代的人对一个证据(比如张驴儿的诬告之词)作出的判断与当代有什么不同。苏力谓:在分析窦娥的悲剧上,“梼杌在判断张驴儿提出的证据是否‘铁证如山’时不可能基于我们今天的科学知识和常识,而是基于窦娥生存的那个时代的标准……如果从陌生人的立场看,张驴儿至少提出了‘优势证据’,更充分的证据” 。梼杌所处时代,对于刑事案件实行的并非“优势证据”标准。对于窦娥案,该剧剧本的读者和看戏的观众,对证明的认识与关汉卿恐怕没有什么不同,与梼杌所处时代的人也不会有什么差异。苏力又言:“由于社会条件的限制,我们今天看来的‘优势证据’在那个时

① 苏力此观点乃诉讼法学界的流行观点,当前堪称时尚,对这一观点的分析,参见拙著《认识相对主义与诉讼的游戏化》《证明标准研究中的模糊视阈》等论文。

② 苏力:《法律与文学》,生活·读书·新知三联书店2006年版,第130页。

代也许就被认为是‘没有合乎情理之怀疑’证据”。这恐怕是臆测之词,并无根据。窦天章与桃杌所处时代相同,处理同一案件不就大相径庭并不相同吗?

苏力否认“证据力是作为证据的人和事自身的性质”,证据力是啥?“所谓证据力亦称证据之证明力,系证据资料得为证明之价值。详言之,即审理事实之人对于外部原因之证据,所发生内部意识作用之力量;亦即依证据事实对于待证事实所置信其真伪存否之力量或程度。证据必须先有证据能力,即先为适格之证据,或可受容许之证据,而后始发生证据力之问题。前者系有无问题,后者系有无和强弱,大小之程度问题。”[①]简言之,证据力就是某一证据在证明某一待证事实时所具有的价值。证据的价值是需要衡量的,这一衡量具有主观性质,是人的一种意识作用,1789 年以后法国实行证据力委诸法官自由判断的内心确信制度,其他许多国家纷纷仿行。需要指出的是,对证据力的判断虽然是主观判断,但不可脱离证据本身而进行天马行空式判断,判断证据的证据力要根据证据事实与案件待证事实的关联性大小、被评估的证据与其他证据的印证关系和提供证据者的可信性、取证或者证据提供过程可能造成对证据内容的扭曲等综合研判。这些因素通常都是客观的,有的显然属于“作为证据的人和事自身的性质”(如证据事实与案件待证事实的关联性大小)的范畴。

苏力所谓“证据的证明力从来是一个社会文化共同体的创

① 何孝元主编:《云五社会科学大辞典·法律学》,台湾商务印书馆 1976 年版,第 453 页。

造。证据本身并不具有证明任何事实的力量，除非我们首先接受一个关于世界是如何联系的世界观，并把这个世界观看作天经地义”。这个论断令人诧异。某一材料之所以被认为是证据，首先应具备与待证事实的关联性，关联性（证据法要求的关联性是客观的）又与证明力密切相关，如前文所述，有证据能力的材料的证明力才有诉讼上的意义。“社会文化共同体的创造”是一个含糊不清的概念，如果指的是人类对于证据关联性的确实发现以及判断证明力的一般经验总结的规律，那么，的确判断证据的关联性与证明力离不开这样的发现和规律，但不能就此得出结论说“证据本身并不具有证明任何事实的力量”。如果“证据本身并不具有证明任何事实的力量”，那么诉讼中的证据就仅仅起个形式的作用？如果证据的关联性不是证据“本身的性质”，证明力不与这个性质密不可分，那么只能得出结论说，关联性和证明力是由社会共识赋予被称为证据的材料的，而这个说法恰恰经不起推敲。尽管关联性的有无和证明力的大小离不开人的判断，但究其实，社会共识并不能赋予证据材料以关联性和证明力，对于没有关联性和证明力的材料，社会共识认为其有，如滴血认亲，那是人们的普遍错误认识，滴血认亲并不因这种错误认识而在实质上产生关联性和证明力。正因如此，随着智识的进步人们最终认识到这个社会共识是错误的，会将这一错误认识抛弃。苏力所举的面人扎心的例子，也是如此。如果证据材料的关联性和证明力不是证据自身的性质所决定的，而只是社会共识的产物，科学技术在证据法上的应用便无必要，社会通过研讨达成共识、签订公约，赋予各种证据材料以不同关联性和证明力，法官依这种公约来判决，岂非简单？

苏力还认为窦娥案中的刑求与“有罪推定”无关。理由有三：其一，“即使是在中国古代，也不存在‘被告人不供认就要受到拷打’这样一种制度，[①]只有对那些有足够嫌疑且不供认的重大刑事——特别是人命——案件的被告人才会刑讯逼供”。其二，“尽管古代社会无论中外都采取了刑讯逼供，但刑讯逼供并不是因为已经认定被告是罪犯”。刑讯逼供只是法定获得证据的一种手段，“更类似今天各国司法中对于那些可能有重大社会危险的犯罪嫌疑人普遍采用的各种强制措施（如逮捕、拘留、拘传、取保候审或监视居住），从总体上看，都是为了防止更大社会危害而不得已为之的程序”。其三，“甚至不能简单地说存疑判决就是有罪推定”。很明显，“没有哪个国家的刑事司法判决要求排除一切怀疑”，“即使是最强调无罪推定的美国刑事司法中，要求的也仅仅是‘不存在合乎情理’的怀疑，而不是‘不存在任何怀疑’。这里怀疑的主体并不是所有的人而只是法官或陪审团，如果要求所有的人都不存在合乎情理之怀疑，这一刑事司法制度的原则就完全无法运作”。苏力认为有罪推定与无罪推定在历史上只是作为举证责任转移意义而存在的，并且总是同时存在，只要运用适当，有罪推定或者无罪推定都同样可以有效保护刑事被告的权利。以陷害为内容的有罪推定（如岳飞案）或者中国“文化大革命”、法国大革命恐怖时期那类根据家庭成分或历史经历判定某人有罪并施加惩罚意义上的有罪推定，“严格说来”，都不是有罪推定。“在今天许多哪怕是发达国家的刑事司法实践中，也都在一定程

① 《唐律》：“应讯囚者，必先以情，审查辞理，反复参验；犹未能决。事须讯问者，立案同判，然后拷讯。”

度内存在或允许,例如允许或间接地用被告'前科'或先前的某些行为作为证据。便是如此”。① 苏力这些理由都是站不住脚的。

苏力的论述中存在的错误,不胜枚举。如他称为“只有对那些有足够嫌疑且不供认的重大刑事——特别是人命——案件的被告人才会刑讯逼供”就不符合中国古代的实际情况。古代讯囚,并不区别罪行轻重,一般均可刑求。明代有所区分,“明代对于窃盗抢夺重犯故意不招的,用严刑拷讯;其余的罪,都用鞭扑常刑拷问逼供”。②虽然区分了重犯和其他罪犯,规定用刑严厉程度不同,但无例外皆可刑讯。他提到的“允许或间接地用被告'前科'或先前的某些行为作为证据”便是“在今天许多哪怕是发达国家的刑事司法实践中,也都在一定程度内存在或允许”有罪推定的证据。其实,这是一个误解。关联性规则恰恰要排除用被告“前科”或先前的某些行为作为证据,“在刑事审判过程中,控诉方可能会寻求以这样的方法来证明自己的案件,即以诱导性证据(leading evidence)试图表明被告人在一系列其他场合犯下了与现在被指控的犯罪相似的罪行。律师们都知道这类证据就是“类似事实”。③ 对于这类证据,总的原则是,关于相似犯罪、错误或行为的证据不能用来证明某人的品格以说明其行为的一贯性。也即“一次为盗,终生为贼”的逻辑是不成立的。例如,某人15年前

---

① 苏力:《法律与文学》,生活·读书·新知三联书店2006年版,第131~137页。

② 李甲孚:《中国法制史》,联经出版事业公司1988年版,第235页。

③ William Shaw, *Evidence in Criminal Cases*, Butterworth & Co. (Publishers) Ltd. Shaw & Sons Ltd. 1954. p. 54.

曾多次实施强奸犯罪的行为，对目前的强奸指控来说不具有关联性。①

刑求与有罪推定的关系，早有贝加利亚的论述在先。贝加利亚在其名著《论犯罪与刑罚》中，在“关于拷问”一节提出无罪推定主张。按贝加利亚的解释，无罪推定指的是“在没有作出有罪判决之前，任何人都不能称为罪犯”或者“任何人，当他的罪行没有得到证明的时候，根据法律他应当被看作是无罪的人”。反过来说，有罪推定就是指在没有作出有罪判决之前，便将一个人称为罪犯或者当一个人的罪行没有得到证明的时候，就把他看作有罪的人。判断是实行有罪推定还是无罪推定，应当以上述概念作为标准。施行刑讯逼供有一个隐含的前提，那就是相信被刑囚的人极有可能是有罪的（中国古代法律规定对被告人拷满不承，反拷告人，是基于告发人有诬告的可能），因此用拷打来强迫其认罪。如果相信对方无辜，焉用拷打？

有罪推定与无罪推定在确定举证责任方面具有重要意义，并不意味着它们只有确定举证责任转移的意义。有罪推定与无罪

---

① 上述证据可以用来证明动机、机会、意图、预备、计划、知识、身份或缺乏过失或意外事件等其他目的。特纳指出：“如果某个与争议的问题是关于一个人在某一时机如何行动的，那么，关于他在一些其他类似场合的行动的证据就不会被当作是充足的相关证据而加以采纳。另外，本规则并不排除相关的事实证据。如果案件中因某些特别的条件而使被告的其他罪行具有了合法的相关性，提出关于被告以前曾实施过其他罪行的证据也并无不可。譬如说，如果一个入室盗窃者在作案现场遗留下了一个雪茄烟盒，而这个烟盒又是他在同一天从别处偷来的，那么，就可以出示这个烟盒，从而对他的入室盗窃罪作出确凿的证明”。参见[美]J. W. 塞西尔·特纳：《肯尼刑法原理》，王国庆等译，华夏出版社1989年版，第517～518页。

推定也不能同时存在于一个刑事司法制度中。有罪推定与无罪推定在诉讼上的意义有两个，一是在没有作出有罪判决之前或者当一个人的罪行没有得到证明的时候，如何确定其诉讼地位，亦即把他当作一个有罪的人来对待还是当作无罪的人来对待；二是对于未能提供充分证明的犯罪指控，按有罪来判定还是按无罪来判定。对于这两项问题截然不同的回答，区别了无罪推定和有罪推定。无罪推定和有罪推定作为诉讼原则是矛盾关系，不可能既实行无罪推定又实行有罪推定，也不可能既不实行无罪推定又不实行有罪推定而走所谓"第三条道路"（如我国立法者和一些法学者沾沾自喜的所谓的"我们既不实行无罪推定又不实行有罪推定而是实行实事求是"）。

苏力举出德肖维茨《最好的辩护》一书第一编的题目"被认定无辜之前是有罪的——有罪推定"为例证明"只要运用适当，有罪推定或者无罪推定都同样可以有效保护刑事被告的权利"，①苏力说这番话时是否认真阅读过德肖维茨的这本书，令人怀疑，否则怎会不知道《最好的辩护》是抨击美国司法制度的著作？德肖维茨曾想给《最好的辩护》一书起"黑色的法官袍，白色的谎言"这样的书名。该书对美国司法着力抨击的一点就是名义上遵行无罪推定，实际上执行的却是有罪推定，这本来是司法的一个污点，怎么可以作为"有罪推定或者无罪推定都同样可以有效保护刑事被告的权利"的证据？

苏力提到刑讯逼供只是法定的获得证据的一种手段，"更类

① 苏力：《法律与文学》，生活·读书·新知三联书店2006年版，第134页。

似今天各国司法中对于那些可能有重大社会危险的犯罪嫌疑人普遍采用的各种强制措施（如逮捕、拘留、拘传、取保候审或监视居住），从总体上看，都是为了防止更大社会危害而不得已为之的程序”。这种观点与注重人权保障的现代思潮实在有隔世之感。刑讯逼供曾经是获得证据的一种法定手段，但在当今世界，已经失去了合法性与正当性，国际社会专门制定了禁止酷刑公约来加以遏止。对于这类人类古老的罪恶用“为了防止更大社会危害而不得已为之的程序”来描述，不但是轻描淡写，对其罪恶性视而不见，简直有加以美化之嫌。今天各国司法中对于那些可能有社会危险的犯罪嫌疑人、被告人普遍采用各种强制措施（如逮捕、拘留、拘传、取保候审或监视居住），认为那是为了防止更大社会危害而不得已为之的程序尚可，因为不采取这样的措施就不能防止社会危险性再度发生、保障诉讼顺利进行和判决的执行，但刑讯逼供却不是这样，刑讯逼供可以由合法取证方法加以代替，即用合法而理性的方法去寻求真相。另外，需要指出的是，实行无罪推定同时又对犯罪嫌疑人、被告人采用各种强制措施，并不意味着在实行无罪推定的同时也实行有罪推定，对犯罪嫌疑人、被告人采用各种强制措施是由犯罪嫌疑人被定罪量刑的可能性决定的，这只是一种程序保障措施。存在定罪量刑的可能性不等同于犯罪嫌疑人、被告人就是罪犯，对于他的辩护权利仍然要给予充分保障。在刑事诉讼中，犯罪嫌疑人、被告人的诉讼地位具有多重性，他们既是诉讼主体又是证据来源，也可能是被定罪量刑的对象，诉讼地位的不同侧面，决定了相关诉讼制度的不同内容。为了防止错误剥夺无辜者的人身自由，许多法制先进国家尽量多使用假释少实行羁押，毕竟被告人有可能在审判中被裁决无罪。

苏力还用了不少篇幅探讨"没有合乎情理的怀疑"并不是指排除一切怀疑,这种讨论的意义不大,可以说是徒费笔墨而已。没有人要求桃杌在给窦娥定罪时要达到排除一切合理怀疑的证明标准,人们衡量窦娥案是否是裁判错误依据的只是"没有合乎情理的怀疑"这类证明标准。苏力强调"没有合乎情理的怀疑"的主体只限于法官和陪审团,与一般人的认识无关。事实上,这类证明标准虽然是定罪所要达到的标准,但警察、检察官侦查和起诉案件也要以该标准作为侦查、起诉的参考甚至目标,辩护律师同样要依该标准检验控诉方的证据与证明是否足以给被告人定罪。一般人观察司法裁判是否公平,也离不开这个标准。特别需要指出的是,法官和陪审团运用这个标准,并非以法官和陪审团个人判断作为唯一标准,而应当采纳一般人的认识或者专业领域的公认标准作为依据。法官和陪审团对证据进行判断要依据经验法则和逻辑规则,经验法则和逻辑规则不是法官和陪审团自创的,它们必然是一般人以及专业人士的经验总结和研究发现。所以对于张驴儿父亲是不是中毒身亡,不存在因法官和陪审团不同而可以有不同结论,如果不幸有这样的结论,那么可以肯定,中毒身亡(按照剧本提供的条件)以外的结论一定是错误的。同样,对于窦娥有罪与无罪的结论,只能有一个正确裁判,不可能因法官和陪审团不同而有同样正确的不同裁判。在这些判断中,普通人(包括《窦娥冤》的读者和观众)与桃杌的判断依据与标准不可能有差异,这正是我们同情窦娥、认同其冤枉所持有的依据和标准。桃杌对窦娥案的裁判,核心问题是,现有的事实是否清楚地表明窦娥有罪,现有的证据是否能够确实、充分地证明窦娥有罪,"没有合乎情理的怀疑"的证明标准达到了没有?

从苏力的论证中，我们无法找到经得起推敲的强固论据证明梼杌对窦娥案件的审理过程及其结果具有“合理的可接受性”。尽管我们没有理由认为梼杌在审理案件时有所偏袒，但他办案粗疏草率，并非办案能力不高或者如苏力所说审判经验不足的问题，而是办案责任心缺失、对他人生命价值毫无敬畏的问题。宋慈曾云：“狱事莫重于大辟”，对于死刑案件，裁判官应当“独于狱案审之又审，不敢萌一毫慢易心。若灼然知其为欺，则亟与驳；亦或疑信未决，必反复深思。惟恐率然而行”。[①] 我们将这一断案态度与梼杌对比便知，梼杌铸成错案，原因恰是他缺乏“不敢萌一毫慢易心”“反复深思”“惟恐率然而行”的办案态度，他的“轻信”乃由“慢易心”而来，他的“太不慎重”与草菅人命的态度有关。

证据问题的背后

窦娥案为冤案，并不是难案，弄清事实不需要超人才能或者特异技术。

张驴儿的父亲被毒死，在关汉卿的剧作中并无争议。窦娥之受冤，也不是司法鉴定的错误所造成，没有人质疑这样的问题：张驴儿的父亲虽然喝了有毒的羊肚汤，但真正致死的原因真的是中毒吗？纠缠这些问题，只会将注意力从窦娥悲剧由恶人诬告和司法黑暗造成这一点上移走。

本案涉及科学技术手段这一点，恰恰是剧作中未着笔墨的。元代在毒物检验方面已经积累了若干经验，此前宋代的提刑官宋

---

① （南宋）宋慈：《宋提刑洗冤集录》，商务印书馆1936年版，第1页。

慈就撰写了如今被公认为世界第一部法医学专著的《洗冤录》，书中总结了前人办案经验和宋慈本人的经验，其中便含有“服毒”一节（见书中第28节）。书中记载了服毒的死亡征象，不同的人服毒后尸体表现的差异，各种毒物的中毒表现，以及中毒检验方法。这些经验和方法一直沿用到清代，说明古代死亡现象常为《洗冤录》所载那几种，化学不发达，毒物还不够隐秘、新奇和复杂，一部《洗冤录》似亦足以应付；另外，传统中国社会缺乏科学精神，对于科学技术往往斥为“奇技淫巧”，抑制对它们的研究和利用，导致古代司法科学技术水平落后。司法鉴定本为造成冤错案件的常见原因，“鉴定错了，裁判就会发生错误，这是肯定无疑的”。[①] 有许多因司法鉴定错误而造成错案的例子，要研究错案，不能不加以注意；但在本文研讨的内容里切入司法鉴定以及由错误鉴定造成错案的话题难免蛇足之讥，因为《窦娥案》并不涉及这样的内容。

窦娥一案展现的是公堂上讯问和对证供的检验。对被告人、被害人、证人等进行讯问和质证，含有多少科学技术手段，是需要探讨的问题。以笔者陋见，在法庭上获取言词证据和对这些证据进行检验，“技术含量”颇低。诚然，与古人相比，我们可能有更多的专业知识用于获取言词证据和检验这些证据，如心理学的发展给我们发现更好的检验方法提供了可能，我们可以自觉应用现代心理学知识来获取被告人的有罪供述，并运用这些知识揭穿虚假的陈述；我们也可借助一些辅助设备进行录音、录像甚至窃听、

① [法]勒内·弗洛里奥：《错案》，赵淑美、张洪竹译，法律出版社1984年版，第177页。

密录,用测谎器之类设备对言词证据进行检验;如果不顾及合法性问题,还可以进行药物催眠来取证,这都是科学技术带给刑事司法的助力。但科学技术手段并不能代替(至少现在)传统的取证和对言词证据的检验手段,有些科学技术设备常常是用来固定证据的手段,并不能代替传统的取证方式。例如,在法庭上设置的录音、录像设备,不可能代替法官、公诉人、辩护律师的询问与质证,独立发挥取证与质证的作用。有之锦上添花,无之也并非釜底抽薪。对当今司法活动进行观察不难得出结论,如今法官、公诉人、辩护律师的询问与质证,运用对人的心理规律的认知以及取得真实陈述的司法经验,与梼杌时代的裁判官可能差异并不大,换句话说,起码中国当代法官、公诉人、辩护律师并没有依靠梼杌时代裁判官没有闻见的科学技术使取证和质证发生翻天覆地的变化。

科学技术的发展和在刑事司法领域的应用主要体现在实物证据领域。高速摄影技术发现玻璃被打碎以后玻璃碎屑的飞溅方向像水一样两面飞溅;DNA 技术的应用,使滴血认亲的不可靠检验方法被摈弃,精确的个人身份识别的需求得到满足;获取实物证据有了更多的技术方法,如发现指纹和采集指纹、对痕迹的发现、固定和分析;法医学的发展和应用使死因鉴定有了更多更可靠的手段,这些都是古代刑事司法难以企及的。但窦娥案与实物证据的获取手段却没有什么关系,张驴儿父亲的真正死因、羊肚汤里有没有毒(碗里残余的汤里有没有毒、锅里有无毒物残留)都被设定为没有争议的事实。

苏力游离于窦娥案以外费了不少笔墨来讨论现代科学技术

话题。他提到:“在没有现代科学技术,特别是没有与刑事司法相关的科学技术,因此无法运用这些技术支撑司法运作的近代以前,要发现审判所必需的基本事实以及其他相关信息,极为困难。除了目击者或行为人的证言和偶尔可能发现的明显物证外,传统社会没有其他获得可靠、可信证据的基本手段。没有指纹鉴定技术,没有笔迹鉴定技术,也没有其他获取或记录物证的技术,没有化学检验(例如对毒品),没有物理检验,没有或者很少死亡解剖,至少在基层社会基本没有这种专业人士。在这种技术和人才条件下,即使投入大量人力、物力和时间,也无法获取今天看来数量足够并可靠的犯罪或未犯罪的证据。”①苏力强调,在没有现代科学技术(特别是没有与刑事司法相关的科学技术)的条件下,要发现审判所必需的基本事实以及其他相关信息是“极为困难”的,但他忽视了一点:传统中国社会的状态在相当程度上化解了他所谓的“困难”。我国古代社会在和平时期具有超稳定性,几乎都是熟人社会,人员流动性小,犯罪率很低,犯罪类型也是传统的几种,调查的难度并没有苏力想象的那么高。缺乏科学技术作为支柱的调查犯罪的手段,对应的是犯罪也缺乏科学技术因素,指纹鉴定、笔迹鉴定以及其他获取或记录物证的技术,化学检验(如对毒品)、物理检验和死亡解剖的缺乏,并没有成为案件调查的困扰。传统社会犯罪率不高(如清代一个县几年甚至十几年、几十年都没有一起杀人案),原因包括:道德教化的作用;农业社会不同于商业社会,具有简单淳朴习俗;刑事司法有效和有力的威慑作用。如果我国古代刑事司法不能有效地“获得审判所必需的基本事实

① 苏力:《法律与文学》,生活·读书·新知三联书店2006年版,第140页。

以及其他相关信息”,这样的司法早就崩溃,不可能一直延续到晚清。在窦娥案中,人们恐怕无法认同苏力所谓“即使投入大量人力、物力和时间,也无法获取今天看来数量足够并可靠的犯罪或未犯罪的证据”。事实上,投入一定人力、物力和时间,找到赛卢医,案件事实就会大白,认为“无法获取今天看来数量足够并可靠的犯罪或未犯罪的证据”的说法过于武断。要是苏力的观点成立,岂不是说我国古代刑事司法都是在“无法获取今天看来数量足够并可靠的犯罪或未犯罪的证据”的情况下作出裁判的吗?这样的结论显然理据不足。

苏力引申说,面对科学技术手段缺乏而又必须查明事实作出裁决的难题,“传统社会一方面可能采取的措施就是确立一个较低的证明标准,包括什么算作证据的标准,什么是充分或‘没有合乎情理的怀疑’之证据的标准……另一方面就是运用该社会许可并可能的一切手段获取与犯罪有关的信息,其中包括调整某些举证责任”。苏力给传统社会开出的两个药方中的一个,即传统社会可能采取的措施是确立一个较低的证明标准,包括什么算作证据的标准,什么是充分或“没有合乎情理的怀疑”之证据的标准,其中关于证明标准的说法缺乏证据,属于推测之词,前文已经述及。另一个药方是运用该社会许可并可能的一切手段获取与犯罪有关的信息,其中包括调整某些举证责任,这一说法同样没有依据。举证责任制度是弹劾主义诉讼中才有的制度,古罗马以及实行弹劾主义的现代诉讼确立了举证责任制度,与之对比,欧洲中世纪和我国古代诉讼本无所谓举证责任制度。因为举证责任制度要解决的问题有两个:其一,当事实存在争议、处于真伪不明情况下，谁承担提出证据加以证明的责任；其二，当证明不能或者证明不力的情况下，谁承担败诉后果。欧洲中世纪和我国古代诉讼都实行纠问制诉讼模式，查明案件真相的责任由法官承担，根本无须考虑事实存在争议、处于真伪不明情况下由谁承担举证责任的问题，也不需要根据举证责任确定由谁承担败诉后果的问题。在纠问制诉讼模式下谈“调整某些举证责任”，显然是为蛇画足，没有事实基础。

我国古代刑事司法审判中，裁判者被赋予了发现案件真实情况的职能，为保障其发现案件实质真实的能力，法律允许其施行刑讯。表面上看来，只要依法刑讯，刑讯无可厚非。不过，古之人，亦知“三木之下何求而不得”的道理，官员自我告诫，不可轻易用刑。滥施刑讯可能造成虚假陈述，使案情更加混沌，导致滥罚无辜，在元代以前人们早已认识到这一点。即使刑讯于法律上无可指责，刑讯获得虚假证据造成事实的误认，裁判官仍然要承担误判责任。古代官员在查明案情方面积累了一定经验。例如，“狱诘其初”，运用心理规律来获取案件实情，不必假手三木。元代张养浩云：“狱问初情，人之常言也。盖狱之初发，犯者不暇藻饰，问者不暇锻炼，其情必真而易见，威以临之，虚心以诘之，十得八九矣。少萌姑息，则其劳将有百倍厥初者。故片言折狱，圣人惟与乎子路，其难可知矣。”①一接到案件，审案者立即展开询问，初次询问，特别关键，此时“犯者不暇藻饰，问者不暇锻炼”，询问得法，可以获知真情，不必笞杖上下翻飞，搞出一部部“肉鼓吹”。

① （元）张养浩：《牧民忠告》，载《吏学指南》，杨讷点校，浙江古籍出版社1988年版，第294～295页。

古代虽有疑难案件,为数毕竟不多,大多数案件案情平易,只要裁判官存心公允,耐心细致,许多冤狱可以避免。张养浩曾云:“夫善听讼者,必先察其情;欲察其情,必先审其辞。其情直,其辞直;其情曲,其辞曲。政使强直其辞,而其情则必自相矛盾,从而诘之,诚伪见矣。《周礼》以五声听狱讼,求民情固不外乎此。”①在讯问之时,善于察言观色,抓住破绽,进行盘诘,往往获知真情,刑讯并非必要。②

元代胡祇遹在介绍折狱经验时指出:“体认所争者何事(人命、盗、奸、钱债、婚姻、良贱、斗殴),明察详审元诉人辞理与事情有无相应。如不相应,且放从说过,俾再三复说,或差或否,道短者折之,情隐者钩之,语言便利者勿便以为是,蹇讷者勿便以为非。皮受之诉,世俗所谓情理切害者,勿遽先入于心。察言观色,详情虑事,不出乎理,理明则情不能逃。”又云:“引问被论人,明告以被论之事,令一一缕细抵对。时曲直真伪自见,一钩一距必穷其情而后已。大抵元告被论辞固无有不差,因所差处互相详察,亦自辩明。”胡祇遹还告诫说:“每事皆有根底旁证,来历情由,当从实处一一推究。”而且,“五听之法当熟。知言,察情,明理,炼事,四者胸中了然,且无一偏之喜怒,虽百冗坌集于前,皆可谈笑而决,何必疲精劳神,怒骂挥斥,榜掠捶楚。然后为得也。若夫情见势屈而不听命,先之以正言,申之以感悟,无不从者,柔能胜刚,

① (元)张养浩:《牧民忠告》,载《吏学指南》,杨讷点校,浙江古籍出版社1988年版,第283页。

② (元)胡祇遹:《杂著》,载《吏学指南》,杨讷点校,浙江古籍出版社1988年版,第256页。

弱能胜强，温言可以化人。理到之辞，不得不讪。听狱之法，静则明，明则百奸不能逃其形。切忌躁急，躁急则己心先乱，譬如挠水摇镜，焉能鉴物哉？细民之所争，若无异事，不过婚姻、良贱、钱债土田、户口、斗殴、奸盗而已。此皆县令之职，令贤则必不至于上告至府；至府而又不能决，决不能服人，良可耻也。素餐之诮，孰大于是”。[①] 我们今天捧读或者观赏《窦娥冤》，叹息的是这些箴言没有在窦娥案件的初审中得到体现，我们对于梼杌办案的痛恨决非求全责备，而是这个贪墨滥刑的裁判官连起码的“注意义务”都没有履行，而是心躁性急，挠水摇镜，怒骂挥斥，榜掠捶楚，安得不黑白颠倒、是非混淆？

张养浩、胡祗遹等虽为元代人，他们的折狱经验对于当代侦查人员或者司法人员仍然有参考价值，以之指导办案，价值绝不逊色于现代人所谓“办案经验”之类。这说明司法经验虽然隔世却并没有过时，古代裁判官面对的一些难题（如怎样获得真实陈述、如何辨别虚假陈述）同样摆在当代侦查人员或者司法人员面前，不是所有的科学技术手段都能在解决这些问题方面派上用场，反而是古人一些折狱经验不失药到病瘳之效。

五声听狱讼，是我国古代司法审判经验的总结，在现代刑事司法活动中，五听之法并没有过时。五声听狱讼的原理在于，人在说谎时通常会表现出不自然的语言征象和身体征象，莎翁《哈姆雷特》言：“在你们的表情中有一种供认，而这是你们的虚伪尚

---

① （元）胡祗遹：《杂著》，载《吏学指南》，杨讷点校，浙江古籍出版社1988年版，第256页。

无足够技巧来掩饰的。”[①]这个道理就是,“一个人可以说一种意思,而他的身体动作、面目表情或语音语调则表示另一种完全不同的意思”。[②]美国学者弗雷德·E.英博等人感叹说:“刑事审讯领域内的先驱们很少注意行为表征的问题。由于忽视了这种个人特征的重要性和潜在价值,早期的审讯人员几乎完全依赖于嫌疑人有罪还是无罪。诚实嫌疑人与撒谎嫌疑人之间的行为差异分析被认为是值得怀疑的,因而一般都得不到有意识的运用。”[③]弗雷德·E.英博说的是美国(最多是西方)刑事审讯领域的情况,与中国古代刑事司法的情况南辕北辙。我国古代五声听狱讼的审判方法已经自觉应用了语言表征和行为表征的原理,诚实与不诚实陈述者的语言反应差别和非语言(身体动作)反应差别在我国刑事审判中得以自觉应用历史可谓悠久,大概世界上无出其右者。直到现在,五声听狱讼的讯问方法及其原理仍值得重视并有应用价值。弗雷德·E.英博等人在探讨沉默权条件下(不能施行刑讯逼供)获取真实陈述的审讯技巧,向人们推广这种方法。例如,他们谈到审讯人员“应有点漫不经心地观察对方的眼睛及其他行为表征,避免使嫌疑人感到极不自在。随意地扫一两眼嫌疑人的眼睛,然后很快地与嫌疑人的目光接触一下,就足以查明对

---

① 转引自[美]弗雷德·E.英博等:《审讯与供述》,何家弘等译,群众出版社1992年版,第55页。

② [美]弗雷德·E.英博等:《审讯与供述》,何家弘等译,群众出版社1992年版,第55页。

③ 转引自[美]弗雷德·E.英博等:《审讯与供述》,何家弘等译,群众出版社1992年版,第55页。

方是否有意回避自己的目光”。[①]这正是目听之法，说明五声听狱讼的讯问方法在当代刑事侦查和审判中并没有失去生命力。在审判过程中，法官（陪审团）直接接触证人等，仍然可以运用这样的方法来判断言词陈述的真伪并藉以判断其证据力的大小，绝非如苏力所言：“其在正式司法过程中作为证据（而不是作为发现证据之线索）的作用正在日益缩小，甚至在失效和消亡。”[②]

运用五声听狱讼的审讯方法并不需要特殊的权力空间和时间（我们在日常生活中有时自觉或者不自觉地应用五声方法），[③]对于审理者来说，要自觉应用这一方法并运用得好，需要了解其背后的原理并在实践中积累一定的“临床经验”，但并非“对审理者（不光是法官）提出了超乎常人的高要求”。审理者“高度敏感、精细辨析和恰当解释”并不是什么难以企及的事情。至于五声听狱讼“很难保证不同的裁判者对同一嫌疑人流露出的‘五声’作出同样的或类似的解释和判断”，“如果过于倚重五声断狱，不仅给裁判者留下了太大的乃至危险的裁量空间，而且也留下了滥用权力的空间”，[④]这类说法无异于说不同的审理者不可能有共同的前提作为判断的基础和标准。若此种观点成立，则刑事司法审判没

---

① 转引自［美］弗雷德·E. 英博等：《审讯与供述》，何家弘等译，群众出版社1992年版，第64页。

② 苏力：《法律与文学》，生活·读书·新知三联书店2006年版，第142页。这里需要指出，苏力这句话存在错误，“五声听狱”是审查判断言词证据的方法（不排除作为发现真实陈述之“线索”），从来不曾作为“证据”，称“其在正式司法过程中作为证据（而不是作为发现证据之线索）的作用正在日益缩小”若严格按照字面意思理解，有点摸不着头脑。

③ 苏力：《法律与文学》，生活·读书·新知三联书店2006年版，第143页。

④ 苏力：《法律与文学》，生活·读书·新知三联书店2006年版，第144页。

有存在的合理性,因为若没有共同的前提作为判断的基础和标准,就难以保证不同的裁判者对同一案件作出同样的或类似的解释和判断。那么,过于倚重法官的判断,不仅给裁判者留下了太大的乃至危险的裁量空间,而且也留下了滥用权力的空间——这一结论岂不荒唐?

超自然证据和鬼魂的意义

怪力乱神,子所不语,小说家、传奇家却常驱遣笔下。

小说家常志异,这类作品读者喜闻乐见,显然是主要原因。古人围火说故事,谈神说鬼,说者活灵活现,听者屏气静心,实在是绝佳的消遣。小说家著为文字,也是以新、奇、特的故事来吸引阅读,无足为怪。也有作者,志怪以抒孤愤,写鬼以避文祸,如"蒲松龄称自己的《聊斋志异》为'孤愤之书',是《狐鬼史》。《聊斋志异》所写的故事内容,就实质而言,是作者在苦闷之中,假鬼狐之外衣,抒发他对人妖鬼怪黑暗社会的愤懑之情,倾吐自己内心难以遏制的'磊块之愁'"。[①] 蒲松龄写鬼志怪,一是因谈狐说鬼比较安全,文字罹祸的几率比较小,就像现在国内影视剧喜欢古装题材回避现实一样;二是此种作品已经形成一种体裁,六朝志怪、唐传奇均广受欢迎;三是人们有此迷信,不免信以为真。小说如此,戏剧也是如此。

古之戏剧,本来与小说相通,剧本可读之外,还要搬演,追求

① 盛伟:《聊斋志异·前言》,载蒲松龄:《聊斋志异校注》,盛伟校注,山西人民出版社2000年版,第2页。

新、奇、特，顺理成章。戏剧剧作，古称“传奇”，李笠翁云：“古人呼剧本为传奇者，因其事甚奇特，未经人见而传之。是以得名。可见非奇不传，新即奇之别名也。”①鬼怪之事，往往新奇，这是显明的事实。尽管笠翁本人劝剧作者“戒荒唐”，言“凡说人情物理者，千古相传；凡涉荒唐怪异者，当日即朽”，但如《牡丹亭》《窦娥冤》之类既说人情物理，又涉荒唐怪异者，脍炙人口，不知又当何说？

《窦娥冤》事涉鬼魂，原因有三：一是增强其传奇性，使故事不那么平易，大有波澜；二是古人往往相信冤魂不散的说法，冤魂鸣冤的故事并非罕见，《水浒》中武大冤魂来武松前鸣冤之类，便是如此；三是推动剧情发展的需要，《哈姆雷特》第一幕国王冤魂向王子说出被害真相，《窦娥冤》第四折窦娥冤魂向父亲陈述别来冤苦，都使剧中不知情者得以知情，从而使剧情得以推展。《窦娥冤》异兆（苏力所谓“超自然证据”）和鬼魂的意义，首先在于使剧作富于传奇性，假如去掉剧中异兆和鬼魂，并不影响《窦娥冤》故事的完整性，但相比之下，故事就要平淡多矣，不太符合“无奇不传”的传奇特性，也不大容易产生轰动的剧场效果。没有白练溅血、六月飞雪、三年亢旱的异兆，窦娥之冤便烘托不够，悲剧性渲染不足。异兆和鬼魂的出现，使剧作更加有吸引力。《窦娥冤》中异兆和鬼魂，对于剧情发展颇有意义，窦天章对三年不雨的异兆有一定疑虑，按照古时“天人相应”的说法，对楚州只怕是有冤情有了心理铺垫，窦娥鬼魂的出现提醒窦天章此地有冤案，并将三年不雨与冤案的关系展现给窦天章，推进剧情向平反冤案方向

① （清）李渔：《闲情偶寄》，贝叶山房1936年版，第11页。

展开。

依现代诉讼原理,窦天章复查此案在程序正当性上存在显著缺陷,窦天章与窦娥乃父女关系,属于当事人的近亲属范围,理应回避。由窦天章复查窦娥冤案,反映出古人看重的是实体正义,对程序正义就有点马马虎虎了。包公案中铡包勉一出,也有这个问题。不过,由窦天章审理窦娥案,有增强窦娥故事的传奇性的意义,这是显而易见的。看《窦娥冤》中的巧事,把它当作“传奇”便不难理解“为什么关汉卿选择了窦娥的父亲来平反这一冤案”。①

古代剧作,人物通常很少,主要演员既然登台,亦应充分发挥作用。窦天章楔子中登台亮相,如果不为第四折再度登台打下伏笔,是大可不必的,窦娥与蔡婆婆的关系,用道白或者唱词便可交代清楚,窦天章两次出现,就是为了前后照应,正如契诃夫所言:当第一幕出现了一支枪,到最终幕落前总会打响。窦天章在楔子中出现,预示他有可能发挥特定作用。

苏力对“关汉卿选择了窦娥的父亲来平反这一冤案”的诠释是这样的:“一种可能更有说服力的解释(或至少从戏剧效果上看如此)。即根据现有的证据,没有谁能相信窦娥是冤枉的,因此即使包拯这样的清官也无法凭空洗雪冤屈;或者,即使包拯对此案有怀疑,他也未必有很大动力和意愿来重新审理这样的一件已经终结、无法挽回生命的普通小民的冤案。”此案得到洗冤,得力于

① 苏力:《法律与文学》,生活·读书·新知三联书店2006年版,第147页。

窦天章与窦娥的父女关系,"如果不是父亲,任何其他官员都无法相信窦娥的无辜"。这是因为,桃杌"试图严格执法,为民除害,并在可能的情况下作出了基本合乎情理的判决",①任何一个官员(只要不是窦娥的父亲)都会作出同样的判决——窦娥的悲剧"不只是一个窦娥的悲剧,而是一种升华了的对人类悲剧性命运的思考,对于人类探求或重构事实真相的能力之局限以及由此带来的宿命的思考"。苏力情不自禁赞叹:"《窦娥冤》中确实有一种在传统中国戏剧中非常罕见的令人战栗的高度。"②

我读《窦娥冤》,实在是没有感受到这出戏是"对于人类探求或重构事实真相的能力之局限以及由此带来的宿命的思考",当然更没有体会到在文学成就以外的"令人战栗的高度"。这只是一出关于一个善良、不屈从的小妮子的悲剧故事,被冤杀是故事的核心。至于冤杀的原因,绝非"人类探求或重构事实真相的能力之局限",而是坏人诬告、贪官不察的结果。把窦娥的悲剧归结到"人类探求或重构事实真相的能力之局限以及由此带来的宿命",恰恰冲淡了该剧的悲剧意味。

在阐述"人类探求或重构事实真相的能力之局限"时,苏力提到:"起初,窦天章翻看窦娥之案卷时并没有对此案提出任何怀疑,认为这是'问结了的文书',铁证如山,没有什么疑问。只是由于窦娥的冤魂一再努力,才引起了窦天章对此案的关注;而当窦天章了解到申冤的是自己女儿的冤魂时,他就完全相信了窦娥的

---

① 苏力:《法律与文学》,生活·读书·新知三联书店2006年版,第151页。
② 苏力:《法律与文学》,生活·读书·新知三联书店2006年版,第150页。

申诉。此案平反的依据都来自窦娥的单方言辞或她提供的线索。”[①]苏力在这里有意或者无意地忽略了这样一个事实,窦娥冤魂出现前,窦天章并没有如仔细阅读窦娥的案卷,实际上只看了个开头,如窦天章念白:“我将这文卷看几宗咱。‘一起犯人窦娥,将毒药致死公公……’我才看头一宗文卷,就与老夫同姓;这药死公公的罪名,犯在十恶不赦,俺同姓之人也有不畏法度的。这是问结的文书,不看他罢,我将这文卷压在底下,别看一宗咱。”[②]这明明是因为实体上属于十恶不赦的大罪和程序上属于问结了的案件而不看,并不是因为证据上如苏力所谓“铁证如山,没有什么疑问”,窦天章没有仔细看完窦娥案卷,哪里来得“铁证如山,没有什么疑问”的结论?

窦娥冤魂的出现,最初不过是将自己的文卷从压在几宗文卷底下几次翻到上面来,这暗示仔细阅读文卷便会发现案件的破绽,洗雪窦娥的冤情。窦娥后来向其父陈述冤情后,要求的仍然是“你看这文卷曾道来不道来,则我这冤枉要忍耐如何耐”?“端详这文册,那厮乱纲常当合败”。[③]“你道是咱不该,这招状供写的明白”。[④]这些都在强调细读文卷能够发现窦娥冤枉的证据,窦娥冤魂最早出现时所做的,只是要窦天章仔细看一看窦娥案卷。

---

① 苏力:《法律与文学》,生活·读书·新知三联书店2006年版,第149页。

② 关汉卿:《窦娥冤》,载《中国历代戏曲名著汇粹》,长江文艺出版社1998年版,第24页。

③ 关汉卿:《窦娥冤》,载《中国历代戏曲名著汇粹》,长江文艺出版社1998年版,第27页。

④ 关汉卿:《窦娥冤》,载《中国历代戏曲名著汇粹》,长江文艺出版社1998年版,第30页。

窦天章并非仅因窦娥是其亲生女儿而听信其一面之词。窦天章最初见到窦娥冤魂出现，持的是中立态度，说的是责备之言，云：“你划地犯下十恶大罪，受了典刑！我今日官居台省，职掌刑名，来此两淮审囚刷卷，体察滥官污吏；你是我亲生之女，老夫将你治不的，怎治他人？……你快与我细吐真情，不要虚言支对。若说的有半厘差错，牒发你城隍祠内，着你永世不得人身，罚在阴山永为饿鬼。”① 完全是不徇私情的态度。窦天章态度之转变，并不是因为父女亲情之所造成，而是窦娥所说的实情。

窦天章复查案件，本来与初审相比是有难度的。“狱贵初情”，到复查案件时当事人之一的窦娥已经处斩，窦天章此时办案比桃杌要难于审核案情。窦娥冤魂的出现，减少了查案的难度，但从《窦娥冤》第四折可以看到，窦娥死后诉冤在审判中起到的是复查案件的材料来源或者说是开启复查程序的作用，窦天章是根据证据推翻了窦娥被错认有罪的事实，并没有直接将鬼神的诉冤之词和神灵启示之类作为证据。窦天章复查案件的整个办案过程，并没有什么高超的手段运用其间。桃杌初审时只要对他人生命有几分敬重，完全可以取得同样的审判效果，案件平反后“升任州守桃杌并该房吏典，刑名违错，各杖一百，永不叙用”，是其咎由自取，不值得同情。

读书至《窦娥冤》第四折，窦娥冤终于洗雪，案件真相大白，人们看到的，恰恰是对“人类探求或重构事实真相的能力”的信心的

---

① （元）关汉卿：《窦娥冤》，载《中国历代戏曲名著汇粹》，长江文艺出版社1998年版，第25～26页。

展示,哪里有什么"人类探求或重构事实真相的能力之局限以及由此带来的宿命"?

小结

李笠翁云:"古人作文一篇,定有一篇之主脑。主脑非他,即作者立言之本意也。传奇亦然,一本戏中,有无数人名,究竟俱属于陪宾,原其初心,止为一人而设。即此一人之身,自始至终,离合悲欢,中具无限情由,无穷关目,究竟俱属衍文,原其初心,又止为一事而设。此一人一事,即作传奇之主脑也。然必此一人一事,果然奇特。实在可传而后传之,则不媿传奇之目的,而其人其事,与作者姓名,皆千古也。"①《窦娥冤》之主脑,为窦娥一人,含冤被斩一事,他人都是陪宾,他事都是衍文。窦娥被诬陷遭处决,发三誓而成异兆,最终由其父平反冤案,其事"果然奇特。实在可传而后传之"。此剧写窦娥的不幸,肯定了她的孝顺与清白,鞭挞了张驴儿之流恶人的狠毒行径和桃杌这类官吏的昏聩残忍,揭示造成窦娥冤案件的原因是"官吏每无心正法",进而对"百姓有口难言"的社会现实表达不满。除此之外许多加在《窦娥冤》身上的诠释,听着都有拔高之嫌。诸如一些论者认为此剧歌颂了"人民的反抗精神",反映了"当时阶级矛盾的尖锐",便是如此。这种诠释属于过度诠释,北京话谓之"不靠谱儿"。

对一部文学作品,可以从多个角度进行诠释。从法学角度进行诠释,为理解该文学作品、作品反映的社会政治、经济和文化现

---

① (清)李渔:《闲情偶寄》,贝叶山房1936年版,第10页。

实,乃至对法律制度进行思考,比单一从文学角度进行作品分析要有益得多。但诠释若脱离了作品本身设定的范围,把作品中没有的加于作品之上,随意发挥,就未必值得赞赏了。

苏力《窦娥的悲剧》一文对于《窦娥冤》的诠释,恐怕属于过度诠释。明显的例子便是,关汉卿笔下的桃杌明明是贪官,即使窦娥一案没有受贿事实,亦即该案非因贪墨铸成错案,也改变不了桃杌是一介贪官的实质。苏力却在另一篇文章《清官与司法的人治模式》一文中不顾关汉卿对桃杌的定位,将其纳入清官的行列,认为他与包拯的区别只在于,包拯清廉而精明,桃杌清廉但平庸。苏力还认为桃杌与窦天章都属于清廉但平庸类型,两者不同之处在于前者办案后果糟、后者办案后果好而已。这已经完全脱离了关汉卿设定的基本条件,自说自话了。

此外,从关汉卿的《窦娥冤》中根本无法得出这样的结论:“在一个没有强有力自然科学技术和实证科学研究传统和法律职业传统支持的司法制度中,哪怕裁判者很有良心和道德,也将注定不可能运送正义,而更可能运送灾难和悲剧。”当然也不可能是“《窦娥冤》对于我们的永远的警示”。①

苏力将我国百姓“厌讼”和官吏“无心正法”归因于我国古代“缺乏科学技术和其他资源”,认为“中国百姓普遍的‘厌讼’,重视‘和为贵’,强调‘忍’,没有‘为权利而斗争’,就根本不是什么文化的产物,不是一种出于文化自觉的主动选择,而是在制度和

① 苏力:《法律与文学》,生活·读书·新知三联书店2006年版,第154页。

技术制约下被选择的文化”。[①] 其实,厌讼与好讼是不同法律文化的产物,若非如此,古罗马时保障权利的手段(包括发现真实的技术方法)并不优于中世纪的中国,但古罗马人民好讼成性,一如今日美国,那原因又如何解释? 我的见解是,我国古代乃至近代甚至今天,百姓厌讼,根本原因在于文化而不在科学技术和其他资源。孔子的非讼思想塑造了中国社会厌讼的普遍社会心理,儒家讲求和谐,厌恶讼争,认为社会的理想治理状态是“礼禁于未然之前”因而“无讼”。[②] 各地方官府,皆以安民弭讼为事功,认为理想的社会治理状态为“刑措”(刑罚措置不用)。注重社会和谐的官府对诉讼存有敌意,在安民弭讼方面下许多工夫,向民众灌输“若无大受欺凌之事,轻易不告状结讼”的观念。一些官员到任第一件事就是发布“禁民刁讼”文告。对于讼师,官方也同样采取打压策略。实际上,非讼不仅为官方倡导,民间也以健讼为非。长期的非讼政策,养成中国人畏讼、厌讼的群体惯性,柏杨称之为“世世不上公堂为荣”,柏杨曾著文倡导民众“养成打官司的习惯”,不料却招致反对声浪,说明畏讼、厌讼的群体惯性在当代仍然发挥着作用。[③]

我国老百姓厌讼还有一个原因,即在法庭上不容易获得公道,这并不是科学技术原因,而是制度和司法观念使然。我国古代乃权利压抑型诉讼模式,梼杌式的偏信滥刑、衙役如狼似虎的压榨是造成民众畏惧诉讼的原因。解决这些问题,靠的不是科学

---

① 苏力:《法律与文学》,生活·读书·新知三联书店2006年版,第152页。
② 王洁卿:《中国法律与法制思想》,三民书局1982年版,第148页。
③ 柏杨:《立正集》,中国友谊出版公司1994年版,第2~3页。

技术(科学技术手段不可能为所有诉讼问题提供解决办法,也不能保证有能力揭示所有案件的真相)。中国古代司法之黑暗,主要不是科学技术手段匮乏所导致的,而是个人价值不受重视、民权不彰、制度重在治民而不在治官的文化弊病的自然结果。科学技术发展并不能自然导致司法公正的实现,现今科学技术发展早已今非昔比了,但刑讯逼供仍然是公开的秘密,不仅在经济发展落后的地区如此,就是在经济发达的地区也十分盛行。我国台湾地区有“科学办案”的说法,那意思是利用科学技术手段代替传统手段进行刑讯,显然,没有制度约束和执法观念的变化,空有科学技术手段不足以使司法洗心革面,面貌一新。

现代刑事司法的进步,主要是智识进步的结果,人权观念鼓励下的革命与改革促使刑事司法从制度到实践发生了变化。我国刑事司法存在的不足,恰恰在于这种变化不足,制度更新过慢,观念还没有得到根本扭转,今后努力的方向应主要体现在这两个方面。没有这两方面的变化,就是有了科学技术手段也不能得到很好的应用。我国有的地方公安局搬迁,整理库存时才发现曾经购置了较为先进的刑侦设备竟然被雪藏多年从来没有应用过。这样的设备不能及时得到应用的原因,是刑讯逼供仍然是我国办案的潜规则——当可以通过刑讯这一终南捷径迅速突破案情推进诉讼进程的时候,科学技术手段的应用就不那么迫切了。只有堵塞了非法取证的捷径,人们才能转而求助于科学技术手段在刑事司法活动中的应用,其中的因果关系,与苏力的解释完全相反。杜培武冤案、佘祥林冤案等运用了拉蔓光谱测试、测谎器、DNA 技术,但这些技术反而激励刑侦人员进行刑讯逼供,不是很值得深思吗?

苏力强调科学技术的作用，目的是要论证刑讯逼供的合理性，尽管他声明“我反对刑讯逼供”。他忽视的是，刑讯逼供被扼制，并不是科学技术发展之功，反而科学技术在刑事司法中的应用，倒是刑讯逼供被扼制之功。

李笠翁曾谓：“传奇一书，昔人以代木铎，因愚夫愚妇，识字知书者少，劝使为善，戒使勿恶。其道无由，故设此种文词，借优人说法，与大众齐听，谓善者如此收场，不善者如此结果，使人知所趋避。是药人寿世之方，救苦弭灾之具也。”①《窦娥冤》本来善恶分明，有益世道人心，但苏力《窦娥的悲剧》一文，却混淆了善恶是非。苏力为有罪推定开脱，为刑讯逼供开脱，为桃杌开脱，为张驴儿开脱，把桃杌抬到清官的高度；还把错案责任推到窦娥身上，认为她的话不可信，她“不近人情”地为救一个与自己没有血缘关系的老太婆而自诬才是造成冤案的原因，完全无视这种自诬是官吏偏信滥权的结果而不是原因。将窦娥的悲剧最后简单归结为科学技术不进步，这样做的效果淡化了窦娥冤案的悲剧性，不但有违关汉卿通过剧作展示给我们的立意，更是将窦娥置于“二度被害”的境地。

笠翁云：“武人之刀，文士之笔，皆杀人之具也。刀能杀人，人皆知之；笔能杀人，人则未尽知也。”②文士下笔，当有所戒惧哉！

---

① （清）李渔：《闲情偶寄》，贝叶山房1936年版，第8页。
② （清）李渔：《闲情偶寄》，贝叶山房1936年版，第10页。

卷二

透过《聊斋》看司法

姑妄言之姑听之，
豆棚瓜架雨如丝。
料应厌作人间语，
爱听秋坟鬼唱诗。

——清·王士祯《〈聊斋志异〉题辞》

聊　斋

披衣起时，户外白银洒落
纤纤的足，肯践萤光来否？

皓齿留在弯月的背后
唇上一点朱红，来自
哪一位画师的点染，已不重要

枕臂而眠的书生，是否
还在画壁游走？
谁挥一挥翠袖
袅袅的香烟宛转成狐媚？

莫翻开书页吧，蒲家庄外
必有剑客将夜色追逐成
一霎雨，一霎风，一霎晴

怎比这海棠开得安好
照一位佳人
把烟墨细细磨匀，磨缠绵？

把灯调亮一点,把狼毫焗黑
别唤醒柳泉先生
也不必写字,今晚的字会写它自己

只是绮梦太浅,太容易惊散
千重门外谁在打门?
先生的謦咳从聊斋来——

老友带来一壶酒,一头皓白
三则鬼故事
和一刹那聚拢的悲欢

《席方平》：阴曹地府的劣质司法

《聊斋志异》乃谈狐说鬼之书，狐并非都是害人精，鬼也不一定都是青面獠牙的恶鬼，正像人间各色人等，并非都好，也不都坏。按说在阴曹地府做官的，上至阎王下至牛头马面小鬼当差的，都是体面、有身份、有地位的角色，就算是鬼，也该个个正气凛然才是；同样，地府衙门号称“无私”，理应是非分明。可是，读了《席方平》一文，却骇然发现，那里的劣质司法，简直无法无天。把卷读来，脊背一阵阵发凉。敢情阴曹地府也不公不义，没一点为阳间做个好榜样的意思，让人在纸面上游目一番之后，对死后“生活”一点都不向往。

阴曹地府也收贿赂

各位看官活着时都有个政府管理着，死后也一样，要受冥府的拘管。阴曹地府扮演着死后鬼魂的政府角色。

那阴曹地府里处理的是阴间的各种官司，判断的是鬼魂在阳间做人时的所作所为，对来到此间的鬼魂来个秋后算总账,西方所谓"最后的审判"是也。既然要依特定的善恶标准对人所作所为做出评判,上至阎王下至小鬼,是非总该有的,善恶标准应当了然于胸,否则阎王怎么判断别人的功过并有所奖惩呢?

话虽如此,冥府官吏无意以公道名世。席家这起案子就是试金石。

案件起因非常简单:东安人席方平的父亲名叫席廉,这名字中一个"廉"字,透露出他是个好人,而且与阴曹地府里的不廉形成对比。席廉为人戆拙,不用说,这种性格的人一般都是良善之辈,心眼实,口舌笨,一旦被人冤枉,不善言谈,难以自清,属于"理想的被害人"。其实,戆拙也不打紧,只要没有仇人,一生也能平平安安。偏偏席廉就有一个仇人,这人姓羊,很有钱的富户。姓羊的先死了几年,等到席廉生病,垂危之时,出现了一件怪异而骇人之事。席廉突然对人说:"那姓羊的贿赂了冥府里的官吏,对我杖打行刑啊。"光听这话,还以为是临死前的昏乱之言,大可不理。谁知道令人惊悚的一幕紧接着出现,只见席廉浑身突然又红又肿,疼痛难忍,呼号而死。

他的儿子席方平见此情景,又惊又惧。父亲咽气以后,他内心凄惨,吃不下东西,说:"我父朴实,嘴笨,现在遇到强鬼,被他凌虐;我必须赴地下,替他鸣冤。"说了这一句,就不再说什么了。时坐时立,变得跟傻子一样,原来魂已到阴间去了。席方平自己只觉得恍惚出了门,一路上没有旅游交通图,也没有 GPS 卫星定位,跌跌撞撞,不知所往。黄泉路上,只要见到行人,便打听哪里有城邑。不久,找到城邑,进城后得知他的父亲已被关入监狱。来到

席方平
一心戀父
竟離魂紅
日何由照覆
盆不遇二郎
神訊決九幽
呼籲怨無門

狱门处,远远看见父亲躺卧在簷下,样子十分狼狈。席廉见到儿子,顾不上问因何而来,涕泪潸然,告诉他:“狱吏都接受了羊家贿赂,日夜对我榜掠,臀部腿部都打烂了。”席方平听了大怒,大骂狱吏:“如果我父有罪,自有王法,岂是你们这些死鬼可以随意残虐的?!”说完,转身离开,找个地方,拿出笔来写诉状。写完正赶上城隍一大早升堂,席方平一面喊冤一面将诉状投上。

再说羊家,既然可以贿赂狱吏,当然一路贿赂下去。见席方平告状,羊某害怕,内外打点,都用钱买通,这才上堂争道理。既然金钱铺好路,诉讼结果不问可知——城隍以所告无根据为由,判决席方平诬告。席方平见冤枉得不到伸张,就在阴间行一百多里,到郡里,向郡司再告,等了半个月,官府才开庭审理。这半个月有什么猫腻,也就不用打听了。上堂之后,席方平被用刑扑打,案件的审理结果是:发回城隍重审。随着案件推进,后来知道,连冥王都受贿,在这阴间,到哪说理去哉?

席廉一案,冤在他死后遭牢狱之灾。他的冤枉,原因很简单,是冥间官吏收受羊家贿赂,接受贿赂后依羊家意愿对席廉横施暴虐,搞得他痛不欲“死”。这事甚奇,原来阴间也盛行贿赂,鬼官也十分贪墨,而羊某不但活着时家财万贯,死后也有大把的钱财用于行贿。这证明了钱不但能通神,也可以驭鬼,可见“有钱能使鬼推磨”之言不虚也。阴间狱吏拿人钱财替人办事,尽心尽力,哪管什么王法不王法,席方平一顿怒骂,不过如春风吹马耳而已。

深究起来,也不奇怪。不要说地府,就是天堂也不干净哩。君不见吴承恩《西游记》里,唐三藏历尽千辛万苦来到西天,要取回真经还需要给阿傩、迦叶二位尊者贿赂，损失了唐王所赠紫金钵盂。连佛祖都说为赵长者诵经一遍，“只讨得他三斗三升米粒黄金回来，我还说他们忒卖贱了”。上有所好，下必甚焉。佛祖尚且爱钱，冥府怎不拜金？驾起一朵祥云飞到天上看看，念出三遍咒语遁入地下走走，就会知道，这“上下交征利”的局面，哪里只是阴曹地府的独特景观呢。

狱吏之贵

冯镇峦评《席方平》曰：“目无王章，方知尊在狱吏。”这句话可不是随便说的，“尊在狱吏”四个字大有来头。此典故出自周勃。按《史记·绛侯周勃世家》的记载，周勃乃刘邦属下有功之臣，当年叱咤疆场，屡立战功。刘邦死后，周勃在孝惠帝六年被任命为太尉，再后来，与丞相陈平合谋将吕氏家族诛灭，拥立孝文皇帝，匡扶汉室，立下又一大功，升任右丞相，赐金五千金，食邑万户。有人劝告他：“您既诛杀了诸吕，立代王，威震天下，又受厚赏，处尊位，深受宠信，久之就灾祸及身了。”周勃恐惧，赶紧辞去右丞相不做。陈平去世，皇帝再次任命周勃为丞相。再后来，他被免去丞相之职到自己的封地去。每当河东郡司和郡尉巡视到绛县，绛侯周勃因担心自己被诛杀，总是身披铠甲，让家人手持兵器，以这种阵仗与郡司和郡尉见面。后来有人上书告周勃想要谋反，案件交给廷尉处理，廷尉令长安办理，将周勃逮捕来治罪。周勃由于恐惧，不知道如何辩解，狱吏渐渐侵凌侮辱他。周勃拿出千金给狱吏，狱吏在书牍背后写字提醒他：“让公主为你作证。”公主是孝文帝女儿，周勃的儿子胜之娶了她。周勃将加封获得的赏赐都送给了薄太后的弟弟薄昭。到了危急时刻，薄昭向薄太后说情,薄太后也认为并没有谋反的事。文帝朝见太后时,薄太后拿起头巾向文帝掷过去,说:“周勃曾握有皇帝玺,率领北军,不在此时造反,反倒会住在一个县里时造反?!”文帝看了周勃的供词之后,向薄太后谢罪说:“狱吏刚刚查清此事,就要放他出狱了。”于是派人持符节赦免了周勃,恢复他的爵位和食邑。周勃出狱后慨叹:“吾尝将百万军,然安知狱吏之贵乎也?”真是不经一事,长不了这个见识。

周勃之叹,并非虚言。狱吏之贵自有其制度原因,由于只将“严密”施于看守在囚之人,对于狱吏却缺乏严密的制度加以限制,而且在囚之人无现代人权保障,任由狱吏侵凌、侮辱,司马迁在《报任安书》中所描写的那种情景,就无足为怪了。司马迁说:猛虎活在深山,百兽都会震恐,等它落入陷穽和栅栏之中,只得摇尾乞求食物,这是人不断使用威力和约束使它逐渐驯服的结果。因此,士子看见画地为牢,绝不进入;面对削木做成的狱吏,也绝不同他对答,被杀之前就决计要自杀。你看我现在手脚交叉,木枷枷住,绳捆索绑,皮肉暴露于外,承受棍打鞭笞,关在牢狱里。此时,一看见狱吏就叩头触地,一看见看守就心悸喘息。何以至此?这是狱吏的威力和约束造成的。事已至此,要谈什么不受侮辱,就是厚颜强说了,还有什么尊贵可言?① 真正尊贵的,是那些狱吏。

---

① 原文:猛虎在深山,百兽震恐,及在槛阱之中,摇尾而求食,积威约之渐也。故士有画地为牢,势可不入;削木为吏,议不可对,定计于鲜也。今交手足,受木索,暴肌肤,受榜箠,幽于圜墙之中,当此之时,见狱吏则头枪地,视徒隶则心惕息。何者?积威约之势也。及已至是,言不辱者,所谓强颜耳,曷足贵乎!

更重要的是，狱吏之贵还有其心理原因。在美国，1971年曾有一场著名的心理学试验，名为“史丹佛监狱实验”。实验是这样展开的：将24名实验的应征者（有一些还是史丹佛的大学生）随机分为狱卒和囚犯两种角色，每人每天5美元报酬，实验的时间为14天，实验完全按照真实的监狱情况进行。“狱卒”分为3组，看守9名“犯人”。实验的结果令人吃惊，一位学生导演披露：“史丹佛监狱是一个非常温和的监狱环境，但是它仍然导致狱卒变得残暴，犯人变得歇斯底里，几乎都想逃脱。即使环境温和宽厚，还是没用。它仍然催化所有事物升级为真正监狱的样子，狱卒角色变得残忍病态，犯人的角色变得混乱又带羞惭。每个人都可能成为狱卒，但很难当一个可以抵抗那股成为虐待狂冲动的狱卒。”① 对于这一实验，菲利普·津巴多指出：“经过时间的洗礼，实验真正的意义开始浮现，它强而有力地刻画出恶劣的系统与环境所产生的潜在毒害，能够让好人做出有违本性的病态行为。”②狱吏角色很快使人开始滥用权力，“他们残酷成性，日夜无休地贬低、鄙视、伤害‘囚犯’”。③这一实验表明：角色决定一个人的心理，正像查理·卓别林所说，当他一穿上兴格尔（影片《大独裁者》中以希特勒为原型的角色）的制服，就像灵魂附体，完全变了一个人，立即找到大独裁者的感觉。这就是所谓人性吧？

---

① [美]菲利普·津巴多：《法西路效应》，孙佩妏、陈雅馨译，商周出版公司2008年版，第248~249页。

② [美]菲利普·津巴多：《法西路效应》，孙佩妏、陈雅馨译，商周出版公司2008年版，第257页。

③ [美]菲利普·津巴多：《法西路效应》，孙佩妏、陈雅馨译，商周出版公司2008年版，第273页。

当狱吏这种狠角色既可以逞淫威,又可以收贿赂,一举两得,而且没有法制加以限制时,当然就目无王章了,在他们眼中,随意残虐一个囚犯算得了什么?

阴曹地府里的酷刑

在《聊斋志异》里,《席方平》是让人不忍读下去的篇什,把这故事读完,回想一下,满脑子都是阴曹地府里奇惨无比的种种酷刑。

郡司审理席方平告状一案,席方平“备受械梏,惨冤不能自舒”,案件由郡司发回城隍重审,城隍担心席方平没完没了,一再告状,就派遣衙役送他回家。差役到席家门口告辞而去。席方平到家门口却不肯进去,逃遁到冥府,状告郡邑贪酷。冥王立即拘来城隍、郡司与之对质,城隍、郡司偷偷派心腹与席方平做私下关说,答应给他千金。席方平不答应。过了几天,客栈老板透露给他一个坏消息:“您负气太甚,官府来求和你都执意不从,现在可好了,听说城隍、郡司都向冥王递了东西,恐怕你的案子要糟!”席方平还不相信,说这是道听途说的话,未必确有其事。不久就升堂,那冥王面露怒色,不容置词,命令笞他二十。席方平厉声问:“小人何罪?”冥王冷漠以对,跟没听见一样。笞完,席方平喊道:“我是该打,谁让我没钱呢”!这下仿佛踩了冥王的痛脚,冥王气得不得了,命令上火床。上火床是啥?就是将铁床用火烧红,将人放在通红的床上,按在上面,那结果实在恐怖,骨肉焦黑,备受惨苦,人又死不了。对席方平用刑后,冥王问:“还敢再告”?席方平回答:“大冤未伸,寸心不死,要说不再告,是欺骗你冥王,一定要告!”冥王又被激怒,命令用锯将席方平锯为两半。席方平被锯时,觉得脑顶逐渐被锯开,痛不可忍,席方平却忍住不哭嚎。身体被锯开后,两片身体都倒下去,冥王命令合身来见,席方平身体被锯处一道长缝儿痛欲复裂,走不上半步就跌倒。到堂上,他趴在地上,冥王再问,为免身体再受酷刑,席方平回答不再告了。冥王这才命令将他送还阳间。

读书至此,各位看官都随着席方平一道领略了阴间的酷刑。

阴曹地府有着许多让人触目惊心的残酷刑罚,吾人在各种描绘地狱的图画和模拟地狱的雕刻、蜡像里早有认知。近读《地狱游记》一书,印象更被强化。《地狱游记》是阴间地府指南录,那里面罗列了地府里诸多惨烈的刑罚,诸如粪尿泥、饥饿、寒冰、挖眼、铜铁刮脸、倒吊、灌药、沸汤浇手、刺嘴、断筋剔骨、毒蜂、诛心、割肾鼠咬、钳嘴、蝗钻、烙手指、抽肠、顶石蹲身、油釜滚烹、拔舌穿腮、车崩、断肢、热油溅身、毒蛇钻孔等,光看这些种类繁多的名目,稍加想象,就令人魂飞魄散。这些叫人毛骨悚然的刑罚,作为给世人的恫吓而在想象中存在,被无数信众坚信不疑。

为何想象中、传说中会有地狱,为何地狱中会有极其惨酷的刑罚? 罗素解释说:“恐惧是残酷之父,因此,残酷和恐惧携手而行是不令人惊奇的,那是因为作为宗教和残酷之基础的是恐惧。”要是没有地狱的想象,人们就失去了对于现世行为未来后果的恐惧,宗教就失去了基础。宗教总是告诫人们,行善可入天堂,作恶必下地狱,进而劝人为善。但《席方平》却告诉读者,地狱也非公道之所在,阳间可以用钱买通的,阴间同样畅行无碍。那一个比一个让人痛苦难捱的刑罚,未必施于恶人,没钱而坚持不懈告状的,任你善良无比,也一样给你点儿厉害瞧瞧。

得公道还得靠孝道

席方平惨遭冥王"修理"以后,由硬攻改为智取。冥王命将其送还阳间,遣送他的两名鬼隶返回之后,席方平想阴曹之暗昧比人间更甚,唯一办法是使冤枉直达天听,他想起世间传说天帝有一勋戚叫灌口二郎,此神聪明正直,向他告状应当会有灵验,就转身向南奔去。没想到冥王早就预见其不归,安排二鬼隶追上来,将其拽回去见冥王。席方平想那冥王更要暴跳如雷,他的下场将会更惨,没想到见了冥王,冥王一副和颜悦色的模样,安慰他说:"你实在孝顺,我已经为你父亲雪冤,现在已经投胎到富贵人家,不用你反复奔波了,现在送你还阳,给你千金产业,期颐年龄,你满意了吧"?席方平核实之后,答应还阳。不料还阳路上,鬼隶心有怨气,辱骂威胁席方平,又趁其不备,推入一户人家,使他投胎成了婴儿。席方平愤怒啼哭,拒绝受哺,三天后死了,又回到阴间。他的冤魂奔走数十里,遇到上帝殿下九王,告了状,九王嘱咐灌口二郎受理此案,为之剖决。二郎带着席方平到一官廨,见席方平的父亲、羊某和衙隶都在,冥王、郡司、城隍都伏在下面。原来冥王使诈,假说为席父雪冤,骗取席方平不再"缠讼",要不是鬼隶忍不住辱骂威胁席方平,就让他马虎过去了。二郎审完此案下判,判决烧东壁之床,治以其人之道,还治其人之身,让冥王也来尝尝火床风味;郡司、城隍、隶役,各个依冥府酷刑得到严惩;羊某被籍没家产,全都转给席家,以奖赏席方平的孝义;席方平的父亲席廉也得到三纪阳寿的恩赐。至此席家父子双双还阳复活,怨气

“方平”，席家过上了越来越富足的好日子。

我看席方平还真有个韧劲儿，按当下某些司法精神病医师的想法，此人必是偏执狂、精神病无疑。但究其实，席方平并非丧失理性，他忍受常人之所不能忍，全出于至诚尽孝。对父亲恩情的报效，成为席方平的勇气和韧性之所在。在席方平的艰苦诉讼中，连下手施行锯刑的鬼隶都感其至孝，敬其坚强，悯其无辜，不惜开闸放水，说：“此人大孝无辜，锯的时候偏一点，别弄损了他的心。”锯后合身见冥王，席方平锯缝剧痛，一鬼赠一丝带，也是因感其孝，道：“赠此以报汝孝。”席方平将丝带束在身上，一身顿时轻健，毫无痛苦，得益于鬼隶的关照。不仅如此，那冥王虽然滥刑，并欺骗席方平，但也不得不对他赞道“汝志诚孝”。后来灌口二郎在判词中也称席方平“孝义”。小说末尾，连蒲松龄都忍不住评价：“忠孝志定，万劫不复，异哉席生，何其伟也！”

席方平以孝义为精神支柱，终于大冤得雪，感动人心。《席方平》一文，通篇都是贿嘱与孝义之冲突，而且一度孝义不敌贿嘱，好人不得善待。席方平不畏烈日严霜，锲而不舍，才最终以孝义压倒贿嘱。这里神夸鬼赞的孝义，是我国古来十分珍重的价值。我国传统社会尊重孝义，孝是家庭与社会和合之融合剂，也是老龄之人晚年安全之所系，提倡孝道可以减少治理社会的成本。皇家倡导孝道，表彰孝廉，忠孝互通，求忠臣于孝子之门。因此，昔日里这样的故事就不足为怪了：有忤逆之子殴打老娘，被严厉治罪，地方官深以为耻，引咎自责，痛感自己教化不力，削去城垛以示与民共耻。读《聊斋志异》，席方平的孝义使他获得读者认同，大家为之悲，为之怒，为之惧，最终为之破涕笑。心为之所属，情为之所系,很大程度上要归功于一个孝字。

法律人闲来读书,当注意这冥间的劣质司法。其特征有二:一是官吏贪贿,为钱役使,颠倒是非,淆乱黑白,滥用权力,迫害无辜;二是刑罚之酷烈,猛于虎狼,火床冰匣,刀锯斧砍,如同梦魇。蒲松龄借灌口二郎所下判词,痛骂贪官“不当贪墨,以速官谤”,“惟受赃而枉法,真人面而兽心”,责羊某“富而不仁,狡而多诈。金光盖地,因使阎摩殿上,尽是阴霾;铜臭熏天,遂教枉死城中,全无日月”。这与其说是骂鬼,不如说是责人,其实,冥冥之中安得有鬼?若真有鬼,要钱何用?魂已离身,何来痛感?仔细想想,这阴曹地府不过是人间世的变相。这种劣质司法不正是中世纪审判的变形写照?蒲松龄痛斥官吏贪腐酷虐,对于将火床施之冥王,剁肢加之鬼隶,将郡司、城隍剔髓伐毛,视为大快人心,理所当然。毕竟,那时不能预见国际社会禁止酷刑公约这种事,就是预见了,对人、对鬼大概也不认为可以一视同仁吧。

《冤狱》：典型的中国式冤案

《聊斋志异》卷七有“冤狱”一则，描述的是典型的中国式冤案。要不是真凶现身的方式特别离奇，以及母亲被迫的选择格外悲怆，这个案件放到今天也显不出什么特别。但这并未减少这篇小说的价值，它与当今一些冤案仿佛是一个模子里套出来的，正因如此，这则“冤狱”故事更值得推崇，它提供了我国不断复制的冤案的一种模式，让我们看到冤案形成的一般规律。每当出现一起冤案，拿出它来对照一下，也许就会发现不少案件剥离了具体细节，骨骼框架都是一样的或者近似的，正所谓许多冤案其实都是一个冤案。司法官时常想想《聊斋志异》中这起案件，在下判决时也许能慎重一些。

冤狱从一个玩笑开始

果然是性格决定命运，一开始的时候，对于冤案的受害人还真没有多少好感。

在一个正正经经被视为美德的社会，轻佻是广受鄙夷的坏毛病。男人轻佻是肇祸之端,这个结论已经让《十五贯》之类作品在人们的头脑中打上了深深的烙印。女人轻佻,往往是奸情的开始,更为社会所不容。“奸近杀”的说法,释放出清楚无误的信号:性事引来的祸事暗潮汹涌。所以一个忠告就是,喜欢开玩笑应被暗中掌嘴,在一个容易铸成冤错案件的司法机制前,一句玩笑可能惹来杀身之祸。

玩笑之所以开不得,是因为一句玩笑有时竟会“应验”。《聊斋志异·冤狱》起首述冤案的起因,如同许多惨剧一样,那埋伏着巨大悲剧诱因的,是表面上平常甚至祥和的生活场景。在这个场景中,每个人都心情愉快,“冤狱”就是这样开始的:有个姓朱的年轻人(书中称他为“朱生”),少年佻达(罪过罪过),喜欢开玩笑。因为丧偶,到一媒婆家,请后者为之觅一佳偶。说来正巧,遇上媒婆邻居家的女人,朱生看她模样俊俏,目光随之游移,便对媒婆开玩笑:“刚才看见你家邻居,样子娴雅,模样俊俏,你为我找媳妇,我看她就不错。”媒婆也跟着开玩笑(这个乌鸦嘴!):“把他男人杀了吧,老身为你撮合。”朱生笑着说:“好的。”这段话只是随口一说,图个开心,没想到这“一诺”丧失的不止“千金”,这要到事后才知道。既然是玩笑,当然说过也就淡忘,若非后来突然应验,谁都不会把它放在心上。谁知道这个玩笑竟碰巧连接上命案——过了一个多月,那家邻居出门讨债,在野外被杀害,这个玩笑因此在头脑中被唤醒。

我国古代社会颇为安定,许多州县几年甚至几十年都不会有命案发生,一旦发生命案,立即产生轰动效应,父母官“命案必破”的责任是推不掉的。当地的邑令正是本着这种精神立即展开调

冤獄
一時諸語轉相述
據作爰書駭聽
聞太息臨氏都
憤、沈冤何
處訴將軍

查。古代左邻右舍守望相助的社会治安综合治理的那套做法是不错的，但从什伍连坐制度传下来的另一种惯常做法就值得怀疑了——一家出了命案，真凶没有抓到之前，左邻右舍都跟着受牵连。“冤狱”里的死者邻保都被官府浩浩荡荡地拘去，为追查线索，各个打得鲜血淋漓，可无论怎么想找出真相，都没有头绪，这真让做百姓父母的急火攻心。不过，说起来这一番折腾也不是全无所获，媒婆想起与朱生开玩笑的话，她讲出来，这玩笑话立即成为重要的破案线索，于是朱生顺理成章成了案件的重大嫌疑人，巢窠中眼睛都还没长开的小麻雀，是跑不了的。

司法官员：精于“修理”的人

法官的英文是 judge，本义是判断，据说判断是司法权的本质，那么“法官”的意思就是 “精于判断”的人。

可是冤案中造成误判的裁判者，显然不是精于判断的人；在我国古代，倒是些精于“修理”的人。

我国公堂之上搬演的好戏总离不开刑讯。刑讯如今被戏称为“修理”，那时的地方官连同手下的衙役都精于此道。如果怀疑某人，而且这种怀疑合情合理，对方却指天画地坚决不承认，其结果都是大刑伺候，“不用刑审判决”是绝少的例外。邑令把朱生当作嫌疑人，接下来就把他隆重抓来一问，当然是矢口否认。此时邑令只有怀疑，并无实据在手，未直接以刑讯迫出可令其满意的口供，还算厚道，他想的是在外围寻求突破。该邑令真不愧是“联想集团”的，他浮想联翩地怀疑死者的妻子与朱生有私情，既然如此，就先从案件的薄弱环节开始，对那女人进行搒掠。这个父母官对女人下手并不手软，依法刑讯，搞了个五毒参至，那女人哪里受得了这番苦楚，哭爹喊娘地承认勾结奸夫杀害本夫。有了这么重要的证据在手，就可以大大方方地刑讯那姓朱的啦。

在危难的时候最能显出一个人的品格，朱生虽然“为人佻达”，骨子里面却是十分仗义的，邑令再讯问朱生时，朱生慨然说：“这女子细皮嫩肉的，受不了苦刑，她讲的都是假的。她要是含冤死了，还得担负着不贞节的恶名，纵然是鬼神无知，我于心何忍？我老实供认了吧：欲杀夫而娶其妇，都是我所为，那女人毫不知情。”这番话听了，无论何人都会动容。如此有承担的男人品格，出自一个喜欢开玩笑的“佻达”人之口，便知道人的性格是多面而立体的——活生生的人都不是文艺作品中常见的扁平人物。

朱生一招认，案件便有了重大突破。不过，诉讼不会立即完结，那邑令可是重证据不轻信口供的，赶紧问朱生：“如此说，有何凭证？”朱生回答：“有血衣为证。”血衣当然最有可能藏在家里，既然已经相信真凶在握，邑令马上派人把朱家搜了个底朝天，结果一无所获，连个血衣的影子都没有。既然没有血衣，是否该怀疑朱生口供的真实性？谁知那邑令早已先入为主，对于有利于朱生的事实是一叶障目，不入法眼，何况衣服上要是沾了死人的血，真凶会不把它清洗干净、毁掉或者丢弃？且不管这些，老爷一定要查获血衣，搜查未果，就反过来再对朱生刑求，几次打得他昏死再苏醒。朱生在刑讯之下，不得不哀求：“都是因为我母亲不忍心拿出证据置我于死地，让我自己回家去取吧。”

我们仔细体会下面这一场景的悲剧性：朱生回了家，与母亲见面。故事到这里出现朱生的母亲,大概这户人家媳妇死后只有母亲和儿子相依为命,这本身已经足以令人悲悯,何况这次见面,朱生被押回家,可不是被释放回来团圆的,而是要积极配合自证其罪。见到母亲,朱生说了一句十分沉痛的话:"给我血衣,我就会死;不给我血衣,我也会死。反正都要死,让我慢慢受折磨而死还不如死个痛快。"这是本文中惊心动魄的一句话,原文是"予我衣,死也;即不予,亦死也;均之死,故迟也不如其速也"。人活在世,岂生无可恋?只是在这种板起杖落的司法之下,小民一罹法网,实在没有生路,只能在死之迟速上做个选择,这是被冤枉者唯一能够做出的利害选择。朱生的母亲听了,像天下所有的母亲一样,无助地哭泣,随后进入屋子,待了很长时间,出来时便拿了一件血衣交给差役。血衣到手,邑令仔细观察,血迹确实,这事情可就清楚明白无误了,于是判决拟斩。再驳再审,朱生"供认不讳",并无翻供。看来邑令造福一方,又为本地百姓除了一害。经过一年多的等待,朱生引颈待决的日子不远了。

真凶以奇特方式现身

《聊斋志异》本是谈狐说鬼刺贪刺虐的书,许多故事颇为离奇。"冤狱"的故事在案件发生巧合这一点上算是一奇,但还不算最离奇,最离奇的是真凶现身的方式。当时邑令正在虑囚,忽然有一人直奔公堂而来,怒目瞪视邑令而大骂,说的是:"如此昏聩,有什么资格做官!"这一突发事件,颇具戏剧性,衙门立即发动应急预案:数十个衙役大显身手,立即扑上去拿人。想不到其人振臂一挥,众人颓然跌倒。邑令见状大为惊惧,刚要逃走,其人大喝:"我是关帝前周将军!昏官要是敢动,结果了你的性命!"吓得邑令浑身发抖,战战兢兢,惧悚听命。其人曰:“杀人者是宫标,于朱某何干?”说完突然倒地,好像气息全无。过了一会儿苏醒过来,面无人色。问其人是谁,原来正是宫标。书中记载,邑令升堂,“搒之尽服其罪”。原来宫标平素就是个不逞之徒,知道被害人讨债归来,想他腰橐一定有不少钱,等杀了他再检视,竟无所获。后来听说朱生诬服,暗自庆幸。这一天身入公门,鬼使神差,殊不自知,案情竟因此大白于天下。

相信头上三尺有神明的人都不免为此欢欣鼓舞,在他们眼中,这个案件充分证明冥冥中有神灵存在,所以才有关帝前周将军附体的奇事;案件真相大白,证明烧香磕头比向法官证明要有用。但既然有神明不辞劳苦地在每个人头上护驾和监视,为什么还让朱生和死者的遗孀在堂上被打个落花流水、皮开肉绽?那时候关帝前周将军怎么不现身?对此又有解释了,他们有前世因,命运中该有此劫。那么,既然如此,那邑令打人就是替天行道,不但不应被骂“愦愦”,还应该享受被敲锣打鼓送锦旗的风光才是。

其实,周将军附体本属虚无缥缈之事,当不得真,小说并不是纪实报道,更不是科学研究报告,虽然《冤狱》含有人间地狱的真实写照,但周将军附体却一眼可以看出是虚构。要合理解释宫标这一奇特的自首,只能说,杀人者在行凶后心理压力过大,内心十分焦虑,形成一种变态反应,因此意识暂时失控,一时精神错乱,以周将军附体的形式将自我极力隐藏的真相激发出来,以另一人格(或者神格)的名义对内心强大的压力加以释放,我们大概可以在弗洛伊德等人的精神分析学中找到解释。至于经过关帝庙时是否进去多烧两炷香,并不重要,所谓有神灵存在不过是愚昧之士常有的自我安慰而已,即使真有周将军存在,仅中国就有十三亿甚至更多的人口,周将军要管那么多事,他老人家怎能管得过来?

还有一个谜底需要最后揭开

案件至此,真相大白?且慢,还有一个谜底尚未揭开。既然朱生无罪,何来的血衣呢?读者的疑问当然也是邑令的疑问。邑令困惑不解地问朱生血衣的来源,想不到连朱生亦不知之。解铃还须系铃人,只好唤其母来问,这才弄清楚:原来是母亲割破胳膊染成的,检验其左臂,刀痕尚未愈合。邑令亦愕然。后来因此冤案被参揭免官,罚赎羁留而死,算是自食其果。一年以后,原死者的母亲欲使其媳妇改嫁,那妇人为朱生的义气感动,嫁给了朱生,结局还是让人很欣慰的。朱生的义气也得到了回报,他与那妇人本为陌路,如今因一起冤案而走到一起,值得珍重再珍重。

案件虽然以圆满的结局告终,但诉讼过程的残酷和不公不应被模糊掉,即使当事者情绪稳定,衙门对案件的处理没有留下后遗症,也是如此。这个案件,不应因最后发现真凶(似乎带有很大的偶然性)而忽略了司法制度的弊端,人们需要沉痛思考的是:逼得无辜者的母亲炮制证明自己儿子有罪的,究竟是怎样的司法?

作为文言小说,对于人物的描写十分简约,到了惜墨如金的地步,朱生的母亲出现两次,发挥了关键作用,但对于她大悲大喜的情感,小说只着墨一个“泣”字,其他寥寥数笔也都同属于客观描述,但我们可以十分凄惨悲悯的心情来推断,这位母亲面对强大而黑暗的司法时,她唯一能够为儿子做的,是帮助儿子实现速死的愿望。

异史氏的一大段议论

由于对官场和冤狱有着太多的感触，蒲松龄以“异史氏”的名义发出了好长一段议论，罕见地与讲述那个冤狱故事的文字一样长。显然是平时积郁在胸，借《冤狱》一浇块垒。蒲松龄19岁应童子试，接连考取县、府、道三个第一，补博士弟子员，真是春风得意。不料以后却时运不济，屡试不第，到了71岁时才成为岁贡生。他应同邑人宝应县知县孙蕙之请，为其做幕宾数年，又在本县西铺村毕际友家做塾师，一生无缘仕途，郁郁不得志。作为读书人来说，是很失意的。他对官场和司法有缜密的观察和思考，借《冤狱》大加阐发。

蒲松龄对官员进行告诫，称“讼狱乃居官之首务，培阴嫘，灭天理，皆在于此，不可不慎也”。只不过接下来的许多议论只是借题发挥，与本案没有多少直接的关系。最后一句称官员裁判之干系重大，“不过一濡毫、一动腕之间耳，便保全多少身家，培养多少元气。从政者曾不一念及于此，又何必桁杨刀锯能杀人哉”！都是有感而发，并非不咸不淡之言。

异史氏的一大段议论多少有点离题。依我之见，《冤狱》中的故事，不过因一句玩笑而撞上一起命案，由于巧合而铸成冤狱。最值得悲悯的是，平民有一点开朗的心情，让阳光一闪，开个玩笑，却不料为此付出沉痛代价，真无天理。难怪国人多数时间里总有点面色阴沉、戒慎恐惧的模样，惹得柏杨先生称中国人是不会笑的民族，在外总是一本正经，原因就是时刻怕祸从口出，所以活得很累,深究下去,“没有司法公正就没有免于恐惧的自由”正是更根本的原因。

观察本案,事情赶巧了也就罢了,司法官耐心细致一点、小心谨慎一点、谦抑克制一点,也还不至于不分良莠,错勘贤愚,偏偏遇上个一筹莫展、急于破案的地方员,很中国地往奸情上联想,还滥施刑讯,家鸡打得团团转,野鸡打得满天飞,在猛于虎的司法之下,让无辜平民违心承认自己没有犯下的罪行,要不是真凶现身,恐怕朱生人头落地矣。

仔细再一想,这邑令所作所为,虽有鞫狱不慎的不可推卸的罪责,还不算太出格,盖因刑讯乃合法取证手段,既然有理由怀疑面前的就是罪犯,不痛加拷讯他岂能轻易招认?官员要为民做主,不使用点非常手段,怎么能使人民群众满意?所以,冤案发生之后,要检讨的不只是铸成错案的官员,更有司法体制和诉讼制度。若不改良制度,等于亡羊之后不补牢,则司法病灶不除,冤案怎能不自我复制?这里需要特别一提的是,小说揭示了刑讯的惨酷和恶果,但只是在对无辜者受到刑讯的同情意义上加以谴责的,对于有罪的人进行刑讯,仍然被视为理所当然,所以对于宫标仍然是“搒之”使之“尽服其罪”,又有谁会同情?

1950年7月27日中央人民政府政务院政治法律委员会副主任兼中央人民政府法制委员会主任委员陈绍禹在第一届全国司法会议上作报告,提到《聊斋志异》里的《冤狱》:“做审判工作的人,如果靠刑讯逼供,如果主观地听信自己逼出来的口供,如果不用心认真地仔细地去调查研究找出案件的真凭实据,将引起怎样惊心动魄的人间悲剧呢!? 不但一个青年的妇女被逼而无辜忍辱就死! 不但一个青年的男子被逼而无辜含冤就死! 而且一个对另一个具有世界上最真纯、最崇高、最热烈、最亲密的爱——母爱——一个儿子的母亲,竟被逼以自己的鲜血来伪造杀人证据,好让她的最亲爱的儿子少受痛苦而含冤惨死! 同志们! 这个'冤狱'案,不但应该引起我们对过去封建官吏的深切痛恨,而且应该引起现在我们做司法工作的人的严重警惕呀! 同志们! 绝不要以为这只是戏剧和小说上的故事,不足凭信的。要知道,戏剧和小说,正是一定社会情况和一定国家制度的最突出最具体化的反映。"这算是说到点子上啦。

许多冤错案件,情节不同,人物不同,但滤掉这些,会发现一大堆冤狱不过是同一冤案的自我复制,这些案件形成的公式都是一样的,致错的因素也颇多雷同,问题是,教训必须被汲取,不汲取冤案教训并改良司法,一个冤案过后,下一个冤案又来了。

《胭脂》：凶杀引出的连环错案

《聊斋志异》各种奇情故事中，《胭脂》是一起凶杀案引出的刑狱故事，题材已属难得，故事情节更是曲折离奇，引人入胜。二十世纪八十年代，香港凤凰影业公司拍摄的电影《画皮》在内地公开放映，如最初在香港放映时一样，上座满满，口碑颇佳。受这部影片启发，内地与香港随后合拍了一部彩色宽银幕影片《胭脂》。依现在眼光看，该片拍摄手法和表演都显生涩，不乏幼稚之处，但这部电影在当时仍然大获成功。现在重温，也还觉得这部根据《聊斋志异》改编的影片的故事确有吸引力。《胭脂》一案，峰回路转，错案连环，放在现在，仍是奇谈。

所托非人，留下祸患

人生多不美满，说起来，胭脂的故事多少含有一点悲情。她是东昌一户姓卞人家的女儿，才姿惠丽，“胭脂”是她的小名。胭脂的父亲是牛医，在世族大户眼中，这职业算是寒贱

臙脂
小劫情天
又費回辨明冤枉
謝良媒五花妙判篤
鴛牒東國爭傳折獄才

的了。胭脂的父亲宠爱她,当作掌上珍珠一般看待,有心将她嫁入书香门第,怎奈那些世族大户嫌其门户不当,不愿意缔结这门婚姻。一来二去,事情拖下来,胭脂已经成年,还没有嫁人。由此可以看出,那个时代已经是“拼爹”时代,少男少女的婚姻幸福取决于你生在何等家庭,这一传统源远流长,不能从李刚及其衙内算起。

要不是偶遇鄂秋隼,悲剧也许可以避免。鄂秋隼是一介书生,新近丧妻,在胭脂面前走过时一身缟素。他本来年青清秀,加上一身素衣,风姿更加动人。胭脂见了,心为之动。少年低下头,急行而去。对门姓龚人家的妻子王氏,性格佻脱善谑,是胭脂的闺中谈友。见胭脂对那书生心意似有所动,而且秋波随之而转,便是书生走远,胭脂仍然凝望其背影,看得出神。王氏便开玩笑:“以你的才貌,嫁给这个人,就没什么遗憾了。”胭脂听了,上颊晕红,含情脉脉,不发一语。王氏告诉她,那少年是南巷的鄂秋隼,父亲是个举人,现在穿着白色衣服,是因为他妻子过世服丧还未期满。王氏夸奖鄂秋隼“世间男子,无其温婉”,还说胭脂如果有意,可以做媒。胭脂听了没有说话,王氏笑着离开。读书至此,想起我国传统社会里青年男女的端正形象,皆如鄂秋隼和胭脂,含蓄羞涩,即使是男性,也是矜持安分,与当今影视剧中完全现代小青年做派的所谓古装戏绝不相侔,倒是到了王氏这种年龄,佻脱善谑的并不鲜见,北京话中所谓“大喇”指的就是这类人物,不过比王氏更有过之而已。

王氏只是随便开个玩笑,哪说哪了,说后即忘。不想胭脂认了真,见几日没有消息,便疑心王氏未腾出工夫去说媒,又疑心仕宦人家不肯降低门槛,不同意这门婚事;又兼为鄂秋隼所动,思念颇苦,情绪委顿,寝食不安,积郁成疾。说起来无足为怪,歌德所谓,“哪个青年男子不善钟情?哪个妙龄少女不善怀春?”讲的正是这人情之常。

王氏来看望胭脂,仔细追问病因,小声说:“我家男人,出外做生意尚未归来,因此还没有传话给鄂郎。你是为这生病吗?”胭脂羞红了脸,王氏见其为情所困,又开玩笑:“如果真是这样,都病成这样了,还顾忌什么?先让他夜晚前来一聚,他怎会不肯?”胭脂叹息:“事情到了这一步,已经顾不上害羞。如果他不嫌弃我家寒贱,马上派媒人来,我的病就好了;要是私下约会,万万不可。”王氏点头答应。

谁知道这一去,就引出一场大祸。

突如其来的凶杀

王氏幼时就与邻居宿介私通,嫁人之后,每逢丈夫出门在外,两人就偷偷约会。

王氏像所有窥见别人秘密而抑制不住兴奋的人一样,立即把胭脂一事当作笑话讲给宿介听。王氏的意思是,说笑一番之后,托付宿介传话给鄂秋隼。宿介本来就是一个不检点的登徒子,早就知道胭脂长得美,听到王氏一番话,见有机可乘,心痒难耐,想冒名一亲芳泽。他本来想与王氏共谋,又怕她心生嫉妒,就假装无心,打听胭脂家的布局和胭脂闺闼之处。第二夜,宿介趁夜黑跳墙入卞家,径直来到胭脂住处,以指叩窗,冒称鄂秋隼前来约会。胭脂告诉他遣媒人前来,声言不做私合苟且之事。宿介假装答应,苦求一握纤腕,胭脂不忍过于拒绝,力撑着打开房门。宿介急忙进入,抱住胭脂求欢。胭脂无力撑拒,倒在地上,气息不续。宿介赶紧去拽她,胭脂疑其并非心目中那个温驯的鄂秋隼,声言如再无理就叫喊。宿介怕冒充之事败露,不敢再强迫,请求以后再约会。胭脂以成婚之日为期,宿介嫌时间太晚;胭脂厌他纠缠,答应病好再会。宿介要信物,胭脂不答应,宿介便粗鲁地抓住胭脂的脚,解了绣鞋就走。胭脂把他唤回,告诉他:"我已经许给你,还吝惜什么?只担心'画虎不成反类犬',受到污损毁谤。现在信物给了你,料想这事不可回头。你要是负心,我只有一死。"这一番折腾,都在黑夜中发生,胭脂到底没有看清宿介的颜容。

在我国,女人的鞋子被视为亵物,与男人的恋物心理有关。鞋和脚都有性的意味,宿介强索胭脂的鞋并且念念不忘,原因就在于此,由鞋子引出祸事,却是他未曾想到的。

宿介从胭脂那里出来,到王氏家投宿。躺下之后不忘绣鞋,偷偷摸衣服,惊讶地发现绣鞋不见了。急忙起来点起灯,抖衣服来找,哪里有绣鞋的踪影!问他找什么,又不说。宿介怀疑是王氏偷藏起来,王氏笑而不言,使他疑惑,讲出实情。宿介拿着烛火到外面寻找,仍然不见,只好懊恼着回来睡觉,庆幸深夜无人知晓,以为这鞋子遗落在路上了。一大早起来到路上找,也是影子都不见。

原来巷子里有个叫毛大的,早已把绣鞋捡去。这毛大是个游手好闲、不务正业之人,多次挑逗王氏不成,知道王氏与宿介私通，正想去捉奸来胁迫他们。当晚到王氏家，发现门没有锁上，就偷偷进去。刚走到窗下，踩上一件绵软东西，捡起来一看，是一只绣鞋。伏在窗下偷听，了解了来龙去脉，喜出望外，奸也不捉了，抽身出来。过了几晚，毛大越墙进入卞家，他哪晓得胭脂住在哪一间，误摸到胭脂父亲的住房。卞翁偷看见窗外有人，仔细观察，知道是奔女儿来的，大怒，拿着刀出来。毛大一见大惊，赶紧往回跑。刚要攀墙爬出去，卞翁已经追过来，眼看无法逃脱，情急之下，反身夺刀，老太婆这时大声呼救，毛大见摆脱不了，就用刀杀了卞翁逃走。逃走时将绣鞋遗落在墙角下。老太婆发现绣鞋，追问胭脂，胭脂哭着告诉了母亲事实经过，但不忍牵连王氏，只说与鄂秋隼有关。

一场连环官司就这样开幕了。

迷离扑朔，错案连环

有绣鞋为证，看来案件不难侦破。

这绣鞋本为“哑巴”证据，不能揭示谁是凶嫌。要不是胭脂讲出此鞋来历，鄂秋隼也不会大祸临头。现在人证、物证俱在，还有啥话讲？县令将鄂秋隼捉来审问。这鄂秀才年方十九，竟如处子一般，见到生人就害羞，被捕后吓得要死，上了堂不知如何自辩，只顾发抖。我国古时这种含羞草似的读书人不少，《白蛇传》里的许仙就属于这类温室里的植物，经不得风雨。县官慧眼一瞧，这一定是心里有事表露于外啊，马上认定他就是凶手，横加拷打。书生哪经得起这般棰楚，当然“供认不讳”。押解到府里，照样是一顿“修理”。鄂秋隼满腹冤枉，待要与胭脂对质来澄清，与胭脂相见,胭脂不住诟骂,鄂秀才张口结舌,一句也声辩不得。就这样判了死刑,此后经过几次复审,经过几位官员之手,都不能改变口供,这案子就快成铁案了。要说也真奇怪,无辜的人有时比罪犯更像是罪犯,明明是老实巴交的人,猝然面临自己被指控为罪犯的情形,惊慌失措,张口结舌,浑身觳觫,激起别人越加怀疑;相比之下,有时候真正的罪犯反倒异常冷静,像个好人一般。不要以为这样的怪事难得一遇,实际上,在司法中是屡见不鲜的。因此,对于不同性格之人,以不同方式询问,一概以声色俱厉的大阵仗加以威胁、恫吓,其结果可能模糊了案件真相,使好人蒙冤。

胭脂一案又到了济南府复审。要说古代遇到这种重大案件,不计工本复审来复审去,没有"从重从快",算得慎重。济南知府吴南岱先生见了鄂秋隼,觉得他不像个凶手。暗中叫人问他,让他讲出实情。吴知府知道鄂秋隼可能冤枉,考虑好几天,才升堂问案。吴知府这几天在想什么,不得而知。升堂后,吴知府先问胭脂定约后有无他人知晓,又询问鄂秋隼,询问时态度温和,以言语安慰他,从他口中了解到胭脂与鄂秋隼相遇时王氏在场,便拘来王氏,细问她前后相戏之词,问她:"你同胭脂开玩笑后,曾对何人讲过?"王氏不得已供出宿介。吴知府将鄂秋隼释放,将宿介抓来。

知府吴南岱能够为鄂秋隼洗冤,确是高明。他对此案的怀疑,最初靠的是目测,这和初审时县令认定鄂秋隼有罪先是靠目测一样,只不过目测的结果完全相反罢了。发现鄂秋隼可能冤枉之后,吴知府想到鄂秋隼、胭脂之外可能尚有他人参与其间,也算是明察。只不过,他没有想到,此案之复杂,远超想象。宿介被抓来,否认知晓此事,吴知府认定通奸之人定非良士,见他不招便刑求如仪。刑讯之下,宿介如实招认冒名骗过胭脂,绝无杀人之事,吴知府当然不信,怒喝:"爬墙之人何所不为?"又用刑。吴知府以常情常理断案,无可厚非,但正如评论者所言:"宿妓者必无良士,是已,然未必遂能杀人。吴公之误在此。"宿介熬不过刑讯,只好承认杀人。口供取得后上报。人人称颂吴公断案如神,哪知这宿介也是冤枉之人。

如今宿介杀人"铁案如山",只能延颈等待秋决了。然而"铁案"是不是真"铁",需要经得起慧眼的检验,画饼不能充饥。宿介虽然放纵无行,却也是山东名士。听说学使施愚山最为贤能,而且怜才恤士,就写一张状子给他倾诉冤枉,言语十分凄婉。施学使看了,调来口供来判断,反复凝思,忽然拍案道:"这个人冤枉!"

案件由此又有了转机。

峰回路转，牵出毛大

施愚山发现宿介冤枉,请求上司移案再审。

施学使审理此案,也同吴南岱一样,依托社会经验和足够的想象力来寻找真凶,他想到的是,附王氏之膻腥者中可能就有凶手。因此在审理中,施学使诘问王氏:"除了宿介之外,尚有几个奸夫?"穷诘之下,王氏供出与宿介自小交好,未能谢绝,对于其他挑逗者则未敢相从,其中毛大屡挑而自己屡拒;又问丈夫离家后有无借故来的,回答某甲、某乙都以借贷或者送礼名义来过一二次。某甲、某乙都是巷子里的浪荡子,有心于王氏,尚含蓄未表达而已。

聊斋所志皆“异”,此言不虚。接下来施愚山将真相本案揭破的过程,真是一奇。施愚山认定凶手就在毛大、某甲、某乙等人之中,便下令将他们拘来,直接告诉他们:“昨天夜里梦见神人相告,杀人凶手就在你们中间。现在对着神明,不可说谎。如肯自首,还可宽大。谁敢说谎,严惩不贷。”几个人异口同声“并无杀人之事”,施学使将刑具置于地上,想要用刑;几个人被麻绳扎住头发,剥去衣服,齐声喊冤。接下来施愚山出奇招,声称让神明指出真凶,方法是:派人把神殿的窗户用毡褥遮得密不见光,驱赶那几个人光着脊背进入神殿黑暗处,给他们一盆水洗手,然后把他们系在墙壁下面,命令他们面对墙壁不要动,告诉他们“杀人者,当有神书其背”。过了一会儿,再喊他们出来检查。施愚山指着毛大说:“此真杀人贼也。”

这就有点神了,读者在小说三分之一处已被告知谜底,杀人者确是毛大,然而施愚山何以知之?说来令人拍案叫绝,原来施愚山先派人以灰涂壁,又在盆水中掺以烟煤,毛大因心虚而用背抵住墙壁,以防神仙在其背上写字,又在临出时用手护背,因此背上有灰也有烟色。施学使本来怀疑毛大,见此情形,心里已是深信不疑。毛大抵赖,就施以毒刑,使其尽吐其实,案情终于大白。

这类以谋略揭破案情的故事在古代公案小说中屡见不鲜。施愚山断案,出以奇招,利用的是乡民迷信心理。我国古代神判并不发达,大概与孔子“不语怪力乱神”和重现实不重鬼神的儒家传统有关。我国古代官员审案,早早就利用建立在经验积累基础之上的“五听”之法探求真相,以目测辨贤愚忠奸,比许多国家的水审、火审、诅誓、决斗之法,不知要高明多少。尽管施愚山假借“神判”巧施计谋,并不认为真有神明给予启示。乡民无知,信以为真。凶手心虚,欲遮掩反而自我暴露,善恶有报,大快人心。

至于审判案件动辄刑讯,当时法所允许,无足为怪。对嫌疑人有合理怀疑,不能获得期望中的口供,自然大刑伺候,毫不含糊。审理此案,打了坏人毛大不说,宿介、鄂秋隼、胭脂和王氏也都尝到官刑滋味。案情一旦澄清,宿介、鄂秋隼、胭脂和王氏曾受皮肉之苦,自然获得众人同情。然而坏人受刑,谁人能从人权、人道角度非议之?又有谁会想到好人受修理之苦与坏人遭逼供之刑有着必然联系,那些好人受刑求时哪个不被看作坏人?对坏人之刑讯不除,好人一旦进入司法之中,皮开肉绽之场面也就不可避免。自古及今,不都是如此?

听讼之不可不慎

蒲松龄在小说结尾叹道:“异哉!听讼之不可不慎也!纵能知李代为冤,谁复思桃僵亦屈?然事虽暗昧,必有其间,要非深思研察,不能得也。”意思是,尽管案件暗昧不明但总会有漏洞,关键是要缜密思考,仔细调查,这样才能柳暗花明,实现公道。

胭脂一案,曲折离奇,起初以为鄂秋隼必为凶手,谁料竟是冤枉的,从初审到复审,经过了几位官员,都认定鄂秋隼杀了卞牛医,把鄂秀才错认成《西厢记》里逾墙入院的张君瑞,实在是官眼昏花,良莠不分。

幸有知府吴南岱,不囿于他人成见,一洗鄂秋隼之冤,可惜未能百尺竿头更进一步,反而又使宿介蒙冤,真是虽清如水,明如镜,一时不慎,仍不能免于冤错。有评论者道:“此时只得一半,得情勿喜,更宜加一番细心,虽实招而确据尚无,徒以刑求无益。”这一告诫,说到点子上了,值得铭记。知府吴南岱纠正一起错案又铸成另一起错案,毕竟为案件最后水落石出创造了条件,这才成就了学使施愚山将案件彻底查清。

在胭脂一案中,鄂秋隼最为无辜,温婉之人,安分守己,却牵连入狱,真是“闭门家中坐,祸从天上来”,好在最终洗刷了嫌疑,经过一番惊吓,不知性情是否有所改变?胭脂也真不幸,出身寒贱,空有月殿仙人之貌,却不能遂心如愿,这也罢了,又连遭不幸,父亲惨死,自己又被讼事所缠,惊吓连连,其命何苦,让人不胜同情。吴知府审理案件之后,胭脂知鄂秋隼清白,再见面时含羞忍泪,似有痛惜之词而不能明言,鄂秋隼感其眷恋之情,对她心生爱慕。学使施愚山见二人天生佳偶,在判词中写明:“让你们的县令,作你们的媒人。”县令果然成人之美,为他们准备了彩礼,以鼓乐送亲,成就了一桩好姻缘,传统社会之人情味在此体现,让读者到此长舒一口气。

至于宿介,偷腥王氏不足,更思一沾胭脂,品行不良,惹祸上身,可谓咎由自取,只不过他并未杀人,背负杀人罪名而险些被戮,毕竟刑非其罪,最终冤枉得平,值得欣慰。王氏为人颇不庄重,连串祸事皆由其出,证明了“闺中而有佻脱善谑之谈友,不入于邪,必受其祸”。她在被吴南岱诘问时一句自我开脱之言“淫婢自思男子,我虽有媒合之言,特戏之耳。彼自引奸夫入院,我何知焉”！听来甚觉可恶。

这些人与事,非明察深究无以知之。蒲松龄赞叹施愚山之用心良苦,不忘感叹道:“世之居民上者,棋局消日,紬被放衙,下情民艰,更不肯一劳方寸。至鼓动衙开,巍然坐堂上,彼哓哓者直以桎梏静之,何怪覆盆之下多沉冤哉!”

仔细读《胭脂》,方能体会这段话之沉痛。

《梦狼》：司法官僚制的成因

山东淄川之蒲家庄，有蒲松龄故居。郭沫若为其撰一对联，语云："写鬼写妖高人一等，刺贪刺虐入木三分。"以这两句话来评价《聊斋志异》，可谓恰如其分。贪者，纳贿索贿之贪墨行为也；虐者，滥权滥刑之酷虐行为也。《梦狼》一篇，刻画贪虐者的恶行，又借其口揭示贪虐行为之根由，当得起"刺贪刺虐入木三分"之誉。

《梦狼》是一篇大小官员可以置于座右的警示之作，即使当今读来，也觉大有启示作用。谓予不信，听我慢慢道来。

姓丁的旧友来访，引出一场幻梦

故事从一位姓丁的人造访白家开始。白翁（姓白的老人家）是直隶人，其长子（名为"甲"）在南方做官。远离家乡为官，古时并不稀奇。我国古代易地为官，是有智慧的优良制度，为官者掌握权力时，远离故里，并无服务桑梓之说。这一制度有利于防止官员与本乡本土结成地方势力，危及中央政府安全，也有利于减少腐败，澄清吏治。由于为官之地与故里路途遥远，人们常常苦于音讯不通，白翁也是如此。有一天，一位姓丁的人来访，他是白翁的旧相识，因为久未见面，这一见，自然是一番欣喜，白翁殷勤款待他。丁先生不是一般人，他有本事经常到阴间走动。闲聊中，白翁喜欢问他一些鬼神之事。丁先生的回答，语多涉幻，虚无缥缈，白翁听着，只是微笑。这微笑是一半会意、一半礼貌，丁某姑妄言之，白翁姑妄听之，并不深信。丁先生酒饭之后，谈兴已足，告辞而去。

事后证明，这顿酒饭没白款待，丁先生看出白翁对他的话不全相信，于是便有了后面的故事：过了几天，白翁正卧床休憩，恍惚中看见丁先生又来，丁先生邀请他一起出去走走，白翁随他出去。进入一个城阙，走了一会儿，丁先生指着一个大门说："您的外甥就在这门里做官。"当时，白翁的姐姐有一儿子远在山西做官，白翁颇感惊讶："何以在此？"丁先生说："要是不信，进去看看就知道了。"白翁走进去，果然见外甥穿着绣有獬豸的官服戴着蝉冠，坐在堂上，旌旗和差役排列整齐，无人可以私相授受，找关系通门路的根本没有机会。丁先生将白翁拉出来，说："您儿子的官衙离此不远，想不想去看一看？"这话等于白问，当然是求之不得，于是就向白甲做官的衙署方向走，一场惊吓由此而起。

白甲做官的衙署与外甥的官府，情形完全不同。到一处大门，丁先生告诉白翁："进去。"要进门时，白翁窥见一头巨狼挡在道路中央，惊惧得腿都迈不开。丁先生催促："进去。"进得门来又进一门，见堂上、堂下，坐者、卧者，竟然都是狼。再看台阶上，白骨如山，白翁吓得浑身觳觫。丁先生用身体遮护白翁一起往前走。公子白甲正从里往外走,见到父亲和丁某,非常高兴。坐下后,马上吩咐手下准备酒菜。忽然,一匹巨狼,叼着死人进来,白翁吓得站起来,战栗着问:“这是干啥?”甲说:“这是下酒菜,给厨房预备的。”白翁急忙制止,心里忧虑不安,想要离开,又见群狼挡道,进退不由自主。正在惶恐间,突然,群狼嚎叫着四处躲避,有的伏在床下,有的藏在桌底;正错愕不解其故,不一会儿有两个金甲猛士怒目圆睁大踏步进来,拿出黑色绳索将白甲捆绑。白甲扑倒在地,化身为虎,露出尖牙利齿。一个金甲猛士抽出剑要将其头割下,另一个阻止他:“先不要,先不要,等到明年四月再说,不如先把牙敲掉。”于是拿出大锤敲齿,牙齿七零八落掉在地上。虎痛得大吼,声震山岳。

白翁见儿子化成虎并被打落牙齿,吓坏了,突然醒来,才知道原来做了一个噩梦,心里觉得这事很怪。派人去请丁先生,丁先生推辞了不来。大概是因为已经泄露天机,不可再出面证实。白翁把梦记下来,写成信,装进信封,让次子去长子做官的地方送信,信中言语哀切,极力告诫其子不可恣意妄为。一场幻梦,牵出的是警惕和忧惧。

这里让人想到,修辞法中有“比拟”一法,将鸡犬燕雀虎豹豺狼等动物模拟为人,谓之拟人,那些动物不但有人的思维,还有人的语言、声口;另有一种比拟正相反,将人比拟为动物,谓之拟物。世人形容暴虐的力量,常用“如狼似虎”来形容,《梦狼》一则,正是采用“反拟人”(将人比物)之法,将暴虐的官吏比拟为豺狼,将贪官污吏“如狼似虎”具象化,并以梦幻的方式推出。

虎狼
夢回無計破愁顏賀
客盈門泪獨潸省識
官場真面目虎
狼不必在深山

亦幻亦真,来学学周公解梦

梦常常以象征形式出现,这是稍稍了解弗洛伊德精神分析理论的人都知道的。例如我们因现在的某件事情而焦虑,晚上可能会梦见双脚离地飞翔,或者梦见考试时答不出题目。许多梦以隐晦的象征形式加以呈现,很多梦虽然有意义,但需要有专门研究的人才能破解,并不为做梦者自己知晓。弗洛姆曾言:"我们的梦境会引起种种疑问。虽然我们都会做梦,却并不了解我们的梦。正如我们好像一点也不觉得在睡眠时心灵之中有什么奇怪的事发生一样,仍然我行我素。尽管在事实上这些梦比我们在生活中合逻辑、有目的的心理活动更为奇妙。"事实上,"了解梦的语言确实是一门艺术,它如同其他任何艺术一样,需要知识、才能、实际操作与耐心,才能使自己逐渐掌握"。

蒲松龄时代虽然有周公解梦之类释梦的著作,但还没有弗洛伊德对于梦和人的潜意识的开创性研究,也缺乏关于精神分析的系统理论。短篇文言小说《梦狼》无意也无必要对人的精神心理进行深入刻画,它要揭示的只是官场黑暗。

白翁的虎狼之梦并不费解。在我国,用"如狼似虎"一词来形容贪官酷吏,本来就很常见。孔子曰"苛政猛于虎也",是用"虎"来形容政治黑暗。官威如虎,虎也是贪酷官员的常见意象。至于狼,按布伦达·玛尔龙《解梦》一书的说法,"狼是凶猛的肉食动物,象征动物般的生存"。另外,将"狼"比作衙门里的官吏也与狼的习性契合,"狼也是一种群居动物,部落中有一套复杂的角色和地位体系，部落成员通过舔首领的嘴巴以及参加搏斗游戏强化权力等级制度”。在《梦狼》里，白甲做官的衙门中贪酷官吏就构成一个分有等级的系统，他们需要结合在一起共同作恶才有力量，因而这也是一个相互包庇、相互扶持的系统。

在白翁的梦中，最可怖的是狼吃人后累累白骨的场面，以及当白甲吩咐备饭时，巨狼叼来人作为厨房备料的情景。这里“吃人”完全形象化地呈现，表达的意思很明显，正如前人冯镇峦评论的那样：“知县衙门光景，白骨民膏脂也。”同样，但明伦读书至此，感叹：“尔俸尔禄，民脂民膏；下民易虐，上天难欺。”点明这一场景的寓意。

在我国古代，长期存在官民对立。官要为民做事，即所谓“造福一方”，其俸禄虽然得自朝廷，却都是民脂民膏，认识到自己的俸禄来源于百姓，已近于现代的纳税人观念。然而不少官吏在俸禄以外索贿受贿，有的更搜刮地皮，祸害百姓，形成官民之间的长期紧张关系。晚清小说家李伯元曾言：“衙门里的人，一个个是饿虎饥鹰，不叫他们敲诈百姓，敲诈哪个呢？俗语说得好，‘大鱼吃小鱼，小鱼吃虾子。’原是一肩到一肩的。又说是‘千里作官只为财。’官不为财，谁肯拿成万银子，捐那大八成的花样呢？然而作官的还有钱粮好收，漕米好收，一年到头，也赚得够了。稍些知足的人，还不肯要那桌子底下的肮脏钱。至于这些书办衙役，他们有个口号，叫作：‘靠山吃山，靠水吃水。’经了他们的手，没有一个放过的。”

李伯元所说的“饿虎饥鹰”，与《梦狼》里的虎官狼吏是同一意象。

一句话揭出官僚制的奥秘

世上还有一种特殊的梦,称为“白日梦”。真的“白日梦”如同夜梦一样,都属于人的精神活动的一种。不过,自以为是、刚愎自用的人,往往在“清醒”时也活在自己的“幻梦”里——自以为“清醒”,实则沉迷,是对自身缺乏认识或者对自己的真实处境缺乏认识的结果。白翁的长子白甲就是如此。

白翁梦狼以后,次子千里迢迢代父向甲致书。赫然发现其兄门牙都折断出豁,惊骇地问他原因,原来是醉酒后从马上摔下来折断的。问出事的时间,竟与其父梦狼的时间相同,听了自然是更觉惊骇。拿出父亲的书信递过去,白甲接信读来脸都变色了,随后自我开导说:“不过与一场梦巧合而已,何必大惊小怪!”这封信,没有起到唤醒梦中人的闹钟作用。当时,买官卖官盛行,白甲刚刚成功贿赂上司,在升职的推荐名单中排名第一,不将一场妖梦放在心上,正与此时的顺境相合。

其弟在白甲的衙署住了几天,但见蠹役满堂,纳贿关说的人,中夜不绝。弟哭着劝兄长不要再这样下去,接下来白甲说了一段话,可圈可点,原文照录:“弟日居横茅,故不知仕途之官窍也。黜陟之权在上台,不在百姓。上台喜便是‘好官’;爱百姓,何术复令上台喜也?”意思是说:弟弟啊,你在家里“宅”着,哪知道那做官的诀窍?降职、升职的权力都由上司掌握,不由百姓做主。让上司高兴,你就是“好官”;爱百姓,有啥方法能让上司高兴啊!

这话说得太深刻,得停下来玩味一番。十几年前读孙越生为王亚南《中国官僚政治研究》一书写的序,见有一段这样说:“官僚统治下的各级官吏,如本书所述,是既不代表封建领主贵族的利益,又不代表资产阶级的利益,而是自有其特殊利益的封建剥削者。它的各级成员只对君主负责或下级只层层对上级负责,而不对人民负责;所以,官僚政治基本上没有多少法治可言,主要依靠人治和形形色色的宗法和思想统治来维持。人治是官僚政治固有的基本特征或规律。在官僚政治下吏治好坏全系于官吏一身,甚至国家安危、民族兴亡、人民枯荣,最后要看帝王及一小撮大臣的忠奸智愚而定,人民则对之无可奈何。这就是官僚政治从官的方面来看的规律。”当初读到这段话时深为触动,官僚制的特征是只对君主负责或下级只层层对上级负责而不对人民负责,根本原因在于人民不能决定官员的仕途前程,这也是权力专横的主要成因。这个道理,蒲松龄《聊斋志异》之《梦狼》里已经说过了。

毋庸讳言,司法体系内也会产生官僚制,此谓之司法官僚制,其奥秘同样在于决定司法官前程的乃是上司而非人民。司法体制改革者,对于《梦狼》中的“好官”论,不可不三复斯言,铭记在心。

善恶有报的另一幻梦

弟依父命而来,劝兄不听,只好折返回家。回到家里,与父亲细说详情。父亲听了大哭,实在也没别的法想,只能捐家济贫,日夜向神灵祷告,但求逆子自身得到报应,不要连累其妻子、孩子。这种祷告意味深长,因为古人相信“刑官无后”,对于滥用刑罚权的官员，会报应在子孙头上，导致断子绝孙。

但明伦评论说："生死之权，在百姓不在上台；百姓怨，便是死期；媚上台，何术能解百姓怨也？"白甲显然见不及此，还是依然故我，仕途一片光明地胡作非为。不久，白甲得以升任吏部。听到这个消息，贺者盈门；老父亲却唉声叹气，卧床称病，不见一客。不久，得到消息说，白甲在归途遇上贼人，主仆被杀。白翁起身，对人说："鬼神之怒，只加罪于我儿子，让我家其他人都平安，上天待我家很宽厚啊！"还焚香向上苍报谢。

不过，白甲之暴亡是以讹传讹。原来，四月间白甲解任去就任新职，刚离境就遭遇贼寇，白甲将随身所有财物都献上，没想到对方竟是义寇。义寇都说："我们来，是为了替你治理下的老百姓泄怨愤，难道是为你的钱财？"说罢大家一起上，割了白甲的头。又问其家人："谁是司大成？"司大成是白甲的心腹，平时助纣为虐（猜得出就是那梦中的巨狼）。家人一起指出司大成，司大成随后也被取了首级。还有四个蠹差，也被杀掉，那堂上、堂下，坐者、卧者都一起结束了性命。劫道的功成之后，分了财物，骑马离开。但事情并未就此了结，白甲的魂伏在道旁，这时见到一个宰官经过，宰官问："被杀者何人？"走在前面的下属回答说："某县的白知县。"宰官道："这是白某的儿子，不宜让他老人家见到这一惨况，还是把他的头接上吧。"马上有人将他的头按在脖腔上，还说："邪人不宜使正，用肩支撑下颌就可以了。"然后就离开了。等到白甲的妻子收尸的时候，发现白甲还有余息，就将他放在车上拉走；慢慢给他灌水，白甲还能喝水。由于钱财都被掠走，他们穷得连回家的盘缠也没有。半年后，白翁得到确切消息，马上派次子把人接回去。

白甲虽然死后复生，眼睛看到的只是自己的后背，变得人不像人、鬼不像鬼，官也做不成了。贪虐之官遭遇祸患前“不顾其后”，放手行来，如今遭到报应后只能“顾后”，实在太过讽刺。蒲松龄叹道：“窃叹天下之官虎而吏狼者比比也，即官不为虎，而吏且将为狼，况有猛于虎者耶！夫人，患不能自顾其后耳，苏而使之自顾，鬼神之教微矣哉！”

与之形成对比的是，白翁的外甥做官有不错的名声，这一年升任为御史。一一都与梦相符合。

这种善恶有报的故事，有劝善的功能，让我等读了，觉得痛快淋漓。善恶有报，分现世报、死后报（报应在其子孙，以及死后被冥府处罚）、来世报（转世后变成畜牲），都是为了警醒世人，告诫为官者循规蹈矩，不可恣意为非。不过，说破了，这只是另一个幻梦，因为贪官墨吏虎狼之行，固然有些人最终受到惩罚，但也有不少人逍遥自在，全身以退，神灵报应之说靠不住。但这类故事，草民爱读，原因是自己无力抵御贪官酷吏，便将希望寄托于朝廷、天子或者未来的报应，包括阴曹地府的报应，使受伤破碎的心灵获得一点慰藉，使精神得到一点麻醉，否则豺狼得势，情何以堪？

闲来偶读《梦狼》，不难想到，贪渎横暴之所以蔓延，在于未能有严格、周密的制度加以约束，也不尽能实现贝卡利亚所谓“即时的惩罚”，“只唯上”的官僚制恶化、败坏了吏治。进一步想想，当今司法反腐（包括反司法之腐），可以从《梦狼》中获得一点制度改良之启示吧。

《诗谳》：司法官的断狱本领

刑事案件，常常成为茶余饭后的谈资。古代公案小说之多，可见这类作品很受民众欢迎。公案小说的文学价值虽然不高，却是一个社会的备忘录，使人们可以借这类作品去了解社会。曾任挪威司法部长的犯罪小说作家安妮·霍特这样说过："我在两年前访问日本时买了三本英译日本侦探小说。它们是我的日本编辑推荐给我的，他说它们写得非常好，而我个人却并不很欣赏。那三本小说的题材都是发生在白领阶层的案件，并且都是与性有关的。它们告诉我这样一个显而易见的事实，那就是日本社会是极度商业化，并且充斥着色情文化的社会。我虽然觉得那几本小说都很乏味，但我还是要感谢它们，因为我蜷曲在挪威的一把靠椅上读它们的时间里所了解到的关于日本的文化、传统、政治的情况比我在东京呆的整一星期里了解到的还要多。"我们读公案小说，体会也差不多。我们都没有经历过古代司法的实况，从公案小说中可以窥见一斑。小说未必写实，总会有虚构的成分，有的甚至全盘虚构，即使如此，也能从中或多或少领略到一点现实的影子。

《聊斋志异》中《诗谳》《太原狱》《新郑狱》诸篇,名字都很吸引人,故事倒很一般,不算曲折离奇,也就是一般公案小说的水准。不过,要是撇开文学要素不去深究,从司法角度加以观察,这几篇小说颇有可玩味之处。这几起案件,展现了司法官的折狱本领,放在一起观察,能从不同角度获得一些启迪。

天下事钻研到深处,牛溲马渤可以致用

蒲松龄在《诗谳》一文中叹道:"天下之事,钻研得深了,那些虚无的地方也能够发生实在的作用。诗词歌赋本为国家装饰门面之用的,可是周元亮先生却借助它来识别天下之士,真是像伯乐相马一般啊。难道不是研究到深处了吗?他将识别天下之士的办法,用之于折狱。易经上说:'知几其神'(人能够体察细微迹象,就能与神道相合),周先生就有这种神通。"

蒲松龄赞扬的这位周元亮先生,是青州知府。他在作青州知府的时候,青州发生一起杀人案。青州居民范小山,贩笔为业,出外做生意没有回来。四月间,范小山的妻子贺氏独居在家,夜里被盗贼所杀。当天夜里飘着微雨,泥中遗落一柄诗扇,扇上写着王晟之赠吴蜚卿。王晟是谁,没人知道;吴蜚卿,是益都的富户,与范小山同乡,平日里有些轻浮放荡,因此同乡人都相信范小山的老婆是他杀的。按照现代证据规则,吴蜚卿轻浮放荡的名声,实属品格证据,不能用以证明人就是他杀的。那把遗弃的扇子,上面写有吴蜚卿的名字,看似吴蜚卿是扇子的主人,有作案的嫌疑,但这把扇子不过是调查的线索,不能揭示人就是他杀的,这道

理不难理解。郡县审理此案,当然没有听说过证据的关联性和品格证据规则,调查审理案件的法宝就是对有嫌疑的人进行威逼、恫吓,要他认罪;达不到目的就打他个七荤八素,直到对方认罪为止。官老爷办理范小山之妻被杀案,正是如此。郡县衙门将吴蜚卿拘押审问,吴蜚卿坚决不肯认罪,于是惨受皮肉之苦,身被械梏不算,最后还诬以成案。定案后,上司驳回,经过多次押解复审,十几个官员过了手,都没有不同意见。在这种情况下,吴蜚卿还有活路哉?

吴蜚卿自己觉得此劫难逃,肯定要死于冤狱,就叮嘱其妻用尽家里的财产,救济那些孤寡之人。向其门诵佛千遍的,就送棉裤给他;诵佛至万遍的,就送棉袄给他。于是乞丐丛集,门庭如市,念佛之声十余里以外都听得到。因而家里一下子贫穷下来,吴蜚卿的妻子每天只好卖田产维持生活。吴蜚卿暗中贿赂监管人员,让其代买毒药,打算自杀。夜里梦见神人告诉他:"你别死,从前是'外边凶',现在是'里边吉'。"再睡,又梦见神人这样说,于是打消了自杀的念头。这自然是念佛行善的结果,虽属无稽之谈,大家都信就是了。

没过多久,周元亮任青州知府,复查到吴蜚卿,若有所思。周元亮问:"吴某杀人,有何确凿证据?"范小山回答有扇子为证。周元亮仔细看那扇子,问:"王晟何人?"大家都说不知。又将判决书仔细看了一遍,马上命令卸下吴蜚卿的死械,从死牢移到外面看押。范小山竭力争辩,周元亮怒喝:"你想妄杀一人来了却此案?还是将仇人抓到才甘心?"大家都怀疑周元亮偏袒吴蜚卿,但没有人敢公开讲出来。

詩讖
獄辭已具孰
平反巨眼
何期遇櫟
園轉幸
當年遺
扇在一
詩竟
雪覆
盆冤

周元亮写了朱签,命令马上拘来城南某酒店老板。老板恐惧,不知如何是好。押到衙门,周元亮问他:“酒店墙壁有署名‘东莞李秀’的诗,何时题写的?”酒店老板回答:“去年提学大人来的时候,有日照来的二、三个秀才,喝醉了酒题的,不知他们住在哪里。”周元亮派遣衙役到日照,将李秀拘来。几天后李秀被带到堂上,周元亮怒喝:“你既然是个秀才,为何谋杀人?”李秀叩头错愕,说:“没有杀人!”周元亮将扇掷下,让他自己看,说:“明明是你写的诗,为何假托王晟的名字?”李秀仔细观看,说:“诗确实是我写的,字确实不是我写的。”周元亮问:“既是你写的诗,应当就是你的朋友。谁写的?”李秀说:“字迹像是沂州王佐的。”周元亮派遣差役将王佐押来。王佐押到后,周元亮向对待李秀一样喝问。王佐说:“这是益都铁商张成要我写的,说王晟是他的表兄。”周元亮说:“盗贼就是他了。”将张成抓来审问,立即供认不讳。

原来,张成窥见范小山老婆贺氏长得美,想调戏她又怕弄不成。想来想去,就假托吴蜚卿名义,必定人们都相信。因此伪造了吴蜚卿的扇子,拿着前往。打算弄得成就自认是张成,弄不成就嫁祸于吴蜚卿,本来没打算杀人。跳墙进去后,逼迫那妇人。没想到贺氏因为独居,平时带着利刃自卫。发现有人,贺氏抓住张成衣服,操刀而起。张成害怕,夺了她的刀。贺氏紧抓住他不放,让他不能挣脱,而且大声哭叫。按照犯罪人与被害人互动理论,有些犯罪是在犯罪人与被害人互动关系中产生的。张成虽无意杀人,在这种情况下十分慌张,为脱身就杀了贺氏,然后将扇子丢下逃跑。要是贺氏放手让他逃掉,也就没有杀人之祸了,情急之下,谁又能想到这些。一把小小诗扇,最后还是暴露了凶手的行迹。

吴蜚卿冤案，到此时一旦昭雪，已经三年，当时无人不赞颂神明。吴蜚卿这时才悟到“里边吉”乃“周”字。但众人对于案件何以侦破，始终不解其故。后来县里士绅乘机向周元亮请教，周元亮笑答：“这个最容易了解。我细读判决书，贺氏被杀在四月上旬，这天夜里阴雨，天气犹寒，扇子是不急之物，岂有匆忙之时，反而携带此物来增加累赘的，可知扇子是用来嫁祸于人的。以前在城南避雨，见题壁诗与扇子上的诗作，口气差不多，因此猜到李秀，果然靠这个线索抓到真凶。”大家听了，无不叹服。

我看古代官员审案子，开心的不多。你看周元亮讯问嫌疑人，动辄怒喝，那审判和包老爷的一样，都是惊悚式。好在周元亮调查方向是对的，他的过人之处，在于推理能力。他的推理建立在一般经验法则的基础之上，那就是天气尚寒，不需要扇子，扇子遗留现场，很可能用来嫁祸于人。这一破绽点透，对案件的看法立即峰回路转，可惜前十几位官员皆昏聩，脑子里装的仿佛都是豆腐，除了吆五喝六掷签打人，真不知世人还有洞烛其奸这么回事。至于像周元亮那样时时留心世事，连酒店墙壁上的诗词也不放过，更是想都没有想过，酒足饭饱之后，不过是醉眼朦胧罢了。同为司法官，人和人的差距咋就那么大呢？

云封雾锁，扑朔迷离，出奇招揭破案情

《聊斋志异》记述了太原发生的一起迷案。太原有一百姓家，婆媳都是寡妇。婆婆年方中年，正所谓如狼似虎之年，不能洁身自好，村里一个无赖频频来和她暗通。照现代性学家的观点，这

婆婆的行为是对自己生理、心理需求很自然的反应,无足为怪。不过,放在那个时代,这种观点连同它力撑的行为都是不可接受的。媳妇看不惯她的行为,就暗中在门边墙边阻止她。婆婆羞惭,找个借口赶出媳妇;媳妇不走,两人经常争吵,婆婆更加恼怒,反过来向官府诬告媳妇与人通奸。官员问奸夫姓名,婆婆说:“夜里来清晨去,实在不知那人是谁,把我媳妇抓来一问便知。”官府传唤媳妇。媳妇果然知道,不过,却称那奸夫与婆婆有奸情,两人辩来辩去,无法定案。官府将那无赖拘至,无赖大声喊冤,说:“与两人都没有私情,她们婆媳不能相容,因此胡说八道,互相诋毁罢了。”官员说:“一村有百人,为何只诬陷你?”这话听着耳熟。如今警察审讯,见嫌疑人抵赖,常有此一说。官老爷见无赖不肯承认,就施以重笞。无赖叩头,乞求免责,自己承认与媳妇私通。用刑具逼迫媳妇,媳妇始终不承认此事。案情一时弄不清楚,官员懒得管这路事,干脆一起轰了出去。媳妇忿恨上告,此案和以前一样,久拖不决。

当时淄川人孙柳下在临晋当县令,大家称颂他有断案才能,上面将案件下发给临晋审理。人犯一带到,孙柳下粗略审问一遍,将案内人收监,然后便命差人准备砖头、石块、刀子、锥子,预备明日审案时使用。大家都很疑惑,私下议论:“严刑逼供,自有法定刑具,为何用法外刑具来断案?”纷纷不解其意,暂且准备妥当。第二天升堂,孙柳下问话,知道砖石刀锥已准备停当,命令都放在堂上。这才传唤案犯,孙柳下一一简略审问。孙柳下对婆媳说:“此事也不必搞得太清楚。淫妇虽然尚未确定,奸夫可是确定的。你家本来家世清白,不过一时为坏人引诱,罪过全在奸夫。

大堂上刀石都准备好了,可以自己拿来击杀他。”婆媳犹豫不前,怕不小心打死人要偿命,孙柳下说:“别担心,有我在。”于是婆媳一起站起来,捡起石头扔过去。媳妇衔恨已久,两手举起大块石头,恨不得立即砸死他,婆婆只以小石块击其臀部腿部而已。孙柳下命她们用刀。媳妇拿刀要刺穿其胸,婆婆仍旧逡巡未下。孙柳下止住她们,说:“我知道谁是淫妇了。”孙柳下命令抓住婆婆严刑逼供,终于使案情大白。无赖之人日经数险,不知心情如何。婆媳以后的命运,令人好奇,但书中未表,不便妄自猜测。

孙柳下断案,打破司法行为的套路和思维惯性,在案件“山穷水尽疑无路之时”,换得“柳暗花明又一村”。司法办案若刻舟求剑,不知变通,便只能自驱劣驽憋进死胡同不得出来。孙柳下判断谁是淫妇,最初靠的不是证据,而是一般经验法则——人们在日常生活中形成的规律性认识。这种断案的奇智,无独有偶,大宋年间开封府包拯办理的一起案件,张海棠和正妻争一孩子,各不相让,案情混沌,包拯经过一番思考,命人用石灰撒了个圈,让孩子待在里面;命张海棠和正妻各执孩子一臂,看谁能把孩子拉出来(见李行道:《元曲选》卷三《包待制智赚灰阑记》)。包公断此案,与孙柳下断婆媳迷案,智谋相同,结果都很圆满。这类故事,外国也有。《圣经》上说,所罗门王审理一起两个妓女争夺一婴儿的案件,吩咐说:“拿刀来!”人就拿刀来。王说:“将活孩子劈成两半,一半给那妇人,一半给这妇人。”活孩子的母亲为自己的孩子心里急痛,就说:“求我主将活孩子给那妇人罢!万不可杀他。”那妇人说:“这孩子也不归我,也不归你,把他劈了罢!”王说:“将活孩子给这妇人,万不可杀他,这妇人实在是他的母亲。”不知是何缘故,这类案件都与两个女人争执有关。女人何苦为难女人?

案件虽不繁难,亦见能实心为政

《聊斋志异》中还有一起贤良官员断案故事:长山有个进士叫石宗玉,担任新郑县令。当时有远方客人张某在外经商,因病思归,不能骑马和步行,就携资五千钱,雇了两个人拉着他返回乡里。到达新郑,两个车夫到街上吃饭,张某守着钱独自卧在车中。有某甲经过,偷窥,见旁边无人,夺其资金逃去。张某不能抵御,奋力挣扎起身,远远尾随其后,进入一村中;又跟从他入一门内。张某不敢进入,从短墙偷看。甲将抢夺来的钱放下,回首看见张某,发怒抓住他,诬他是贼,捆着送到县衙。石宗玉问张某,张某陈述其冤情。石宗玉以没有真凭实据为由,将两人叱退。二人下堂,都埋怨官不分青红皂白。石宗玉只当没有听见。

石宗玉想起甲久欠田赋,派遣差役严厉追缴。过了一天,甲就拿出三两银子来交纳赋税。石宗玉问甲钱从何来,甲说:“典当衣服,卖了家里的东西”。还一一指名来证实自己的话。石宗玉派遣差役查看纳税的人中有没有与甲同村的。正好甲的邻居在,唤他上堂来问:“你既是某甲近邻,他的钱从哪里来,你应该知道。”邻居说:“不知道。”石宗玉:“邻居都不知道,其来源暧昧。”甲害怕了,回头对邻居曰:“我抵押某物、卖了某器,你难道不知道?”邻居急忙说:“是,有这回事。”石宗玉怒喝:“你一定是与甲同盗,非严惩你不可!”命令取刑具。邻居惧怕,说:“我因为与他作邻居,不敢招惹他怨恨;现在要对我用刑,何必隐瞒,他确实劫张某的钱换来银子的。”石宗玉放了这个邻居。这时张某因为丢了钱尚未返乡,石宗玉责令甲把钱还给他。

以当代眼光来看,新郑讼案之查证并不难,此案尚有两个车夫上街吃饭,可以为证。虽然不能证明甲抢夺张某钱财,但可以洗脱张某为盗之嫌。本案只有细心查证,诸般证迹,可以揭破案情。何况甲之住所尚未搜查,若仔细搜查,也不难查获证物。至于让甲的邻居作证,用的那套恐吓手段,不但不高明,还有不正当取证之嫌,取得的证言的证据能力恐怕大有问题。《新郑讼》一案,实在算不上重大、疑难、复杂。

蒲松龄记述《新郑讼》,重点不在展现石宗玉折狱才能,而是对石宗玉实心为政的态度进行赞扬。归结到小说结尾一句点睛之言就是:“此亦见石之能实心为政也。”

《聊斋志异》中既有对贪官酷吏入骨三分的针砭,也有对清官循吏的赞扬,达成了一种取材的平衡。两者虽然相反,却也有着共同的意味,那就是祈求吏治清明,民众过上一种安定的生活,有一个公平的外在环境,包括司法应提供给人们一个公道。蒲松龄在《新郑讼》结尾这样议论:“石宗玉先生作儒生的时候,每写出一篇文章,得到的人都把它珍藏起来。观其人,谦恭谨慎,高雅严谨,异乎俗类,入翰苑,写得一手好文章,必定善长,处理案牍公文,只怕是非其所长。可是一旦做官,聪明神通的美誉,传遍河朔。谁说文章不能经国济世啊! 因此把他的事迹记录下来劝导有职位的人。”

笔者絮絮叨叨品读蒲松龄先生《聊斋志异》中几篇有关狱讼

的小说,非因闲极无聊,如以机械动作来咀嚼槟榔,何尝不是"故志之以风有位者"呢？此意既已明白说出,这一系列文章也就搁笔了。不过,抬头看看天边云卷云舒,像是这文章里面的许多牵挂在心头暗暗作结,心情忽又变得不那么轻松洒脱了。

卷三

《水浒传》的法律世界

暑往寒来春复秋，
夕阳西下水东流。
时来富贵皆因命，
运去贫穷亦有由。
事遇机关须进步，
人当得意便回头。
将军战马今何在？
野草闲花满地愁！

——《水浒传》第三回

水　浒

嘴里淡出鸟来
把《水浒》当脍炙,施耐庵为我疗饥

打开这部书,目眩神迷
雨疏风骤,又是一番惊天动地

砸开金汁浇铸的铜锁
揭去层层覆盖的封皮

洪太尉误走的妖魔
是世代积累的怨气

伏魔殿冲塌的一角
月明夜晚,天青白日

黑色加金色的亮点
散出去秾艳的传奇

风雪夜,枪在手,斗笠蓑衣
看好汉,向梁山,大步跨去

大碗酒,大块肉
聚义厅嬗递英雄气

童大人,高太尉
赵官家赌下生死局

水下,浪里白条
岸上,酒旗高企

要说基调,那时色彩,最为绚丽
你看大块,而且多块,云朵聚集

你敬你的杨志武都头
我爱我的燕青李师师

修辞学派不上用场的江湖
朴刀禅杖才是硬道理

梁厚甫称《水浒传》为“反法制小说”,《水浒传》中的法律世界,也可以称为“反法制的世界”。鲁智深的禅杖、林冲的花枪、武松的尖刀、李逵的板斧,无一不是法制之敌。水浒英雄在上梁山落草之前,有些身陷图圄,经历生命危险,全靠鲁智深的禅杖、李逵的板斧等搭救;有些家被惨祸或遇有冤抑,期望官府主持正义,不但志不能伸,反而雪上加霜。当司法不能为社会提供匡扶正义的公共服务的时候,自力救济的侧门就打开了,民间好勇斗狠就一发不可收拾。因此,社会暴戾之气盛行的背后,可见司法审判的黑暗和法律权威的失落。

拳打镇关西:靠拳头实现的正义

《水浒传》是一部尚武之书,武艺高超身强力壮的英雄好汉个个形象鲜明值得崇拜，那些除暴安良的故事引人入胜。这部书虽然被有些卫道之士咒骂为“诲盗”之作，其实政治颇为正确，书中的英雄不光武力超强，也经得起正义标准的粗略检视。当然，要是依据法律标准来衡量，就令人有些气馁：这些人动辄手起刀落，哪个不是以武乱禁之人？

鲁智深是令人大感快哉的英雄，出家前是略府提辖，俗名“鲁达”。那时的鲁达一看就是个军官模样，按照《水浒传》中的描写：生得面圆耳大，鼻直口方，腮边一部络腮胡，身长八尺，腰阔十阔。性情凶暴焦躁，好打抱不平。出场就是结识天下豪杰，结识了便喝酒。喝酒的时候，听得隔壁阁子里有人哽哽咽咽啼哭，唤来一问，原来是名叫翠莲的一个十八九岁的妇人，随父母从东京来到渭州，母亲病故，父女两人流落在此。当地财主镇关西郑大官人强媒硬保，要她作妾，写了三千贯文书，需钱实契，要了她的身体，未及三个月，被郑家大娘子赶打出来，还责成店主人家追要原典身钱三千贯。当初不曾得他一文，如今却来追讨。父亲懦弱，和有钱有势的郑家争执不过，父女两人只好酒楼卖唱。鲁达一问方知那绰号“镇关西”的郑大官人就是状元桥下杀猪卖肉的郑屠。鲁达给了父女两人十五两银子做盘缠回东京。回到住处，气闷得晚饭也不吃，气愤愤睡了。鲁达是个粗中有细的人，次日一大早，便照顾翠莲父女上路。店小二阻拦，还被他叉开五指，脸上打了一掌，打得口中吐血，再复一拳，打下两颗门牙。两个时辰后鲁达径投状元桥来，寻得郑屠，拳脚教训，这是书中一段妙文，把教训镇关西的过程写得有声有色，令人叹为观止。不料下手太重，郑屠不经打，竟死了。鲁达自思“指望痛打这厮一顿，不想三拳真个打死了他”,因考虑到“须吃官司,又没人送饭”,干脆一走了之。

拳打镇关西是一个令人大呼畅快的故事,令人畅快是因为郑屠作为一个恶霸,欺凌弱小,可恶至极。君不见书中鲁达听了翠莲父女的遭遇抑制不住愤怒,读者阅览至此又有谁不义愤填膺?在《水浒传》的社会里,有钱有势可以称霸一方,无钱无势被他人压扁。法律与司法无法为体弱力薄之人伸张正义,当法律与司法不能维护好弱小者权利的时候,就只能靠见义勇为之士的拳头了。

从法律角度看,鲁达打死郑屠是一起故意伤害致死重案。死了人,死者家中“老少邻人径来州衙告状”,司法程序便循序启动:府尹升厅接了状子,亲自到经略府通报情况,然后差人到鲁达住处拿人,哪个还见得到人影?只好将房主人并邻居监下,又点了仵作对尸首再三检验,还发布海捕文书悬赏通缉鲁达,逼得逃亡中的鲁达剃除头发,削去髭须,做了僧人,继续展开轰轰烈烈的打斗人生。

读者在鲁达被海捕缉拿之时,都为他捏一把汗,当他寻得活路,摆脱了司法的纠缠和刑罚的阴影,大家都为之欣慰。这原因是啥?司法不明,恐无法实现公平审判的担忧使然。当司法暗昧、刑罚严酷之时,对待用拳头实现正义的英雄好汉,每个人心中都存了几分反法制之心。

误入白虎堂:这南衙开封府是高太尉家的

林冲误入白虎堂和雪夜上梁山的故事脍炙人口,因说书人讲

白虎節堂
豹子頭誤入白虎堂

水浒故事、京剧《野猪林》和电影《林冲》以及《水浒》电视剧更至家喻户晓。

与电影、电视剧中林冲的形象不同的是,《水浒传》中对于林冲形象的描述是“豹头环眼,燕颔虎须,八尺长短身材,三十四五年纪”,影视剧中的林冲都没有小说描述的孔武有力威风凛凛。林冲娘子样貌如何,《水浒传》中并无描摹,读者全凭想象或者依京剧影视剧来体认。

高衙内是社会各色人等中一种恶的典型,记得20世纪80年代曾经一度兴起讨论衙内现象,这些年不大有人提了。不过,衙内现象从来激起社会的恶感,至今如此。高衙内是太尉高俅的义子,“那厮在东京倚势豪强,专一爱淫垢人家妻女。京师人惧怕他权势,谁敢与他争口,叫他做花花太岁”。这路货一见林娘子,又不知对方何人,怎肯放过?自然是纠缠不休。林冲闻讯赶过来,才解了围,但已将祸根埋下。

这高衙内有几分像少年版的西门庆,身边总围着些帮闲人物。出门时拿着弹弓、吹筒、粘竿追随其后的便是。高衙内见了林冲娘子,心中好生着迷,被林冲冲散,怏怏不乐。回到府中过了三两日,竟然还是纳闷自焦,没撩没乱。帮闲人物中有个叫干鸟头富安的,猜着心事,又出坏主意,让高衙内次日勾结虞侯陆谦引开林冲,乘机骗来林娘子再行调戏。高衙内依计而行,不料又被林冲破了局,弄得狼狈跳窗逃跑。高衙内经此一惊,欲心未遂,精神憔悴,恹恹病倒。高俅闻听此事,采纳陆谦和富安的毒计,派人诱导林冲买一把宝刀,又借邀看宝刀之名,骗林冲误闯白虎堂。

林冲遭陷害，直接来自高俅的算计，这位太尉权势正炽，林冲被其节制，自然对其有所惧惮。英雄好汉为了向朝廷尽忠的名分和正常安稳的生活，怎得不向恶势力低头，寄人屋檐下，怎得不如此也？即使如此，仍然免不了遭人坑害，更显高俅之可恶，无以复加。

人为制造的冤案，要么源于恶人的诬告，要么来自权力的腐败专横，要么就是两者的结合。政治腐败之时，冤狱必多。高俅本是一个市井小人，得志之后便把官威做足，成为人见人惧的佞臣。这种人当道，即使有国之栋梁，也是出不了头的。不但出不了头，还可能会遭到暗算。林冲误入白虎堂后，高俅本来喝令左右拿下林冲要斩，闻听林冲喊冤申辩，意识到“这厮不服断遣”，转念“解去开封府，吩咐滕府尹好生推问，勘理明白处决”，把开封府尹（那可是包拯包青天做过的官啊）当作自己的家丁一般看待。《水浒》里的司法不受信赖，原因之一是司法对于高俅这样的权势不敢以公正的审判加以抗制。

好在衙门不好，未必衙门中人个个都不好。偏是开封府里有个掌管文书档案的小吏孙定“为人最鲠直，十分好善，只要周全人，因此人都唤做孙佛儿”。他明知此事冤枉了林冲，向府尹禀明，要府尹周全林冲。府尹心里明白此案是上级领导有批示的案子（高太尉批仰定罪），必要定林冲“手执利刃，故入节堂，杀害本官”的死罪，哪里周全得了林冲？接下来的一段对话十分精彩：

“这南衙开封府不是朝廷的，是高太尉家的？”

“胡说！”

“谁不知高太尉当权，倚势豪强，更兼他府里无般不做，但有人小小触犯，便发来开封府，要杀便杀，要剐便剐，却不是他家官府。”

孙定这番话击中要害，府尹听了有所触动，遂依孙定建议，最后定个“不合腰悬利刃，误入节堂”，脊杖四十，刺配远恶军州。这个定罪对于林冲来说当然还是冤枉，但毕竟保住了性命；滕府尹虽然意识到开封府并不是高太尉家的，但也开罪不起高太尉，只好做了个“留有余地”的判决敷衍了事。

林冲发配，负责押送的是董超、薛霸两位公人，这两位暗中得了陆谦送的十两金子，一路上恶行恶状，极尽虐待之能事，在野猪林下手还要结果了林冲了性命，幸好鲁智深一路暗中护送，才使这场谋杀未能得逞。不过，在后来的卢俊义案件里，这二位公差就没那么好的运气了，双双成了燕青箭下的死鬼。对于董超、薛霸这种只要给钱就可以胡作非为的官差，聂绀弩先生有一首诗说得甚妙：

解罢林冲又解卢，英雄天下尽归吾。
谁家旅店无开水，何处山林不野猪。
鲁达慈悲齐幸免，燕青义愤乃骈诛。
佶京俅贯江山里，超霸二公可少乎！

这后两句真是妙语，我看《茶馆》里总是双双出现，焦不离孟、孟不离焦的灰大褂，就常常联想起那《水浒传》中的董超、薛霸。

林冲总算到了发配地,陆谦等人还不放过,又带了几个人前来烧了林冲看守的草料场,意在烧死林冲,烧不死也可嫁祸于他。不料当日大雪,草料场林冲住处的屋顶被雪压塌,林冲移居一座古庙,躲过死劫,被逼得大开杀戒,将陆谦一干人在这世上灭了。提着枪,只顾走,冒着风雪连夜奔去梁山。

林冲雪夜上梁山是《水浒传》中最美的场景,但这背后却是一段英雄的苍凉与辛酸。本来独立、中立的司法可以避免的悲剧,在《水浒传》的世界里如同有着定数,要发生就必定发生,那司法无论是朝廷的还是高太尉的,真的就有那么大的区别吗?

武大郎谋杀案:都是与西门庆有首尾的

西门庆与潘金莲合谋下毒鸩杀了武大性命,应了长期流传的一个经验:"奸近杀"——有了外遇奸情就与杀人不远了。

人不幸长成武大那样,实在是造化捉弄人,即使在那个不重男色的时代也已经吃尽了亏。不幸的是,这个样貌过分自谦的武大还娶了个如花似玉、淫心正炽的浑家,真是上天错点了鸳鸯谱。婚姻是平衡的艺术,两边不平衡,婚姻就危机四伏。

武松与三寸丁谷树皮的武大郎,虽然模样不像同胞兄弟,那感情却处处呈现血浓于水。见面的一声招呼,临别的几句叮嘱,别后的牵挂,都透着兄弟之间的血肉之情。武大是善良之人,靠卖炊饼谋生,养活自己,也养活家人,老实本分,他的遇害,真令人一洒同情之泪。

武大郎谋杀案,作案手法大胆而鲁莽,鸩杀的死亡征象昭然

淫婦藥鴆武大郎

若揭。西门庆收买何九叔,将何九叔置于凶险的境地,何九叔一见武大的尸首,大喊一声往后便倒,假装中了恶,也足够惊心动魄。何九叔在入殓现场藏匿了武大两块酥黑骨头,连西门庆给的贿买他的银子一起收好,只等着武松回来不可避免的一场祸事,夹缝中求生存的日子真是忐忑不安。

武松回来,惊闻哥哥暴亡,悲痛之余,开始事实真相的调查和外围证据的搜证,很快取得进展。武松起初想通过官府解决此事,并不想用打虎之手杀人,这是守法之人的自然选择——借助公权力实现正义。但事与愿违,虽然到县衙告状,并提供何九叔和郓哥为人证、骨殖和银子为物证,然而由于知县与属吏"都是与西门庆有首尾的",自然"这件事难以理问"。司法腐败造成民众诉诸司法的权利打了水漂儿,社会能不日益暴戾化乎!因此有论者喟叹:"观知县不以人命为重,受贿不理,而法安在哉!"

既然公权力走不通,只好自力救济,武松杀嫂的戏码就隆重上演了。西门庆、潘金莲、王婆子本来罪有应得,死不足惜。官府的腐败却将一个打虎英雄、见义勇为的好市民逼成杀人凶犯,这才令人扼腕。

权力腐败何处没有?武松刺配孟州时,蒋门神设计陷害武松,孟州知府也是得赃枉法,拟定了武松罪名,断了二十脊板,将其改配恩州,而两个押解的公人又受蒋门神收买,途中设计杀害武松,直逼得武松再次以杀虎之手杀人。恶人作孽,要不是遇到武松,冤魂薄上又多一人矣。

在武松刺配的故事里,最奇的当数杀威棒,孟州的管营相公

武松鬬殺西門慶
美酒

称之为“太祖武德皇帝旧制”，凡是初到配军，都须打上一百以杀威。然而，此棒只要“有人情的书信，并使用的银两，取在手头，少刻差拨到来，便可送与他，若吃杀威棒时，也打得轻。若没人情送与他时，端的狼狈”，而且此地尚有两样可怖的私刑对付新到的配军，一是把两碗干黄仓米饭让配军吃了，趁饱将其带到土牢里，用绳索捆翻，裹了席子，塞住七窍，颠倒着竖在墙边，不消半个更次，便结果了性命；二是把人捆了，用一个布袋盛满黄沙，压在身上，也不消一个更次便是死的。偏偏武松“不达时务”，令差拨大怒，惹得众囚徒纷纷猜测“必然害你（武松）性命”；又偏偏小管营施恩有求于武松，暗示武松称病，以便“寄下他这顿杀威棒”，倒把太祖武德皇帝的旧制送了人情。

如此暴虐的“法制”，如此贪腐的司法，难怪要制造出众多的反法制人物与故事。

读《水浒》，很容易联想到一个法理学问题：面对不合理的法制，是应该盲目地遵从，还是暂且遵从，同时循着合法途径去改革，抑或立即反抗，来抵制、破坏这个法制？对于这个问题，法理学家纷争不已，似乎并无达成一致意见的迹象。鲁智深、林冲、武松、李逵不是法理学家，他们的禅杖、花枪、尖刀、板斧都是不假思索的。

清朝列《水浒》为禁书，有深意存焉。

再窥《水浒传》的法律世界

在四大古典名著中，我起初并不喜欢《水浒传》，感觉那里面充满血腥和暴力，英雄好汉的打打杀杀，不对我的胃口。不过，随着年龄渐长，闲极无聊，偶尔翻翻《水浒传》，逐渐被它引逗出兴趣。有一搭无一搭地乱翻乱读，略有感想，拉杂写下来，才算不辜负这部经典，也算补赎一下对它曾有的不敬。于是乎，初窥《水浒传》的法律世界之外，又有再窥、三窥之想。如有奢望，就是：这东鳞西爪的随兴文字，意义要是不限于此，那就更好了。

生辰纲：不义之财，取之何碍？

法理学家看上去个个都像饱学之士，研讨会上、讲堂里面讲起话来也都让人起敬起畏，他们挥霍的许多学术大词，让草民听了个个发怔，这没什么可奇怪的，专业水准与一般理解力的差距本来就可以大过太平洋。要是遇上云思维、神逻辑的学者,就更值得五体自愿投地了(当然,要是原地立正就地敬礼,其礼数也还过得去,可以不必计较)。草民的思维往往比较直接,如开口便问:不义之财,夺来犯法不?这类问题,足够让学问庞大的法理学家讨论不止一个上午的。

话说梁中书费了十万贯收买金珠宝贝送上东京去,半路被贼人劫将去了,下一次自然就汲取了教训,加倍小心。他看中了杨志,要他押送。要知道,押送生辰纲,责任重大,搞得好了,如梁中书主动许诺的那样:“我有心要抬举你,这献生辰纲的札子内另修一封书在中间,太师跟前重重保你”;一旦失败,那就英雄不知所归了。

我读《水浒传》,看到智取生辰纲一回,并不感觉惬意,一则吴用、公孙胜一干人打劫生辰纲并非以此惩贪,也无意散财民间,扶危济困,道义上并非没有可议之处;二则杨志受命押送,一路上尽心尽力,不惜弄得手下人叫苦不迭,暗中生恨,这一番努力,多少值得同情,不料一朝大意,着了人家的道儿,弄得骨软筋酥,眼睁睁看钱财被人打劫了去,心中只叫得苦,英雄厄运,因此而起,吴用等人志得意满,让人觉得有点不够仗义。

在仕途上,杨志是个不走运的英雄。他的江湖绰号是“青面兽”,这绰号是有所本的,他面皮上老大一搭青记,腮边微露些少赤须,这个模样,不知相面的该做何说?

杨志押送生辰纲,事先精心准备,一路上极尽小心,只是并无地利天时相济,押送任务充满变数,路上经过的紫金山、二龙山、

楊志押送金
銀擔

桃花山、伞盖山、黄泥冈、白沙坞、野云渡、赤松林都是强人出没的去处,那时节又是如火似热的天气,让十一个厢禁军两汗通流,个个叹气吹嘘,确实不易。因此,尽管杨志不敢马虎大意,最终押送任务还是归于失败,这是否也是人力无法挽回的天数?

生辰纲乃不义之财,在意识形态上,夺取不义之财是否可以正当化抢劫行为,是一个有趣的问题,不知今日刑法学家如何诠释。我见汗牛充栋的刑法学教材,大多以所有权作为评判的关键,抢劫他人财物,侵犯了他人的财产所有权,就构成犯罪,很少谈及财产自身的性质。只是有些案件,不能不给出答案,例如抢劫赌资是否构成抢劫罪的讨论,多有发生,回避不得,法学家自然有所讨论。至于抢劫明知是受贿索贿得来的财物或者用于行贿的财物,究竟该如何加以法律评价,即使不正襟危坐加以探讨,做个茶余饭后的谈资,也还要得。

就心理学原理言之,任何人都有将自己的行为合理化的倾向,如果不这样做,就可能产生精神危机、良心折磨,于是便有了私人意识形态中的"歪曲形态"。吴用等人对于抢劫生辰纲的行为,不难合理化。这生辰纲乃是北京大名府梁中书收买的十万贯庆贺生辰礼物,是借生日之名的贿赂之物。在公孙胜等人商议抢劫之时,都道是"不义之财,取之何碍",这就为抢劫行为树了一面正当化的大旗。读者接受这种抢劫行为,读至智取生辰纲得胜之后,抚书大笑,不外乎这一缘由。

官场腐败遭人痛恨,连抢劫行为也被覆上一抹正义的光芒,显示了民间仇(贪)官心理有多深。不知读书至此,有多少人会在这一场合思考法制与法治的问题?法理学家的反复言说,有时真的不敌老百姓的朴素意识。不过,人们还是有必要思考这样的问题:将劫富济贫的罗宾汉精神当作值得发扬光大的现代社会的正义理念,恐怕就得不偿失矣。

牛二:不值得同情的被害人

杀人案件,被害人倒在血泊当中,场面触目惊心。很多被害人都值得为之一洒同情之泪,但也有一些被害人,属于寿星老儿自尽——活得不耐烦了。他们中有的人,不值得同情。

牛二就属于这路货色,其恶行恶状,岂但令人不齿,简直让人恨之入骨,他在大街上晃着出来,打着灯笼寻阎王——纯粹找死。这厮倒在街头,颈子上胸脯上三个补不了、缝不上的血窟窿,够吓人唬道的。对牛二,不知该不该啐一口:谁叫你自蹈死路?

牛二出场时,是这样一副模样:“远远地黑凛凛一条大汉,吃得半醉,一步一颠撞将来。杨志看那人时,却是京师有名的破落户泼皮,叫做没毛大虫牛二,专在街上撒泼,行凶,撞闹,连为几头官司,开封府也治他不下;以此,汉城人见那厮来都躲了。”杨志自然认他不得,事实上,要不是牛二碰见杨志,杨志为民除了一害,牛二这厮不知还要祸害多少人。

书中描写:牛二“抢”到杨志面前,就手里把杨志那口宝刀“扯将”出来。这一抢一扯,活脱脱将一个醉酒的无赖形象写活了。接下来杨志与牛二的一番对话,声口逼真,刻画得呼之欲出。牛二虽然出场就挂了,却是《水浒传》中着墨不多却让读者过目不忘的角色。同类的角色还有一位,就是冒充李逵充当路霸的李鬼。

牛二这路人,扬名立万纯粹靠厚颜无耻和没有道德底线,以及一味的好勇斗狠,不一定真有多大本领。一般善良民众好鞋不踩臭狗屎,避之唯恐不及,自然就对这路人有点“怕”——怕他纠缠,怕他找麻烦,他们就更得瑟了。民国时期,天津有“混混儿”,靠勇于自残的奇特方式来恐吓威胁他人,目的在于谋财,都可谓牛二的传人。

牛二这种货色,要是不一脚踢到铁板,就会一直欺良霸善下去;被欺凌的人忍气吞声,助长了他们的气焰。对于这种人,本应由官府出面惩治,才能使紊乱的秩序得到平复。不料开封府依法行政,努力建设和谐社会,居然“治他不下”,逼得杨志只好自己来摆平。这真叫人叹息,要是凡事都等死了人,官府才出面,那官府也太“钝感”了。所以,恶人猖獗,官府难辞其咎。按照后来的政治理论,政府存在的必要性体现在抗击侵略抵御外侮、防治自然灾害以及遏制境内犯罪,当官府不能很好发挥自己的职责而人民又没有权利用选票更换政府的时候,社会的强权就会取而代之。

牛二强要“买刀”,实际上就是“强夺”,杨志大怒,把牛二推了一跤。牛二爬将起来,钻入杨志怀里,还“挥起右手,一拳打来”,大展其撒泼神功。街上的人都怕这牛二,自然没人敢来劝阻,附近又无吹哨子的警察实行网格状治安维护,杨志只好自己来摆脱困境。可叹的是,英雄末路,虎落平阳被犬欺。只不过,豪杰自是豪杰,岂能甘心被宵小凌虐?牛二终于自食其果。杨志出手也忒狠了点,让牛二不再“牛”只剩下“二”了。

杨志卖刀可以与《说唐》中的秦琼卖马并读。一样是英雄落魄，一样是住店没了盘缠，一样是把自己珍爱的宝物忍痛出售，不一样的是，一个遇到英雄豪杰单雄信，惺惺相惜，扭转了困窘的局面；一个遇到泼皮无赖，只能痛下杀手来解困。同样是好汉，命运就这样有幸与不幸。

牛二被杀，在法律上评价，杨志触犯刑律，不免要受到刑罚处罚，但事出有因，此事由牛二挑衅而起，杀人有可宽宥之处。杨志杀死牛二后径投开封府来自首，众邻舍都肯为他作证见，替他告诉分诉。府尹免了他入门的款打。杨志在押时，“牢里众多押牢、禁子、节级见说杨志杀死没毛大虫牛二，都可怜他是个好男子，不来问他取钱，又好生看觑他。天汉州桥下众人为是杨志除了街上害人之物，都敛些盘缠，凑些银两来与他送饭，上下又替他使用”。场面真是温馨，能拍照留念才好。

我看那杨志案件的诉讼过程蛮正规的，书中记载：府尹教取一面枷将杨志枷了，差两员相官，带了仵件行人，监押杨志并众邻舍一干人犯都来杀人现场——天汉州桥边当场检验了，叠成文案。众邻舍都出了供状保放，随衙听候当厅发落，将杨志於死囚牢里监守。推司看杨志是个有名的好汉，又给东京街除了一害，牛二家又没苦主，把款状都改得轻了，三推六问，招做“一时斗殴杀伤，误伤人命”；待了六十日限满，当厅推司禀过府尹，将杨志带出厅前，除了长枷，断了二十脊杖，唤个文墨匠人刺了两行“金印”，迭配北京大名府留守司充军。免不得又是张龙、赵虎两个公人监押上路。

那口宝刀呢？没官入库，也许从此暗暗生锈，可惜可惜。

石秀的“私人执法权”

《水浒传》是一部对女人颇为不敬的书。书中美艳的女人几乎都不是好东西，正面形象往往是那些男人婆似的女人，如孙二娘便是。倒是《红楼梦》颇能讨女人的欢喜，其中一句“女儿是水做的，男人是泥做的”，直言须眉浊物比不上红颜裙钗，让无数读者老奶一眼瞄到凤心大悦。更可观的是“镜花缘”，简直就是一本女儿经，把男儿比得无地自容。

女人祸水的观念早就过时了，所以，2012 年 7 月 15 日广州的“星河湾名人汇”上专栏作家小宝从刘呐鸥用勾搭成奸做引子写小说谈到“都市生活是邪恶的，因为太多欲望，而欲望的载体就是女人，所以女人是邪恶之源”。便惹得台下一片哗然。参与这一活动的作家张大春不得不赶紧打圆场：“我不敢这么得罪女人，但我认为刘呐鸥对女性的恐慌实际是对城市生活的恐慌。”

看《水浒传》，发现男人受女人之累的故事有好几桩，其中一件就是潘巧云通奸裴如海案：

潘巧云原先是蓟州的王押司的浑家，王押司死后嫁与节级杨雄。这是个美艳妇人，书中借第一次与之见面的石秀的眼睛看潘巧云，是这副俏模样，“黑鬒鬒鬓儿，细弯弯眉儿，光溜溜眼儿，香喷喷口儿，直隆隆鼻儿，红乳乳腮儿，粉莹莹脸儿，轻袅袅身儿，玉纤纤手儿，一捻捻腰儿，软脓脓肚儿，翘尖尖脚儿，花蔟蔟鞋儿，肉奶奶胸儿，白生生腿儿”。有这副样貌，预示有点不妙。后来潘巧云因王押司离世二周年，请下报恩寺僧人来做功德，来的一个年纪小的和尚长得齐整，只不过“光溜溜一双贼眼，只睃趁施主娇娘”，看起来不像善类。潘巧云谈起他，只道“是师兄海黎裴如海。一个老实的和尚。他是裴家绒线铺里小官人，出家在报恩寺中。因他师父是家里门徒，结拜我父做干爷，长奴两岁，因此上，叫他做师兄。他法名叫做海公，叔叔，晚间你只听他请佛念经，有这般好声音”。石秀是杨雄新近结拜的兄弟，与潘巧云的爹潘公一起搭伙开屠宰作坊，他见潘巧云如此，看出了一点苗头，“自肚里已瞧科一分了”，后来又见“那和尚连手接茶，两只眼涎瞪瞪的只顾那妇人的眼。这妇人一双眼也笑迷迷的只顾这和尚的眼”。石秀瞧科了二分。这还不算完，“只见那淫妇乔素梳，来到法坛上，手捉香炉拈香礼佛。那贼秃越逞精神，摇着铃杵，唱动真言。那一堂和尚见他两个并肩摩椅，这等模样，也都七颠八倒。证盟已毕，请众和尚里面斋。那贼秃让在众僧背后，转过头来看着这淫妇笑。那淫妇也掩着口笑。两个处处眉来眼去，以目送情。石秀都瞧科了，足有五分来不快意”。再往下看，“追荐到三更时分，众僧困倦，那贼秃越逞精神，高声念诵。那淫妇在布下久立，欲炽盛，不觉情动”，石秀在板壁后假睡，已看到七分了。原来，这和尚“自从和这妇人结拜起，只是眉来眼去送情，示见真实的事。因这一夜道场里，见他十分照有意”。于是一发不可收拾，从此私通开来，还安排了报晓头陀来巷里敲木鱼，高声叫佛，传送信号；潘巧云的使女迎儿在内接应。一日五更时分，“石秀听得叫的跷蹊，便跳将起来去门缝里张时，只见一个人，戴顶头巾，从黑影里，闪将出来，和头陀去了；随后便是迎儿关门。石秀瞧到十分”。

石秀将潘巧云与裴如海通奸之事告诉杨雄，杨雄闻之大怒，本欲捉奸，后来因他故饮得大醉，回到住处，恨恨地骂潘巧云，酒醉中走漏了消息。醒后潘巧云反诬石秀挑逗她，让杨雄对石秀产生误解。石秀只好收拾包裹，搬离屠宰作坊。石秀暗想："杨雄与我结义，我若不明白得此事，枉送了他的性命。"四更时分，石秀设伏，捉得头陀和前来通奸的裴如海，把他们都杀了。杀裴如海后，石秀将他"剥了衣裳，赤条条不着一丝"。城中卖糕粥的王公，五更时挑着担糕粥出来赶早市，发现尸体。众邻居闻讯拖住他，到蓟州府首告，一场官司就此展开。

那时无意中发现犯罪现场，真是倒霉，不但一时脱身不得，还要被官府当作可疑人士盘问一番，取个供词。左邻右舍也不安宁，一起成为调查对象，还被押去检验尸首。连本寺僧人也都被拘来官府调查，鞫问缘故。当然，这些人个个不知情由，官府也查问不清，没个决断。还是当案孔目出主意："眼见得这和尚裸形赤体，必是和那头陀干甚么不公不法的事，互相杀死，不干王公之事。邻舍都教召保听候；尸首着仰本寺住持，即备棺木盛殓，放在别处；立个互相杀死的文书便了。"知府道："也说得是。"随即发落了一干人等，案件就这么糊涂了结。

只有杨雄猜到是石秀做的，问他此事，石秀自然毫无隐瞒。杨雄闻知事实经过，要杀潘巧云，石秀说"只依着兄弟的言语，教你做个好男子"。石秀建议说东门外有一座翠屏山，十分僻静，不如骗取潘巧云上山，把是非问得明白，再一纸休书弃了这妇人。杨雄依石秀之计，骗得潘巧云打扮得整整齐齐连同迎儿跟着上山，到一处古墓。石秀与潘巧云对质，那妇人飞红了脸，无言可

病關索大鬧翠屏

对。石秀飕地掣出腰刀与杨雄说道:“此事只问迎儿!”杨雄便揪过那丫头喝问,迎儿哪见过这场面,吓得一五一十把潘巧云通奸的事情讲了。潘巧云见瞒不过,也只好承认了事实。杨雄将潘巧云与迎儿都杀了,还不解恨,竟取出潘巧云的心肝五脏挂在松树上。

杨雄做下这事,又与石秀商量安身之处。石秀的主意是“去投梁山泊入伙”。二人正待要离开古墓,松树后走出鼓上蚤时迁。这时迁专做些飞檐走壁偷鸡盗狗的勾当,曾在蓟州府里官司,被杨雄救了。他出现在这里,是想要“掘些古坟,觅两分东西”。看来那时候盗墓的事就已经有人在“操练”,这职业算是历史悠久的了。时迁引了杨雄、石秀取小路下后山投梁山泊去了。我们读《水浒传》,知道书中不少英雄好汉,归宿都是梁山,毫不奇怪。

再说两个轿夫发现潘巧云与迎儿被杀,慌忙回家报与潘公,三人一同去蓟州府里首告。知府随即差委一员县尉,带了仵作行人,来翠屏山检验尸首。尸首检验完毕,回禀知府。知府根据现场情况判断:“眼见得这妇人与和尚通奸。那女使、头陀做脚。想石秀那厮路见不平,杀死头陀、和尚;杨雄这厮今日杀了妇人、女使无疑。既是如此。只拿得杨雄、石秀,便知端的。”当即行移文书,去抓捕杨雄、石秀,哪里还见到二人的影子?其余轿夫等,各放回听候。潘公自去买棺木,将尸首殡葬。案件只能到此中止,等到捕获了凶犯再说。

我读这段故事,感觉杨雄真是个粗鲁之人,全没个自己的主意,仿佛被石秀当作傀儡一般。本来石秀设计骗潘巧云上山,明白讲出的结局是“一纸休书弃了这妇人”,待杨雄质问潘巧云时,石秀却“掣出腰刀”递与杨雄,明摆着要杨雄杀人。整个事件中,石秀自始至终比杨雄更在意潘巧云的贞洁,那理由据说是“杨雄与我结义,我若不明白得此事,枉送了他的性命”;同样,杨雄杀潘巧云的理由之一也是“坏了我兄弟情分”。把这兄弟情分看得比夫妻情分更高,真是奇特。

石秀深深介入潘巧云事件,甚至成为杀人事件的操盘者,是否真如其所说出于兄弟情分?仔细想来,耐人寻味。作家、学者施蛰存先生运用弗洛伊德心理分析理论创作小说,写了短篇小说《石秀》来探讨石秀的杀人心理。写石秀初见潘巧云,见她如此靓艳,一副袅袅婷婷的姿态,早已心躁意动,窘乱得不知如何是好。他处处留意潘巧云,比杨雄更甚,原因就在这里。石秀被潘巧云吸引,其欲望与同杨雄的结拜兄弟之情产生激烈冲突,欲望只能压抑在心,内心形成极大焦虑,使年轻的石秀陷于重压的苦闷之中。石秀甚至下意识地有了“虽然杨雄是自己的义兄,究竟也不是什么了不得的关系,便爱上了他的浑家又有甚打紧”的想法。这种想法对于石秀来说,当然深埋在心里,难以付诸实现。当心理焦虑到严重程度时,对于自己得不到的东西,解除心理焦虑和悬想的办法之一就是毁了它。在翠屏山上,石秀看着潘巧云纤小的身体,不禁又像杀头陀、和尚之后那样烦躁和疯狂起来,便一手将刀递给杨雄道:“哥哥,这个小贱人留她做什么,一发斩草除根。”当杨雄在他的怂恿之下进行杀戮的时候,石秀获得的是一种释放和虐待的快感。施蛰存在这篇小说中对石秀杀人心理的刻画完全基于现代精神分析理论,让人读来觉得不无道理。对于石秀的杀人心理,人们不妨基于这篇小说进行讨论。不过,大多数读者也许更喜欢接受一种表面的、简单的杀人理由,他们未必愿意让现代小说作家或者心理分析学者败坏了他们心中的英雄形象。

人们读《水浒传》中石秀、杨雄杀潘巧云、裴如海的故事,可能会注意到书中英雄的杀人实在过于随意。古时发现通奸,立即双双杀掉,并非稀奇。捉奸见双,登时杀掉,也不会受到司法的严惩,甚至不会受到法律的追究。但石秀明知法度,毕竟没有捉奸在床,他曾告诉杨雄"不曾拿得他真奸,如何杀得人"?话虽如此,石秀自己却先杀了裴如海、头陀再说。此外,石秀、杨雄连同头陀、使女一同杀掉,未免有点太超过。活在那个随意大开杀戒的小说世界,方知人的生命何等廉价。

我想大多数读者都会倾向于认同这种杀人,甚至从杀人中获得阅读的快感,因为石秀、杨雄杀的都不是什么好鸟。石秀自我授予"执法权",并教唆杨雄也这么干,原因就在于他们自认为占据了道德的高位,可以自行实现正义。当然,即使如此,他们也知道这种做法不能见容于法律,于是会同时迁一起奔梁山去了。石秀、杨雄隐没于水泊,不知那股戾气被他们带下翠屏山否?

漫谈水浒，岂可不提宋江？《水浒传》中由第十七回开始转入宋江传。宋江一出场，便是一件私放晁盖的犯罪勾当。接下来又因晁盖致谢引出一场杀人大案，后又在浔阳楼醉题反诗，问成死罪又被劫出法场。一个案件成为另一案件的引子，又处处不离梁山泊的核心，真是环环相扣，动魄惊心。

吴用一句话泄露生辰纲隐秘

晁盖、吴用等人智劫生辰纲，虽以周密策划得手，随后却暴露出事成之后缺乏算计，终于导致事情败露。

抢劫生辰纲一事发生后，北京大名府留守司梁中书与东京太师府蔡京接到报告，皆闻讯大惊大怒。他们分别下公文，令管辖黄泥冈地界的济州府立等捉拿这等贼人。济州官府在双逼之下，赶紧发出文书，要求开客店的，“须要置立文簿,一面上用勘合印信。每夜有客商离开歇宿,须要问他:‘那里来?何处去?姓甚名谁,做甚买卖’?都要抄在簿子上,官司察照时,每月一次去里正处报名”。这种做法,与现今酒店旅馆用身份证登记、信息记录电脑直达公安机关,只有技术上的差异,基本思路如出一辙也。

济州府三都缉捕使臣何涛查缉无果,被府尹唤过文笔匠在脸上刺字警告,召集做公的一起商议,众公差“都面面相觑,如箭穿雁嘴,钩搭鱼鳃,尽无言语”,全无主意,弄得何涛十分郁闷。回到家中,正巧兄弟何清前来。这何清是一个赌徒,不过,赌徒也有用处,这种混迹社会之人对于社会各色人等颇为了解,最适合做办案机关的眼线。现在办案机关布设眼线,找的也多是这路人。何涛常骂这位兄弟赌博恶习,却没想到此案一举破获,依赖于这个赌徒。这何清因为赌博输了,到济州北门外十五里安乐村王家客店要凑些碎赌。客店的小二哥不识字,央求何清在登记簿上做抄写。这一天,正赶上七个贩枣的客人推着七辆江州车来歇脚,其中一个他认识,正是郓城县东溪村晁盖(以前曾跟一个赌汉去投奔他,因此认得)。何清写着文簿,问他“客人高姓”,只见一个三髭须白净面皮的(显然是吴用)抢上一步回答:“我等姓李,从濠州来贩枣子,去东京卖。”吴用以智多星闻名,想不到也会如此出糗,这话随口遮掩,恰恰启人疑窦,七个人长得七长八短,样貌各异,一同姓李,岂不可疑?何况何清还认得其中一位,内心自然就疑云满天了。吴用虽以智名世,终究难望诸葛孔明的项背,由此可知。第二天,店主带何清到村里聚赌,走到三岔路口,正见一个汉子挑两个桶来,从店主人的招呼中得知此人姓白,正是与晁盖、吴用等人一起劫生辰纲的白胜，也是个赌徒。这七个贩枣的客人加上挑担贩酒的白胜，在黄泥冈上生辰纲被劫一事发生后，自然给人留下不小的想象空间。先抓了白胜问问，事情就可能水落石出。何涛听了自然大喜。

何清向府尹禀报后，受命去白胜家里抓人，抓捕的过程值得玩味，正可与如今的抓捕过程两相对照。我国侦查机关到人家中捕人多在夜里，自有其传统。夜里倦鸟归巢，到家中捕人一举擒获的几率高；被捕者弛衣酣睡，警惕不高反应迟钝，下手抓捕的危险小，尤其是抓捕对象美梦正酣、猛想美女如云时正好下手。不过，法治昌明的国家禁止夜间入户捕人，除非室内正打打杀杀危险万状，这种文明办法自然不是我大宋帝国愿意耳闻的。何清赶到白胜家时是三更时分，连夜抓捕的原因主要是破案心急，恐怕延宕时日走漏风声。叫门的方法现在也还常用，让店主人赚开门（如今让酒店服务员、街道办公人员或者警察冒充收水电费的赚开房门，都是同一套路），白胜正在床上躺着，当场捆了，连白胜的老婆也一起捆了。夫妻两个都不肯招认，差人便绕屋寻赃，此抓捕附带搜查也。寻到床下，见地面不平，众人掘开，不到三尺深，从下面取出一包金银，此时白胜已是面如土色。

公差将白胜和他老婆带走，带走之前“把白胜头脸包了”，扛抬着赃物连夜赶回济州城里。包住白胜头脸，意在防止有人看见，走漏风声，造成日后抓捕晁盖等人的困难。吾人今日在电视机前坐，也可看见警方抓捕嫌疑人，用头罩蒙其头脸。最早见其场景，是在香港电视新闻中；如今大陆警方也仿行此例，甚至法院提押被告人到庭受审，也有此一做法。由于香港有发达而自由的媒体，香港警方带走嫌疑人，使用头罩，目的是防止嫌疑人头脸在电视屏幕中曝光，因此案尚在初步侦查中，暴露嫌疑人于其隐私有妨，万一事经侦查其实属无辜，不至于给其生活、工作造成不良影响；另外，香港实行陪审团制度，嫌疑人形象不在媒体曝光，可以防止候选陪审的人事先形成偏见，有利于庭审前遴选陪审团成员。内地警方也实行这一做法，甚至押解审判途中采用这一做法，用意如何，笔者未得其解，不敢妄言。

白胜被押到济州府厅前，接受审讯，死不招认晁盖等七人。官府自然是老办法出场，“连打三四顿，打得皮开肉绽，鲜血迸流”。府尹喝道：“贼首捕人已知是郓城县东溪村晁保正了，你这厮如何赖得过！你快说那六人是谁，便不打你了！”白胜只好招出为首的晁盖，其他人只推说不知。白胜在审讯中表现得确是条好汉，难怪得以列名一百单八将之中。可怜他老婆，也被锁了，送入女监收押。瞒赃其罪，更重要的，是防止走漏消息，惊跑了晁盖、吴用等七人。济州府这一番保密又保密的努力，最终被宋江坏掉了，纵使那时有“大宋帝国保密法”，遇到这等“吃里爬外”的官吏，也无不一败涂地也。

宋江私放晁盖折射吏治腐败

宋江自幼学得些经史，算不上有什么了不起的学问，但刀笔精通，吏道纯熟，是玩得转的圆滑官吏。论武艺，“兼爱习枪棒，学得武艺多般”，不过，未见他场上演练，这些武艺也就成了传说，估计那水准也就一般。他的江湖名声，来自“平生只好结识江湖上好汉，但有人来投奔他的，若高若低，无有不纳，便留在庄上馆谷，

宋公明私放晁天王

终日追陪,并无厌倦;若要起身,尽力资助,端的是挥金如土。人问他求钱财,亦不推托,且好做方便,每每排难解纷,只是周全人性命。时常散施棺材药饵,济人贫苦,周人之急,扶人之困,以此山东、河北,都称他做'及时雨',却把他比做天上下的及时雨一般,能救万物"。用现在的话说,就是社会关系复杂。

作为郓城县的押司,宋江的职责是办理捕人监押的公务,捉拿晁盖、吴用等的公文需要过他的手,处理完成,让知县发落差人去捉拿。当何涛从济州来到郓城,将这一机密事说与他听,他先是吃了一惊,肚里寻思:"晁盖是我心腹兄弟,他如今犯了弥天大罪,我不救他时,捕获将去,性命便休了!"口上却安抚何涛,将他稳住,找个借口,骑马飞奔东溪村给晁盖报信。回来后为了给晁盖逃跑允出时间,又向知县出主意"日间去(捉拿),只怕走了消息,只可差人就夜去捉拿得晁保正来,那六人便有下落"。知县安排尉司并两个督头(朱仝和雷横),点起马步弓手簇拥着,出得东门,一更天气到得东溪村。哪知道这件机密事,早让宋江弄得"春光乍泄"了。

大宋吏治的腐败,由此可见一斑。宋江本为公职人员,却将私情私利置于国法之上,猫不捕鼠,甚至猫鼠同眠,吃着国家的俸禄,拆着法制的墙角。这种社会,衙门里有人的,法制归于无形;衙门里没人的,法制就是活地狱。看到这里,衙门的黑暗也就不难理解了。

读《水浒传》至此,读者拍案与不拍案的,无不称快。大家都希望晁盖等人逃之夭夭,化险为夷,也都为宋江暗中报信叫一声好。想想其中的原因，所劫生辰纲乃不义之财，虽然晁盖等人劫财不过据为私有，并非像罗宾汉那样救济穷人，但大家都愿意看到梁中书、蔡京这样的权臣失败，晁盖、宋江等人先在道义上胜了一筹。读者都认晁盖等人个个都是英雄，梁中书、蔡京等辈无一不是奸臣，自然心向英雄而巴望他们得遂所愿，不愿看到何涛的抓捕行动获得成功，人心向背上宋江等人又胜一筹。大宋的司法实在是恐怖得很，人们不能指望通过它获得正义（破坏法制反而维护了实质正义），尤其是这种司法与程序正义的距离不可以道里计，当宋江以国家公职人员身份暗中破坏法制与秩序时就很容易获得读者的认同了。

不仅宋江一人如此，郓城县两位都头与宋押司如出一辙，都在此次抓捕行动中暗中帮助晁盖逃脱。不知作者故意制造惊险还是晁盖性格上确有缺陷，宋江早早策马慌慌张张前来报信，报信后吴用、刘唐带了几个庄客押着五六担打劫来的金珠宝贝先行离开，晁盖和公孙胜等在庄收拾东西，到了一更时分官府前来东溪村抓捕之时，晁盖居然还在收拾东西，这性格可与土耳其人媲美，真是够慢的，结果官兵来到，弄了一身惊险。好在朱仝、雷横有心周全，才化险为夷。朱仝、雷横名为抓捕实为暗放，显现大宋的官府外部光鲜，内部已是摇摇欲坠。官衙内外警匪一家，谁真的把赵官家当做自己的家？仔细想来叫人瞠目结舌。

一封谢函引发的血案

宋江对阎家有恩，但挡不住阎婆惜红杏出墙。

阎公一家三口从东京来山东投奔一个官人不着，流落在郓城县。这阎公平时是个好唱的主儿,自小教他的女儿婆惜唱诸般耍令。要是搁在现在,正好入演艺圈,赚大把的银子。何况婆惜年方十八岁,相貌不错,在电视台一露脸,赚得粉丝尖叫连连并非难事。不过,那时比不得现在,没有“大宋好声音”可唱;郓城也比不得东京,这里的人不喜风流宴乐,因此三人不能过活,暂且在县后一个僻静巷内居住。阎公死了,余下阎婆母女,连买棺材的钱也凑不起。恰好在街上与做媒的王婆走时遇见及时雨宋江,宋江为其买了口棺材,还给了她十两银子。

做父母的心情,都是看儿女大了,张罗着为其娶嫁。阎婆的心思,是叫女儿嫁个靠得住的人家,自己也好有个依靠。见宋押司如此慷慨,知他下处也没有一个妇人,便央求王婆来撮合此事。水浒里的英雄好汉有不少是厌女症患者,宋江便是其中之一。见王婆来说,初时不肯,但架不住王婆“撮合山的嘴撺掇”,最后依允了,在县西巷内讨了一所楼房,安排了阎婆惜娘俩儿。起初宋江夜夜与婆惜一处歇卧,后来去得少了,“原来宋江是个好汉,只爱学使枪棒,于女色上不十分要紧”,这就与西门庆有了绝大不同。当然,宋押司也没西门大官人那样的条件,“这婆惜水也似后生,况兼十八九岁,正在妙龄之际,因此宋江不中那婆娘意”。

婚姻是平衡的艺术。按说宋江与阎婆惜也非不平衡,论年龄样貌,两人固然不般配,但阎家那种窘境毕竟靠宋江改善,过门之后,“没半月之间,打扮得阎婆惜满头珠翠,遍体绫罗。又过几日,连那婆子也有若干头面、衣服,端的养的婆惜丰衣足食”。不过,阎婆惜毕竟年青,“长得好模样,又会唱曲儿,省得诸般耍笑,从小儿在东京时只去行院人家串,哪一个行院不爱她”!因此,爱风流少年也不足为怪。至于新拍电视剧《水浒》里把她“装修”得有情有义，至死深深眷恋宋押司，就纯属扯淡了。

宋江带同房押司张文远来阎婆惜家喝酒，阎婆惜与张文远就勾搭上了。张文远唤做“小张三”，“生得眉清目秀，齿白唇红，平昔只爱去三瓦两舍，飘蓬浮荡，学得一身风流俊俏，更兼品竹调丝，无有不会。这婆惜是个酒色娼妓，一见张三，心里便喜，倒有意看上他”。《水浒传》中有些不般配的婚姻，当初要是张文远而不是宋江娶了阎婆惜，潘金莲嫁与西门庆而不是武大郎，就不复血光之灾了。宋江风闻得阎婆惜与张文远搞上了，却也并未在意，只不上门罢了。有时一连几个月都不去阎婆惜那里，阎婆屡次使人来请，也是不去。

宋江下辣手杀了阎婆惜，原因是阎婆惜与张文远的一段私情，近因却与水泊梁山有关。没有这一远因，阎婆惜未必紧攥着致命的书信不放；没有近因，也就不会惹出一场杀人祸事。晁盖坐了梁山泊第一把交椅，不忘宋江私放之恩，派刘唐到郓城街上寻见宋江致送谢函和金子。宋江将谢函放入招文袋里，只接受了一条金子。回去路上遇到阎婆，阎婆死缠，定要他到阎婆惜下处歇息。宋江被她缠不过，只好进去歇脚。不料被阎婆惜羞辱一番，又脱身不得，唐牛儿找上门来也撞不散，连唐牛儿也被阎婆醉打出去。捱到五更，宋江才得以出门。出来后才发现招文袋遗落在阎婆惜房里，赶紧回去取，却发现招文袋已经被阎婆惜藏匿起来。金子倒不要紧，晁盖那封书信才真真要命。

阎婆惜就是女版的牛二，一步一步把自己往死路上拖。她有

宋江致命的把柄在手，先是逼迫宋江归还原典她的文书并写一纸任从其改嫁张文远的文书，又写一封不来追讨财物的文书，并要求将一百两金子送予她。宋江一一答应，阎婆惜仍然不肯还回谢函，还扬言公庭上见。惹得宋江怒不可遏，两刀结果了阎婆惜。阎婆惜之死与牛二之死，都是被害人学的绝佳案例，宋江本无意杀人，阎婆惜却一路紧逼。当宋江从她席上抢刀在手，阎婆惜高喊"黑三郎杀人也"，这一喊极为忌讳，不但使宋江愈加惊惧容易走极端，而且提起宋江杀人的念头，结果阎婆惜一声喊，一头撞进黄泉。

我见京剧老生周信芳主演电影《坐楼杀惜》，其表情动作将宋江在失落招文袋和阎婆惜拒不返还晁盖书信的恐惧、紧张和羞恼的混合情感表演得淋漓尽致，真叹为观止。杀阎婆惜如下坡车急驶，收束不住。阎婆惜之尖刻、贪婪、愚蠢，无异于自蹈死路，可恶之至，又复可怜。

阎婆惜被杀一案，诉讼过程的精彩程度不比杀人过程逊色。阎婆见女儿被杀，竟然镇静自若，一路敷衍，让宋江放松警惕。到了县衙前，才把宋江一把扭住，喊道："有杀人贼在这里！"吓得宋江慌做一团。幸好衙门里的公差都认得宋江，敬他的为人，都不肯拿他，又赶上唐牛儿经过这里，将阎婆手一拆，叉开五指，打她个满天星，宋江乘机脱身。倒霉的是唐牛儿，宋江逃走，唐牛儿却被三四个公差横拖倒拽弄进郓城县衙。知县审问唐牛儿，居然喝道："宋江是个君子诚实的人，如何肯造次杀人？这人命之事，必然在你身上"！这知县与宋江最好，有心出脱他，只把唐牛儿三推四问，见他不承认，还一索捆翻了，打了三五十，"知县明知他不知情，一心要救宋江，只把他来勘问，且取一面枷来钉了，禁在牢里”。宋江一事，照样是朱仝、雷横帮着遮掩维持。这朱仝有几分宋江的慷慨仗义，凑些钱物给了阎婆，不让她到州里告状，又使用银两叫人到州里去打点，不让文书被驳回。知县出了海捕文告（今之所谓“通缉令”），以一千贯赏钱缉拿宋江，到头来却“只把唐牛儿问做成个‘故纵凶身在逃’，脊杖二十，刺配五百里外”，制造了一起小小冤案。看来无权去势无钱无人缘的，遇事千万别逞强，这种哲学看似庸俗，但看唐牛儿的遭遇，确是教训深刻。《水浒传》谓：“祸福无门，惟人自招；披麻救火，惹焰烧身。”这类告诫，是多少血泪换来的。倘若司法不能保障权利，社会不能维护正义，这种人生哲学还要继续大行其市。

四窥《水浒传》的法律世界

自古以来,以文字引来祸事者,不胜枚举。作诗乃是雅事,但因诗言志而遭遇不幸的,也真不少。宋代罗大经的《鹤林玉露》一书称“杨子幼以‘南山种豆’之句杀其身,此诗祸之始也。至于‘空梁落燕泥’之句,‘庭草无人随意绿’之句,非有所讥刺,徒以琱斲工巧,为暴君所忌嫉,至贾奇货,则诗真可畏哉”!至于明清之时因诗歌而掉了脑袋的,更是冤血淋漓,至今闻之让人尤感恐惧。《水浒传》中宋江在浔阳楼上醉题反诗,几乎送了自己的性命;吴用以反诗陷害卢俊义,目的是赚他上山,也险些将其送入黄泉。司法暗昧,做了专制制度的爪牙,使得枉死城中不断增添人口。被劫出法场苟全性命,不过是读者从小说中获得的一点不切实际的安慰罢了。

浔阳楼宋江醉题反诗

按照《残唐五代史演义传》的说法：当年唐僖宗开文武两个选场，要“选取天下文人勇士，教他为官为将，讨贼安民”，曹州冤句县赤墙村，有一人名唤“黄巢”，自小“博览经史，精熟武艺”。不过，此人相貌怪异，似人似鬼。广明元年，朝廷大开武试，招募天下英才，黄巢到得长安，入场比试，竟然高中武举状元。次日朝见皇帝。僖宗“面试”黄巢，见他“身长一丈，膀阔三停，面如金纸，面横一字，牙排二齿，鼻生三窍”，一惊不小，唬得“魂不附体，半晌方定”。不由得大怒，将黄巢革除不用。

以貌取人，本为社会常态，无足为怪。朝廷取士，也将相貌当作取用与否的因素，也非自黄巢开始，当然也非至黄巢而终，君不见当今一些国家机关也有此遗风？黄巢闻当驾官说“朝廷嫌你丑貌，故不肯用”，默然叹息：“早知昏君以貌取人，我有也不来！”进酒馆饮酒，乘兴在粉墙之上写了反词：“昏君失政，宠用奸邪。荒荒离乱，文武无能。唐僖宗有眼无珠，见贤不能擢用。可惜我十年辛苦，到今日不得成名。暗思昔日楚汉争锋，一个力拔太山，一个量宽沧海。他两个战乌江，英雄抵敌；诣咸阳，火德肇兴。某也志高汉斗，气吐虹霓，意欲匹马单刀，横行天下。管取那刀兵动处，把唐朝一旦平吞。”又写下一首诗：“浩气腾腾贯斗牛，班超投笔去封侯。马前但得三千卒，敢夺唐朝四百州！”诗艺一般，气魄倒是很大。说穿了，不过嫌十年辛苦付诸东流，未能成名而心怀愤恨，人生在世，无非“成名”二字而已。黄巢随后收拾琴剑书箱，出了长安城，向天发誓：“黄巢若得存进，定要夺取唐朝天下！”后

潯陽樓宋江吟反詩

来果然起事,组织军队,杀入长安城。此事的教训是,对于有能力而郁郁不得志的人,要善加利用,否则遇到黄巢这种心理人格有异常的人,就可能要有或大或小的祸事发生。

黄巢在粉壁上题写反词和反诗,明确提出要推翻朝廷的犯意,对朝廷来说,自然是十分严重的危险行为,不能不严加扑杀。自古以来,专制政权最担心的,是境内出现反对力量。这种政权通常都是用军事手段取得的,自然最警惕有推翻政府的军事力量酝酿出来。由于社会存在着这种力量形成的可能性,因此必须以愚民、弱民的方式消除这一危险。一旦有反叛的苗头,即使一点风吹草动,也要立即扑灭。

黄巢在酒馆中写反诗的一幕,在宋江身上又重演一次。宋江因坐楼杀惜发配到江州,久闻江州有座浔阳楼,一日信步出城看江景,不意正走到浔阳楼,见雕栏外的牌额上有苏东坡大书“浔阳楼”三个大字,门边朱红花表柱两面白粉牌写着“世间无比酒”“天下有名楼”,被它们引出兴致。上得楼来,凭栏举目,喝彩不已。他独自一人,三杯两盏,倚栏畅饮,不觉沉醉,有感而发,索笔砚在白粉壁写了首“西江月”词,词云:“自幼曾攻经史,长成亦有权谋。恰如猛虎卧荒丘,潜伏爪牙忍受。不幸刺文双颊,哪堪配在江州!他年若得报冤仇,血染浔阳江口!”这首词已有许多官府忌讳之词与意,不想宋江醉了,愈加狂荡起来,手舞足蹈,又写下四句诗:“心在山东身在吴,飘蓬江海谩嗟吁。他时若遂凌云志,敢笑黄巢不丈夫!”宋江乘幸写了首词又加送一首诗,还坚决贯彻实名制,落款为“郓城宋江作”。宋江的心思,是他“生在山东,长在郓城,学吏出身,结识了多少英雄好汉,虽留得一个虚名,目今三旬之上，名又不成，利又不就，倒被文了双颊，配来这里！”说起来，与黄巢一样，不过“名利”二字。宋江醉题诗词，想那“他日身荣，再来经过，重睹一番，以记岁月，想今日之苦”。这一番失意人心思，其实并无反意，至于诗词内容写得反意十足，不过借以抒发郁闷之情而已。

古人写首诗词，发表的渠道不像现在那么方便。除了自己写下来，编成集子，刻印出来，流传于世，就是展示给友人，借以传布，要么就是在一些酒楼找块粉壁或者在风景名胜寻个处所写出来。李白见崔颢诗，就是题在黄鹤楼上。苏轼的一首诗，题目就是“题西林壁”，发表在墙上。今人笔弄风骚，写一首诗，想发表要方便多了，且不说正式的发表渠道如报纸杂志比比皆是，更便捷的就是发表在互联网上，实在方便极了。但发表的机会无论多与不多，都须照看一个界限，只有这样才能避免罹祸。只顾写得痛快，触了忌讳，就可能一下子危害了国家安全，自古及今，道理是一样的。宋江在浔阳楼上就是前车之鉴，后世之聂绀弩与前代遥相辉映，世人不可不知也。看来还是不做诗人的好，若是不识字，当然更好。不过，我读《好兵帅克历险记》，见费迪南大公遇刺身亡后，帅克等人仅因出言触了忌讳而被逮了去，跟老舍《茶馆》里两个灰大褂将常四爷捉将官里去，如出一辙，祸从口出，便是不写成文字，同样教训多多。显然，只有到了宪政社会，政府权力受到严格限制，民众此种恐惧才能消除；非此条件，写字发表，需要小心谨慎，想妄言国是，最好闭上鸟嘴。

宋江发表自己作品的粉壁上早有先人题咏，若是只谈风月还好，因为一般社会也还“准风月谈”（到了连风月也谈不得，一谈就是小资产阶级情调,那是后来的事),不致闯祸,偏偏宋江写的诗词并非吟咏风月,这江州又有个黄文柄,又偏偏到了浔阳楼做了业余检查员,他读到墙上那些文字就为宋江带来一番祸事出来。黄文柄是江州对案唤做“无为军”的城子里一个在闲通判,政治敏感性颇高。这日因天气暄热过江,到浔阳楼上闲玩,“观见壁上题咏甚多,也有做得好的,也有歪谈乱道的”,冷笑了一回。及至看到宋江的诗词,从诗读到词,又从词读到诗,大惊“这个不是反诗”?“这厮无礼!他却要赛过黄巢,不谋反待怎地?”向酒保问明作者样貌,借笔研取幅纸将诗词抄下来,禀告给蔡九知府知道。蔡九知府的敏锐更高于黄文柄,一读便知“这是个反诗”,再联系街市童谣所谓“耗国因家木,刀兵点水工。纵横三十六,播乱在山东”。岂不隐含着“宋江”二字?非同小可。于是立即坐实了宋江谋反之罪,即刻差人捕获,下在牢里。

我素来不佩服黄文柄这路人。按《水浒传》的介绍,这黄文柄“虽读经书,却是阿谀谄佞之徒,心地偏窄,只要嫉贤妒能,胜如己者害之,不如己者弄之,专在乡里害人。闻知这蔡九知府是当朝蔡太师儿子,每每来浸润他,时常过江来寻访知府,指望他引荐出职,再欲做官”。这种善于钻营之人,何代无之?有时还颇能得势,正所谓“做个小人真快活也”。

宋江被捕前得到戴宗密报,同时接受他的建议“诈作风魔”,抓捕宋江时只见他“披散头发,倒在尿屎坑里滚”又胡言乱语,抓到公堂上,仍然是一味装疯。宋以后官衙,件作检验有《洗冤录》为依据,古史中受难者装疯事例有多件,精神病鉴定似乎没有什么指南书可以参考,不知怎样确认当事者是否真疯。又是黄文柄大有主见，向知府建议调查其病史，调查结果不是来时便疯而是近时才疯，眼见得是装疯，于是司法的传统法宝隆重出台，“把宋江捆翻，一连打上五十下；打得宋江一佛出世，二佛涅盘，皮开肉绽，鲜血淋漓”。宋江吃打不过，只好招认“误写反诗”，直押赴死囚牢，惹出后来好汉劫法场一顿热闹。

反诗赚得卢俊义上梁山

古代专制制度，以谋反为刑律中十恶不赦的大罪。反诗之利害相关，自然小觑不得。宋江因反诗险些丢了性命，要不是众好汉劫法场，便与戴宗骈诛矣。吴用知道这一利害，却将反诗留于卢俊义家的墙壁上，有意加以陷害，以达到赚卢俊义上山的目的，真可谓不择手段。

事情经过是：晁盖一死，梁山请来北京大名府龙华寺法主做法事，宋江问起风土人物，这和尚提及河北玉麒麟卢俊义。宋江知他一身好武艺，棍棒天下无双，便思请得此人上山入伙。正没算计处，吴用自告奋勇，要略施小技，赚得卢俊义上山。吴用的方法是化装成算命先生，骗得卢俊义信任，假做推算出卢俊义百日之内必有血光之灾，让卢俊义抄写四句卦歌于自家壁上免灾，并要他去东南方一千里之外，以避灾祸。那四句卦歌乃是一首藏头诗，诗云：“芦花滩上有扁舟，俊杰黄昏独自游。义到尽头原是命，反躬逃难必无忧。”诗中暗藏“卢俊义反”四字。这便埋下祸根，李固告到官府，卢俊义被捕入狱，跟宋江一样，要不是好汉劫了法场，性命休矣。

宋江处处网罗豪杰，志不在小。今日欲请卢俊义上山，有共

吴用智赚玉麒麟

谋大事之心，可见与王伦之流有天壤之别，倘若真将大宋江山推翻，说起来也是一段佳话。不过，既然到头来不过是啸聚一方为寇为匪，最终被招安了事，何苦陷害卢俊义使之险些丢了性命？《水浒传》中众英雄好汉在水泊梁山落草，实属被逼无奈，如林冲就是典型的被逼上梁山的好英雄。在忠孝思想沦肌浃髓的社会，若非横下一条心，如何肯上山为寇？卢俊义自况“生于北京，长在富豪；祖宗无犯法之男，亲族无再婚之女；更兼卢俊义人事谨慎，非理不为，非财不取”，是遵纪守法人家，要不是吴用设计陷害，致其陷入许多梁山好汉遭遇到的绝境，断不肯随宋江上山落草。宋江欲求招安，考虑到卢俊义的身份地位，若能落草，倒是招安中的有利因素，宋江的心思，是把卢俊义当个招幌、桥梁。

吴用的设计陷害，有两个步骤：一是以算命者的身份将反诗送给卢俊义，诱其上当；二是当卢俊义带着李固等人经过梁山泊时被捉上山，受到礼遇，吴用却将错误信息传递给李固，谎称卢俊义已经与梁山诸人商议定了，要坐梁山泊第二把交椅，还将壁上反诗之事一并告知，将李固当作过河卒子来用，以断绝卢俊义的后路。卢俊义虽然对于李固有救命之恩，当年他冻倒在卢家门外被卢俊义搭救，抬举他做了管理家私的都管，但这厮乃无情不义之人，与燕青恰成对比。李固先行返回北京之后便去衙门告发，并与卢俊义的娘子做了一路，将卢俊义心腹之人燕青赶出家门。尽管燕青将消息预先告知卢俊义，卢俊义哪里肯信，反而将燕青踢上一脚。李固之无情不仁固然是卢俊义遭殃的原因之一，但正如金圣叹所谓：“不惟李固反噬，惟吴用亦实教之。”我读书至此，对吴用失掉许多好感，当年夺取生辰纲后泄露了实情，就是他一句“我等姓李”所造成，戴宗受到牵连也因他制作假书信疏忽所致，如今赚取卢俊义入伙，其手段实在可议，他赚取朱仝上山，更加手段不良，这种陷人于绝地险境然后强拉入伙的方式，不知究竟有多少正义可言？

卢俊义被吴用设计，本人却无意坐水泊梁山第二把交椅，这才辞别宋江下山。官府若能耐心听讼，能够认识到卢俊义家财万贯，良田千顷，无缘无故怎么会加入梁山贼寇队伍？若是坐了梁山第二把交椅又何故下山返家？再听听卢俊义陈述，找来了解那算命一事的证人问个明白，至少能够认定卢俊义辩解的真实可能性较大，哪里还会让吴用的计谋得售？梁中书审理此案，心里早存了卢俊义谋反的信念，哪里有刑事证据的科学意识，何从晓得现代之所谓“无罪推定”的思想？那审判方式如人们久已熟悉的，“梁中书正坐公庭，左右两行，排列狼虎一般公人七八十个，把卢俊义拿到当面。李固和贾氏也跪在侧边”。梁中书的问案风格自然也是“咆哮 style”，一听分辩便喝叫一声“这个顽皮赖骨，不打如何肯招”，令左右公人“把卢俊义捆翻在地，不由分说，打得皮开肉绽，鲜血迸流，昏晕去了三四次”。卢俊义打熬不过，只好伏地屈招，被钉上一百斤死囚枷，押在大牢监禁。此际若有公正司法和正确裁判，水泊梁山哪有卢俊义、林冲、武松等人效劳？可见，公正的司法乃是减少社会治理成本的重要机制，不良司法正是紊乱社会、危害国家安全的祸根。

这大名府和其他官府一样，腐败透顶，一场官司少不了各方上下贿赂。李固花去五百两蒜金，一心要节级蔡福结果了卢俊义的性命。只要钱到位，第二天早晨就可收尸，狱中囚犯的生命就这样毫无保障，真不成个世界也。燕青这一方同样上下打点，想要卢俊义在狱中少受点苦，连柴进也出面奉送节级蔡福一千两黄金，要他周全卢俊义性命。钱财真可通神，张孔目得了金子，便建议梁中书将卢俊义脊杖四十、刺配三千里，仍是差遣董超、薛霸押解他去。李固两锭大银买通这两位差人，要他们在路上取了卢俊义性命，并许诺事成之后各再赠五十两蒜金。董超、薛霸路上要下手杀人时被燕青破了"好事"，双双赴黄泉去见了阎王。两个公差被杀，卢俊义再度被逮回大名府就被定了死罪，在十字路口要问斩时被石秀等梁山好汉劫了法场，不得已投奔梁山。

对于法制的破坏，劫法场最具象征意义。《水浒传》几次描写劫法场，宛如小规模的攻打巴士底狱，只不过这种暴力做法虽然有匡扶实体正义之功，却与民主、自由、法治与人权毫无关系。劫法场中展现了在有的好汉眼中，那些围观杀头的草民如同草芥，李逵在劫法场救宋江时轮着板斧"不问军官百姓，杀得尸横遍地，血流成渠"，连晁盖都忍不住喊"不干百姓事，休只管伤人"，但李逵"哪里来听叫唤？一斧一个，排头儿砍将去"。这真叫性之所至，眼里哪里还有王法？可怜那些无辜百姓，混乱中丢了性命，让后世的草民有了"三场不可近"（"三场"之一便是刑场）的教训。

五 窥《水浒传》的法律世界

少年时曾读到一本中学教材，出版在五六十年代。教材中收录了《水浒传》第48回解珍解宝的故事并配有插图。我至今记得初读这本教材的异样感觉。当时活在文化极为贫乏的年代，满眼盈耳都是红卫兵、红小兵、阶级斗争、国际歌、上山下乡等新文化或者反文化现象。那本教材是繁体字，略有注释，字体和插图风格与“文革”时的大不一样，感觉有点古旧而久远，模糊而神秘。解珍解宝的故事是我第一个熟悉的水浒英雄的故事，以前曾因国家对《水浒》大批特批而知道“《水浒》这部书，好就好在投降”，也曾因同学的父亲有一部为批判而重新出版的三卷绿色封面的《水浒全传》而暗中羡慕不已，但那时没有读过《水浒》，只知道这部书是“毒草”，宋江也不是什么好鸟。

再接触《水浒》已经是初中以后的事，对于《水浒》这部书原来并不喜欢,砍砍杀杀,戾气太重。喜欢上这部书,不知是多少年以后了。不过,无论我喜欢还是不喜欢,戾气也还是一样的重。

解珍解宝的遭遇很像阶级斗争

解珍、解宝是兄弟两个,都是猎户。那时的中国不少地方都有老虎,武松打虎,李逵母亲遇虎,解珍、解宝为虎而遭牢狱之灾,都与虎有关。当时人们讲老虎叫“大虫”。“虫”本来是小的,冠以“大”字就形成一种反差,有点想藐视又有点怕怕的感觉。

近年来拍古装电视剧,有人评论道,那野外景色全不靠谱。古时候应该到处森林覆盖,郁郁葱葱,不像现在,到处秃眉烂眼哪像个样子。树多,各种野生动物即使没有野生动物保护法也能活得兴高采烈,有滋有味,任性时还对人造成危害。那时老虎很多,不像现在得靠周正龙用年画来充数。虎患一严重,官府就迫令猎户去拿,有时也搞悬赏。山东海边登州也是如此,按水浒的说法:“登州城外有一座山,山上多有豺狼虎豹,出来伤人:因此,登州知府拘集猎户,当厅委了杖限文书捉捕登州山上大虫,又仰山前山后之家也要捕虎文状:限外不行解官,痛责枷号不恕。”

山东登州有一猎户,只有尚未婚娶的两个兄弟,父母俱亡。解珍为兄,绰号“两头蛇”;解宝为弟,绰号“双尾蝎”。两人都有惊人武艺,都使浑铁点钢叉。据说“州里的猎户们都让他俩第一”,这一“让”字有点意思。

话说这一天兄弟两个到官府领了“甘限文书”,按照文书要

解珍解寶

求，要在三日内把虎捉来，否则将受责罚。两人到登州山上下了窝弓，带了干粮一连两日上山守候，一直到五更下山，连虎的影子都不见，捉虎非易事，打猎实艰难。第三日再上山，直到夜里四更时分，忽然听到窝弓发响：一只老虎中了药箭，在地上滚。见有人来，老虎带箭逃走。两个便追。不到半山里时，药力透来，老虎支撑不住，吼了一声，骨碌碌滚下山去。解宝认得老虎滚落之处是毛太公庄后园。兄弟两个便提了钢叉直接下山到毛太公庄上敲门。

毛太公有意赖他们的虎，见解氏兄弟前来，使个“拖”字诀，假意殷勤，先请他们吃早饭，又拿茶敬二位，书中描述如真：

> 叫庄客且去安排早膳来相待。当时劝二位吃了酒饭。解珍，解宝起身谢道：“感承伯伯厚意，望烦去取大虫还小侄。”毛太公道：“既是在我庄后，怕怎地？且坐喝茶，去取未迟。”解珍、解宝不敢相违，只得又坐下。庄客拿茶来敬二位了。毛太公道：“如今和贤侄去取大虫。”解珍、解宝道：“深谢伯伯。”毛太公引了二人，入到庄后，方叫庄客把钥匙来开门，百般开不开。毛太公道：“这园多时不曾有人来开，敢是锁簧锈了，因此开不得。去取铁锤来打开罢了。”庄客身边取出铁锤，打开了锁，众人都入园里去看时，遍山边去看，寻不见。毛太公道：“贤侄，你两个莫不错看了，认不仔细，敢不曾落在我园里？”解珍道：“怎地得我两个错看了？是这里生长的人，如何认不得？”毛太公道：“你自寻便了，有时自抬去。”

解宝眼尖,一眼看到“这里一带草滚得平平地都倒了,又有血迹在上头”,印证了他们的猜测,老虎正是落在毛家园子里。解珍要求“须还我这个大虫去解官”,毛太公道:“你两个好无道理!我好意请你酒饭,你颠倒赖我大虫!”双方争执起来。解珍、解宝要搜,毛太公喝阻。解宝寻不见老虎,心中火起,便在厅前打将起来。解珍也就厅前攀折拦杆,打将入去。毛太公叫道:“解珍、解宝白昼抢劫!”那两个打碎了厅前桌椅,见庄上都有准备,两人便拔步出门,指着庄上大骂。正骂之时,两三匹马奔庄上来,原来是毛太公儿子毛仲义。解珍、解宝上前说明情况,毛仲义哄骗两人进庄门,然后喝令二三十个庄客随同毛仲义带来的官差,一起下手将解珍、解宝捆绑。毛仲义对他们说:“我家昨夜射得一个大虫,如何来白赖我的?乘势抢掳我家财,打碎家中什物,当得何罪?解上本州,也与本州除了一害!”其实,毛仲义在五更时先把大虫解送到州里去,随后带了若干公差来捉解珍、解宝。解珍、解宝哪知这背后勾当,上了大当。

接下来毛家将解珍、解宝解送州里去。本州衙门有个六案孔目王正,是毛太公的女婿,已自先去知府面前禀说了,把解珍、解宝押到厅前,不由分说,捆翻便打;强迫他俩招认“混赖大虫,各执钢叉,因而抢掳财物”。解珍、解宝受拷打,忍受不得,只好违心招认。知府下令取来两面二十五斤的重枷来枷了,钉下大牢里去。

案件到此,冤狱已成。毛太公,毛仲义意识到不能放过解珍、解宝,否则必有后患,便吩咐王正:“与我一发斩草除根,了此一案。”解珍、解宝的性命堪忧。

这个故事,很有几分阶级斗争的味道。解珍、解宝身为猎户,属于农民阶级;毛太公具有规模不小的庄园,养有不少门客,当然是地主阶级。地主阶级为富不仁,抢占农民阶级的劳动果实——要是放在三十几年前,课文的中心思想就得这么分析,才是政治正确。受过这种语文思维训练的,现在重看这一段故事,有一种阶级斗争之感,并不奇怪。

解氏兄弟逃过死劫全靠亲友相助

解珍、解宝遭遇牢狱之灾,因毛氏父子设计陷害,衙门里的六案孔目王正是毛太公的女婿,解氏兄弟可谓遭了毛氏一家亲戚毒手。解珍、解宝脱离牢狱之灾,皆因自己亲友相助,没有亲友,这牢底坐穿还是小事,怕是性命堪忧。

看守死囚牢里的节级包吉收下毛太公奉送的银两,听信王正之言要取解珍、解宝的性命。小牢子(即狱吏,如今唤作"看守""管教")将解珍、解宝带往牢里。见没人,那小牢子对他俩说:"你两个认得我么? 我是你哥哥的妻舅。"解珍方知那是乐和舅,事情有了转机。

乐和有心搭救解珍、解宝,但是单丝不线,孤掌难鸣,只得先报个信。解珍请乐和带信与其姐姐。那姐姐听名字便知不是善茬,就是绰号"母大虫"的顾大嫂,据说要是打将起来,三二十人怕是近她不得。姐夫孙新,其弟孙立,论起来是解珍、解宝的姑舅哥哥。乐和应允,很快奔到东门外,望十里牌去找顾大嫂和孙新、孙立。

解珍解宝双越狱

读书至此,先浮一大白。解珍、解宝的亲戚未必有毛氏父子那么富有,但功夫都非等闲,金圣叹曾点评说“上文先云父母双亡,不谓父母面上却寻出如此一派亲眷,真正绝世奇闻”。

乐和找见顾大嫂,告诉顾大嫂那解珍、解宝的冤屈。顾大嫂听罢,赶紧叫人去寻孙新商议劫牢。顾大嫂和孙新认为此事非请出邹渊、邹闰叔侄两个相助不可,邹渊、邹闰在登云山台峪聚众打劫。孙新连夜去登云山,请来邹渊叔侄两个来一同商议。筹划劫狱之后一起到梁山泊落草。商议中,孙新提到其亲哥哥孙立做本州军马提辖,武艺高强,明日亲自去请他来,说服其随大家落草。次日孙新将孙立请来,见了顾大嫂,将事情原委一说,孙立虽不愿落草,也只得应允。次日,登云山寨里邹渊收拾金银,和手下人过来相助;孙新家里有七八个知心腹的伙计,并孙立带来的十数个军汉,集合成四十多人,分作两路前往登州府。

到了登州府牢里,见到包节级,顾大嫂大叫一声“我的兄弟在那里”,便掣出两把明晃晃尖刀过来,包节级望亭心外便逃走。解珍、解宝被乐和放出,正迎着包节级。解宝一枷梢打去,把包节级的脑盖劈得粉碎。邹渊、邹闰在登州衙门里杀了王孔目,提着头出来。解珍、解宝提议到毛太公家,报了仇去。孙立引着解珍、解宝、邹渊、邹闰等人径直奔毛太公庄上来,毛仲义与毛太公正在庄上庆寿饮酒,何曾提防。一伙好汉呐喊一声杀将进入,把毛太公,毛仲义并一门老小都杀了,一个也不曾留下,将庄院一把火烧了。各人上马,一行人星夜奔往梁山泊。

这故事情节不复杂,读罢却觉得畅快异常。王望如评论道:

“毛太公父子赖虎，屈陷解珍兄弟，王正、包节级久已几肉待。忽有小牢子乐和，垂云天之手，而通大虫之信，异哉！母大虫怂恿孙新，逼勒孙立，联络邹渊、邹闰，劫牢越狱，以解毒龙山之围。”岂不令人大感快哉？

解珍、解宝兄弟落难，端赖亲属之间手足之情，才转危为安。要是没有这一干亲属，解珍、解宝就命丧死囚牢，做一对屈死鬼了，真正可叹。

思考“家族”意味着什么

拯救解珍解宝的，不是审判者的明察，而是他们的亲友。

《水浒》本来是写宋德衰微、官箴失措而使英雄豪杰被逼反叛、相率为盗的故事，从中搜寻法制观念，无异于缘木求鱼，特别是《水浒》中的宋代法制也实难令人肃然起敬。看《水浒》一些案狱故事，不难发现，受冤屈之后要得到营救，不是靠亲戚就是靠朋友，司法裁判官根本就靠不住，他们往往是豪强的司法帮凶，法律与证据也都靠不住，它们如牛溲马勃，帮不了受冤者什么。

解珍解宝如此，林冲如此，卢俊义也是如此，没有亲友相助，他们的下场都会很惨。

在中国，家的观念比国的观念更为强固，传统国人的意识中往往有家无国，世界虽然广大，世象尽管纷繁，外界徒然精彩，只构成一个人生活的背景，只有家和亲友，才与自己“有关”。获得利益，赢得成功，得了便宜，由衷为自己感到高兴的，是自己的父母兄弟姊妹和其他亲属，以及自己的挚友。受了冤屈，被人欺负，遭遇不幸，真为自己感到不平、愤怒、忧愁、同情、焦虑、痛苦的，是自己的父母兄弟姊妹和其他亲属，以及自己的挚友（香港作家李碧华在《看》一文中曾言：看两人关系，要看其中一个遭到祸事时另一个人的紧张程度）。对于熟人社会的中国人来说，一个人倘若没有亲友，立即失去安全感，陷入可怕的孤独之中。

我注意到，类似解珍解宝这样冤狱受害者，为其多方奔走，锲而不舍为其吁求、陈告，跪穿膝盖，踏破铁鞋，不愿放弃的，往往是其亲属。内蒙古呼格吉勒图案件中呼格吉勒图的父母，全赖身体尚健康，能够坚持为其申冤。这种依靠父母为自己鸣冤而沉冤得雪的例子可以举出不少。不过，一个人陷入冤狱，父母若年事已高，身体衰弱，能够持久为自己的子女冤屈奔波的，只怕不多。作为申冤者，就身体而言，兄弟姊妹更为适宜。冯梦龙在《滕大尹鬼断家私》一文中有一段论父母、夫妻、兄弟："且说人生在世，至亲的莫如爹娘。爹娘生下我来时节，极早已是壮年了，况且爹娘怎守得我同去？也只好半世相处。再说至爱的莫如夫妇，白头相守，极是长久的了；然未做亲以前，你张我李，各门各户，也空着幼年一段。只有兄弟们，生于一家，从幼相随到老，有事共商，有难共救，真像手足一般，何等情谊！"

不过，在各种亲属之中，父母之外，尤以姐妹出力为多，兄弟之间的相互拯救反而湮没不显——中外都不乏姐姐拯救弟弟的事例，如英国的本特里被处决后（本特里因与同伴涉嫌盗窃而被警察包围在屋顶，本特里同伴枪杀一名前来围捕的警察，由于开枪者未成年，法庭无法判决其死刑，已经成年的本特里遂被处决，成为绞刑架上的冤魂），长期奔走为其鸣冤的，是他的姐姐。同样,在中国发生的孙万刚案件,为孙万刚到北京向有关机关反映冤情的,是孙万刚的姐姐;前不久引起社会广泛关注的念斌案件,为念斌到处奔波鸣冤的,是念斌的姐姐。这种案件中的“姐姐现象”,似乎值得学问庞大之士好好研究一番。也许性别心理学中,姐姐的准母爱心理和女子性格中的耐性、韧性,可以提供某种解释。

当然,像拯救解珍解宝这类需要舞刀弄枪的事件,非兄弟朋友莫办,女子中顾大嫂、侠女十三妹之类练家子,毕竟凤毛麟角,一般女子是上不得沙场、劫不了法场的。

这一类事例给人们带来的另类启发是:要想从冤狱中得到拯救或者使公道得到伸张,兄弟姐妹一定要多。

这真是令人心酸、心碎、心寒的社会现实。

卷四

既然开卷就有益

瓢箪陋巷异颜回，
俯仰乾坤尚此杯。
纵骂鄙夫分肉好，
倘逢淑女以诗怀。
世人欲杀吾知罪，
大道未闻小有才。
何日兴高重一读，
红楼梦与金瓶梅。

——聂绀弩：《自咏答与可》

重读《卖炭翁》

读书,不可佐以酒:
字句是深水的银鱼,醉眼下模糊。

醒着,才能读唐朝的风雪,
天寒地冻啊,
柴柯上的蓝烟与南山冻在一起,
瘦的牛车,瘦的衣服,瘦的人。

一尺深的雪啊,一尺深的白,
两鬓苍苍,满面尘灰。
黑白木刻,刻不出
心忧炭贱愿天寒的心情。

色彩多一点也好,这么冷的天,
红衣白衫,翩翩两骑,
绚美的风景,肥美的人。
若不是手把文书口称敕,
回车叱牛牵向北;
若不是半匹红绡一丈绫,
系向牛头充炭直,
诗歌里该有多少暖意。

舍不得啊，
一车炭，千余斤。
牛困人饥，满眼苍凉，
连恸哭的力气也没有。
谁还敢拦挡，
坐在官人的马前，
被踢着走？

读书，不如佐以酒。
饮了忘川的水，
上路，山一程，水一程，
花明柳暗，歌舞升平。
醺醺然，别让唐朝的诗人
搅了好梦：

天地缟素，不过是
一张底片，
冲洗出来，才惊觉
漆黑一团。

瞎闹天宫

《西游记》中“大闹天宫”脍炙人口，国人早已熟知。即使没看过小说，动画片《大闹天宫》或者电视剧《西游记》总该看过，那故事原不陌生。不过，近来看了 3D 魔幻大片《西游记之大闹天宫》，算是彻底凌乱了。原来此前在小说《西游记》读到的故事只是一个表象！影片揭示：大闹天宫的真正原因是“冲冠一怒为红颜”，背后操弄者是牛魔王。这个“神话故事”完全颠覆了国人对于《西游记》的认知，摧毁了孙悟空蔑视权贵、追求自由的反叛者形象。继《赤壁》《画皮》（新版魔幻剧）、《关云长》等港产烂片之后，电影人再次用港式劣质的商业电影文化将国人杀得流水落花。不过，看了这部胡编乱造的所谓“大片”，有一个意外收获，人们可以思考这个故事引出的另类问题——甄子丹主演《大闹天宫》是一个现代法治故事。

《西游记》中的“大闹天宫”：国人的共同知识

把《西游记》当作一种娱乐作品，不去多想它的深意，要省事得多。胡适谓《西游记》“全书以诙谐滑稽为宗旨”，“至多不过是一部很有趣味的滑稽小说”并且“至多不过有一点爱骂人的玩世主义”。这种说法被后来的评论者认为

孫行者

“不免贬低了《西游记》主题的积极思想意义”,[①]但与盛行于极端年代的过度政治诠释相比,不失为一种可取的读法。

“大闹天宫”是小说《西游记》前七回的高潮,深究起来,对于这段神话故事的解读,可以有不同立场。例如,神仙的观点与妖魔的观点就不大一样,官的立场与民的立场也有所差别,政治力量在朝与在野的立场也有所不同。受政治影响,我国文学理论界对于《西游记》中“大闹天宫”曾进行过阶级论解读,“都是企图运用马克思主义的观点方法来解决问题的”,给神佛妖魔唐僧师徒都划分了阶级成分,给故事冲突涂抹成阶级斗争的浓墨重彩,“认为大闹天宫中的孙悟空代表着封建社会的农民起义者,玉皇大帝就是人间封建帝王的形象”,由此引申,“有人认为孙悟空‘皈依佛法’就是向封建统治者投降”。[②] 看这种天马行空的评论,真觉异想天开兼味同嚼蜡。好在绝大多数人读《西游记》只是为了消遣,不大会仔细琢磨,体会不到文学研究者挖掘出来的那么多深意。

还是直接看故事比较靠谱儿。话说那孙悟空颇有些来历:有一块仙石,“盖自开辟以来,每受天真地秀,日精月华,感之既久,遂有通灵之意,内孕仙胎。一日迸裂,产一石卵,似圆球样大。因见风,化作一个石猴,五官俱备,便就学爬学走。拜了四方,目运两道金光,射冲斗府”。先是惊动了玉皇大帝,让千里眼、顺风耳

---

① 胡光舟:《吴承恩和西游记》,载《五大小说评述》,上海古籍出版社1997年版,第64页。

② 胡光舟:《吴承恩和西游记》,载《五大小说评述》,上海古籍出版社1997年版,第64页。

查明缘由。这石猴因勇闯瀑布泉而受众猴拥戴,成为“美猴王”。做王久了,秦始皇式烦恼就来了,“将来年老血衰,暗中有阎王老子管着;一旦身亡,可不枉生世界之中,不得久住天人之内”,于是云游海角,远涉天涯,学不老长生之术。在西牛贺洲灵台方寸山斜月三星洞,跟随菩提老祖学得72般变化,十万八千里筋斗云,告别之时祖师告诉他“你这去,定生不良。凭你怎么惹祸行凶,却不许说是我的徒弟”。悟空道:“决不敢提起师父一字,只说是我自家会的便罢。”

孙悟空学得非凡本事之后,初出茅庐就赤手空拳剿灭了混世魔王,但没有趁手的兵器不是个办法,就到龙宫名为“借来”、实为“抢得”天河镇底神珍铁(如意金箍棒)和锁子黄金甲、凤翅紫金冠,只对众龙道一声“聒噪”,一纵身返回花果山。闹得四海龙王不服,进表上奏天庭。不仅如此,孙悟空还趁灵魂被套了绳索之机深入“幽冥界”,将两个勾死人打为肉酱,将生死文簿上自己的名字连同有名字的猴属之类一概勾销了账,惹得幽冥界十王和地藏王菩萨奏闻上天,齐来告状。孙悟空自得其乐,平日里结交牛魔王、蛟魔王、鹏魔王等闲散妖精,在一起厮混,社会关系越来越复杂。

从神或官的立场来看,孙悟空龙宫借宝、地府销名的行为是严重挑战和破坏既存秩序的行为,四海龙王、冥界十王成了被害者和控告者,玉皇大帝扮演着事实裁判者和刑罚施行者的角色。对于孙悟空这种公然扰乱秩序的行为,正当措施是擒拿惩处,变通做法是招安抚慰。在太白长庚星建议下,玉帝宽严相济,先是招抚孙悟空授予其“弼马温”一职,自此孙悟空进入天庭,算是在中央国家机关工作，倒也欢喜。好景不长，一旦懂得“弼马温”乃属“不入流”的官职，且属于最低最小的品位，美猴王心头火起，一怒打出御马监，出了南天门，回到花果山，并且扯起大旗，号称“齐天大圣”。按说由孙悟空胡闹也就罢了，招惹他做甚？偏偏天庭不这么想，托塔李天王率三太子奉玉帝御旨前来讨伐，大败而回。又是太白金星建议安抚，孙悟空得以再次来到天宫，这次得授个有职有位无权无禄的“齐天大圣”空衔。由于孙悟空日日无事，闲游结交，天上众星宿，不论高低，俱称“朋友”，玉帝担心他身闲生事，便派他暂管蟠桃园，让孙悟空找到机会将那蟠桃捡熟的都吃了下肚，剩下毛蒂青皮的留在树上，又将蟠桃宴上的琼浆玉液、百味珍馐吃喝个够，趁醉还将兜率宫太上老君五个葫芦里的金丹“如吃炒豆相似”吃个精光，一溜烟又回到花果山。这次玩大了，惹下的祸非小，玉帝派天兵来拿，经过好一番艰难，才将孙悟空拿下，押往斩妖台绑在降妖柱。太上老君建议将孙悟空置于八卦炼丹炉里用三昧真火烧死，不料未能如愿，反而让美猴王炼得火眼金睛，出得炉来一根金箍棒扰得天宫混乱不堪。玉帝奈何他不得，只好请出如来佛祖来镇压。佛祖法力无边，孙悟空居然跳不出如来佛掌。佛祖反掌一扑，将五指化作金木水火土五行连山，将他轻轻压住，殄灭了妖猴，天宫归于太平。看这段故事，感到这分明是罪与罚的故事，天上刑事政策灵活多变，也是一奇，最终还是弹压手段有效。值得一提的是，孙悟空所作所为，几乎都出自利己动机（顺便惠及猴属），其对如来坦言：“因在凡间嫌地窄，立心端要住瑶天。”听起来算不得高尚，因此《西游记》中有诗评论道：“欺天罔上思高位，凌圣偷丹乱大伦。恶贯满盈今有报，不知何日得翻身。”这是否是作者的真实想法，不得而知。

从民的角度来看,却又不然。孙悟空大闹天宫,是反抗精神的表现,具有无可争议的正当性。记得少年时看课本介绍《西游记》,配的图正是美猴王大闹天宫,大体的议论内容都如下述评价:《西游记》作者"以满腔的热情歌颂了孙悟空反抗天庭的行动;赞扬了他反对束缚,要求自由,蔑视传统,否定权威,敢作敢为,天地不怕的性格。[①] 对于大闹天宫中的孙悟空,认为"一言以蔽之曰:反抗。反抗尊严的皇权,反抗对自由的禁锢,反抗思想束缚和反抗传统势力的压制。他随意捣乱天宫'社会秩序'的造反行为和'皇帝轮流做'的造反思想,是对天宫的威严、永恒、至高无上、君临一切的权威的挑战。这对处于斗争中的人民,是一种鼓舞;对受麻醉禁锢的人们,是唤起他们思想觉悟的钟声"。[②]

耐人寻味的是,在孙悟空挑战之下,如来佛祖不得不出面解释玉帝统治的合法性,这合法性在于"他自幼修持,苦历过一千七百五十劫。每劫该十二万九千六百年。你算,他该多少年数,方能享受此无极大道"?当如来诘问猴王之时,孙悟空将如下理由和盘托出:"他虽年幼修长,也不应久住在此。常言道:'玉帝轮流坐,明年到我家'。只教他搬出去,将天宫让予我,便罢了。若还不让,定要扰乱,永不清平"!还吟诗道:"凌霄宝殿非他久,历代人王有分传。强者为尊该让我,英雄只此敢争先。"四句揭示了历史上改朝换代的道理,强力是获得国家权力的资源,强力说的遵

① 胡光舟:《吴承恩和西游记》,载《五大小说评述》,上海古籍出版社1997年版,第86页。

② 胡光舟:《吴承恩和西游记》,载《五大小说评述》,上海古籍出版社1997年版,第86页。

奉者争相以权力存在本身来论证执政的合法性,同时极力压制反对者使之不能形成强力。但非民主条件下权力更迭的道理,被妖猴一语道破。

大闹天宫的故事以孙悟空失败告终,并没有减损孙悟空受读者喜爱的程度,原因是"孙悟空反抗传统势力,冲决天庭罗网,追求自由解放的精神却并没有同时给埋进五行山下。他在大闹天宫时指东打东、指西打西,所向无敌、挡者披靡的赫赫战功和声容光辉,已长留天地之间;他所高高树起的'齐天大圣'的旗帜,似乎还在人们心中不断招展"。另外,孙悟空的失败只是暂时的,未来还要在西天取经路上大显神通,这使他的失败少了悲情色彩。实质上,猴王望之不似人君,要是真的夺了天庭,招一群猴子到了天庭,造就一个猩球世纪,也不像个样子,他的失败实在没什么可悲怆的。

这一场大战,"孙悟空虽然失败了,但重要的是他在大闹天宫的战斗过程中,终于暴露出天庭虚弱、残忍、外强中干和欺瞒哄骗的真面目"。[1] 事实正是,专制主义靠欺瞒维持,统治者最担心的是真相外泄,在某些神圣的符号下有着不可告人的暗污事实,这些事实一旦披露,神圣的大殿就变成雨中纸糊的大厦了。

读《西游记》,可以体会到文艺作品大多是作者思想意识的反映,甚至是时代精神的反映,吴承恩的创作对既存社会具有批判

---

① 胡光舟:《吴承恩和西游记》,载《五大小说评述》,上海古籍出版社 1997 年版,第 64 页。

精神和质疑意识，孙悟空代表这种精神与意识，他手上的金箍棒对于旧制度与旧秩序的捣毁代表了一种革命精神，这种精神恐怕不是作者所处社会具有的，这反衬得作品更加富有社会价值。

我感到好奇的是，解读同一作品，不同职业群体会有自己的专业意识掺入其中。例如，法律界人士要不是纯为娱乐而阅读《西游记》，而是以法律观点审视大闹天宫的神话故事，是不是更看重秩序，对于暴力破坏秩序的行为较为敏感，更倾向于保守态度？

3D魔幻版《大闹天宫》：比孙悟空还天马行空

华语电影的技术水准已经有了令人惊艳的提高，要不是依托这种技术，真人版《大闹天宫》完全没有拍摄的必要。电视连续剧《西游记》里，六小龄童的表演可谓活灵活现、出神入化，但那时候的电视技术水准却武大郎床底下打拳——出手太低，好端端的神话素材给拍得山寨十足。好在这部作品和动画版《大闹天宫》《人参果》一样，能够忠实于原著，没让胡编乱造彻底摧毁了西游故事。

3D魔幻版《大闹天宫》就不同了，一上来就开始捣糨糊，一直到结束都胡扯个不停，显示编导者在编造这部作品时只想着圈钱，毫无艺术真诚可言。这部电影不出预料地雷声滚滚，槽点多多，本来《西游记》前七回几乎都是男性活动，无关爱情什么事儿，但观众需要美女养眼啊，就加入爱情，让无性人士孙悟空也谈场轰轰烈烈的恋爱；女性太少不行啊，就让菩提老祖的徒弟里面添几个美女。编导者为迎合西方观众和不读原著的国内观众，硬拉进个魔界与仙界争锋……这种自作聪明的胡编乱造，我们在《赤壁》《画皮》《关云长》之类影片中已经有所领教，如今又添了这部雷死人不偿命的《大闹天宫》。

故事改编成了这副模样：牛魔王为达到取玉皇大帝而代之的目的，率领魔族屡次进犯天庭，玉皇大帝乃文武兼修的英明领袖，屡次亲上火线，带领天庭神仙打败牛魔王的进攻。一次玉帝大胜，正要将牛魔王殄灭之时，皇妹铁扇公主不失时机出现了，她凄婉哀求皇兄放过牛魔王并保证今后永不来犯，还打破仙魔不可通婚的戒律，要随牛魔王到火焰山居住。噫！尽管天庭已经被牛魔王闹得房倒屋塌、支离破碎、惨不忍睹，天庭律法还可以卖个亲情。玉皇大帝见其妹楚楚可怜，就放过牛魔王，饶了他一条牛命。接下来女娲出场补天，她可不是炼石，而是直接把自己解了体，不但牺牲自己成全了天庭，还顺手搞了个南天门屏蔽工程，类似秦始皇万里长城的功能，玉帝派二郎神杨戬把手这门，魔族的妖怪不可放进来。一座石兽一时为女娲感动，留下仙泪，这泪落下凡间变成晶石，孕育成猴子（奇怪的是猴子在胎里就可以睁大眼睛与九尾白狐调情了）。观音见石猴出世，知道他血统高贵，派出菩提老祖教他武功。菩提老祖亲上花果山，正赶上猴王因不小心捏死蝴蝶而懊恼，菩提老祖拿出刘谦的魔术手段玩了一把起死回生，引诱猴王随他前往仙山教他功夫。功夫学成后，孙悟空回到花果山，打败混世魔王，到龙宫来抢金箍棒。魔王进犯天庭失败，却没死了霸占天庭之心，知道猴子的来历便想到战胜天庭的机会来了。牛魔王派九尾白狐到花果山卧底，勾引猴子陷入爱河，又趁孙悟空到天庭做弼马温之机将花果山上的留守猴子并九尾白狐一并消灭并嫁祸天庭。孙悟空果然上当，打上天庭，大闹天宫。再说那杨戬，自视武功高强，却只落得南天门守门当保安，心中不忿，牛魔王趁机策反，杨戬就成了牛魔王的内应。孙悟空头脑简单，被牛魔王和杨戬利用，菩提老祖劝阻不得，孙悟空还跳到太上老君炼丹炉中让三昧真火烧断捆仙索，意外获得一副火眼金睛，武功增高百倍。菩提老祖被牛魔王打败，死时身上黑色妖氛环绕，跟狐女死后萦绕不去的黑色妖氛一模一样。孙悟空一见立即醒悟，马上转变为天庭卫士，转而大战牛魔王。牛魔王现出本相，孙悟空也变成大猩猩，“金刚”与牛怪跨物种作战，将一只牛角扭断，最后把牛魔王打落尘埃变成一只白色的牦牛。铁扇公主不失时机出现，这次带着长成少年儿童的红孩儿，到牦牛面前进行一番海枯石烂、不离不弃的表白。孙悟空见天庭破碎满眼狼藉，追悔莫及，与玉帝并坐在废墟上，询问需要多少时日可以将天庭修复。正当孙悟空决心修复天庭将功补过之时，如来佛祖很多余地出现，将巨灵之掌化为五行山，将孙悟空压住，孙悟空在这个过程中抽空莫名其妙写下“孙悟空到此一游”并娇嗔地说：“如来你的手好沉啊。”甘心俯首接受镇压，等待500年后完成护送唐僧西天取经的光荣任务。

这就是3D魔幻版《大闹天宫》的基本情节，估计吴承恩不大认得出了。在这个故事里，玉皇大帝不再是外强中干的昏庸帝王，而是英明神武又和蔼可亲的亲民之帝，他笑眯眯允许孙悟空以“朕”自称，还多次采取怀柔政策，允许孙悟空犯错误并期待他自己醒悟，表现出划分两类不同性质矛盾并分别处理的雄才大略。玉帝派孙悟空做弼马温，改为他见孙悟空与马有缘遂有意做这一安排。最颠覆的是，与牛魔王斗争时，这位玉帝亲身披挂直接上火线，完全不同于玉帝在小说中的文职形象。牛魔王在小说《西游记》前七回中只是一笔带过，根本没涉及铁扇公主和红孩儿，更不要说牛魔王参与大闹天宫还成为魔界代表了。在电影中，牛魔王是黑暗势力的领袖，一门心思要破坏天地和谐稳定，自己折腾不算，还拉上孙悟空来垫背。

3D 魔幻版《大闹天宫》里，天庭是始终是正确的，玉帝是勤政亲民的明君，中下层官员有人因缺乏正确的权力观而被坏人利用，不明真相的群众也被坏人煽动形成破坏力量，但他们本质是好的，可以教育挽救，至于以牛魔王为代表的敌对势力，一心颠覆政权，注定没有好下场，广大干部群众一旦认清他们的本质，必然站到玉帝和天庭一边，将他们孤立、唾弃。改编后的电影《大闹天宫》像是一个法治故事，要是不较真，也许法律人更能接受这个故事。这个故事大体上可以这样重述：孙悟空是一个热血青年，自小就在同侪中称王，又学得一身功夫，在体内荷尔蒙刺激下闯下祸端，但由于血统高贵，根红苗壮而又大有前途，有关领导对他宽大为怀，以教育、挽救为主，希望他尽快成熟起来，不但没有责罚，还让他担任一点领导工作，不料他嫌官职太小，竟然甩手不干。由于对上级领导存在误会，在坏人牛某的挑唆之下，大闹了一场，搞得人仰马翻。在这个过程中，孙悟空认识到自己的错误，转而与牛某展开坚决斗争，最终获得胜利。面对自己造成的危害后果，孙悟空幡然悔悟，积极补救。但法不容情，觉悟已经提高的孙悟空心甘情愿接受有期徒刑处罚，并积极自我改造，等待重新做人、再次立功的机会。这番改编让人“毁童年”的是，原著中那个不畏权贵、不喜束缚、勇于追求自由的斗士一下子变成洗心革面、知错能改的失足青年了。

仔细推敲,这个故事本身颇显俗套,从观众一般反映来看,编导者对原故事的改造不够成功,要是抛开神话的外观和魔幻的银幕展现,这个故事相当乏味,暴露出编导者观念之陈腐、想象之贫弱和精神之苍白。不过,这样的改编倒也符合时代精神,原著具有的批判精神,包含对于旧制度、旧秩序的质疑和反抗,已经随着社会的发展变化而失去了现实意义,这种意识的转变对于编导者来说是一种自觉的塑造还是无意识的流露,令人好奇。

看《西游记之大闹天宫》,我想到的是,我国有着丰富的古典文化资源,要改编成电影可谓源头活水源源不绝,可惜如今的编导陷入误区,他们缺乏艺术追求,在他们看来,迎合当今观众的喜好才能票房大卖,掐着手指算能够赚几个亿是他们唯一关心的,于是自作聪明阉割名著,肆无忌惮改篡经典,前已有《赤壁》之覆辙,后又有《画皮》之扯淡,如今添上这部《大闹天宫》,让人感叹在电影技术已经精进的今天,本来有绝佳条件将古典名著展现于大银幕,但庸俗的商业电影文化将这些前景弄得一片黯淡,甚至使精致的传统文化变得俗不可耐!人们需要追问,一个号称的“文化大国”之电影界是不是该有真诚的艺术追求,拍一些经得起推敲的艺术巨作呢?《西游记之大闹天宫》给我们提供的,不是满意的答案。

《三国演义》二题

张飞可以做法官吗

在三国人物的传说中，有张飞审案的有趣故事。1980 年上海美术电影制片厂还拍摄过一部皮影动画片《张飞审瓜》，该片根据同名戏曲改编，说的是恶少姚得富平日里为非作歹拦路调戏妇女，这一天遇手抱襁褓的年轻妇人奚秀蓉而故伎再施，因其不从讨得没趣。姚得富并不善罢甘休，勾串地保诬告奚秀蓉偷瓜。张飞对此案进行审理，巧妙揭破案情，姚得富与地保双双受到惩罚，正义得到伸张。

张飞审案的故事之所以有趣，是因为莽张飞的性格与审案法官应有的形象反差太大。在一般人的心目中，法官是沉稳、斯文、理性、克制、缄默，不用问，就应当是个文化人。张飞疾恶如仇，正义感十足，但办起案来暴跳如雷，耐心不足，怎能听讼？好在几件案件办下来，还不太离谱儿。当然，连他自己也知道，他只是兴来客串一番，是做不得长久的法官的。

法官在社会中的角色,是判断是非并在此基础上适用法律。司法以调查和裁决为内容,即调查事实,再根据认定的事实适用法律。这些司法功能得到很好发挥,必须由能够发挥司法良性功能的人员执槌司法,所以人们对法官角色的普遍期待是素质高、能力强、独立公正、人格完整。这里提到的"素质高",含有这样的意思:对于职业法官来说(这里强调"职业法官",是因为对他们的要求与陪审员之类非职业法官不同,后者是依据普通判断力而非法律专业知识进行判断的),必须是文化人才能担当起司法的责任。

"文化"是一个含义丰富的词,覆盖了人类活动的重要部分,诸如宗教、政治、经济、艺术、科学、技术、教育、语言、习俗等,包含的东西太多了,人类的一切文明成果,都可以称为文化。一般人说的"文化",与有知识、有修养、有教养的意思相似,被用于表达受过教育者的实际成就。例如,我们以赞赏的口吻说:"你很有文化。""文化"一词具有这样的含义:个人的完善,或者在发展他自己的过程中取得的工艺、技术和学识。

法官应当是一个文化人,首先是指他应当具有相当程度的专业知识。司法活动不仅需要具有健全的自然理性,还需要通过学习或者培训获得作为法律职业者应当具有的后天理性,如英国大法官爱德华·柯克曾经说过,"法律是一门艺术,它需经长期的学习和实践才能掌握,在未达到这一水平前,任何人都不能从事案件的审判工作"。当事人将争议的事实交由法官去判断和依法处理，通常的期望是法官具有精深的法律素养和丰富的法庭经验，对于法律知识和法庭经验不足的蹩脚审判员，人们难以产生信任感。法官具有凌驾于控辩双方的高超地位，靠的不是权势、咋咋呼呼的态度和不苟言笑的一张冷脸，而是高超的法律知识、司法业务水平和公正的判决。对于法官来说，已故台湾学者廖与人指出："精通事理、法理及文理：斯三者合而谓为审判之理解力，良以法官平亭狱讼……必精通事理、法理、文理三者，予以融会贯通，才能使法学理论与实务经验打成一片，其判断力方可臻于正确。换言之，事理明晰，法理透彻，文理信达，乃构成正确妥适运用法律之重要内涵。"

法官应当有文化，还有一个原因，那就是文化与良知密不可分。法官行使司法权，要以良心来自我驱策。良知与个人的生存、发展的需要和个人的生活体验有一定的关系，但是，并非所有的良心都来自纯个体性的愿望和体验，社会因素对个人内心意识的影响也是十分巨大的。人的良心有时表现为对社会通行的准则和信念的内化过程，这种将社会准则和信念内化为自己的准则和信念的动机，来自想要使自己正确而不犯错误的愿望。有文化的法官更容易从自己的文化修养中形成指导行为的内心准则，他对于善恶是非的判断，更容易符合社会关于公平正义的行为准则和道德信念。

我们说一个人有没有文化，除了指他的知识程度外，还指他具有的人文素养。法官在诉讼参与人的共同参加下为了解决"人的问题"而进行司法活动，其文化素养对于司法具有重要意义。现代司法注入了人文主义的精神，需要实践出一种人文理想：人的存在、价值和尊严应该受到尊重和关怀。法治的理想,就是去创造和维持一套原则、规例、程序和机构,以保障每个人的权益,使每个人都有机会过一种合乎人的尊严的生活。法官具有维护人及其存在的尊严的职责,法官具有一定的人文素养才能富有人性,才能具有尊重人及其存在的尊严和价值的意识。

显而易见,法官的人文素养是其公正意识的重要来源之一。要获得人文素养,除了法律知识和法学理论之外,还应当从历史、文学、艺术等"人文学科"获取对人的历史、人的存在、人的价值等的深切体察和感悟。人文素养与人权意识关系密切,或者说人权意识包含在人文素养之中,人文素养高会对人权意识起到强化作用。

法官要不要是文化人,涉及的是将司法的权柄授予哪些人或者主要授予哪些人的问题,兹事体大,不可轻视。当我们将司法当作需要精湛的法律素养、深厚的法庭经验、强烈的正义感的职业并选择具备这些条件的杰出人物来执掌司法权,必然要选任那些有文化水准的人担任法官。如果认为司法"那两下子,没啥",就不会重视选贤任能。事实上,如果法官缺乏文化知识和文化素质,司法的质量就岌岌可危。司法历史的经验,已经清楚告诉我们这一点。

张飞、李逵虽然有难得的正义感,也勇于实行,但司法是需要高超的理性能力才能做好的工作,缺少文化的鲁莽之士是难当此任的。张飞是否可以做法官,答案就在这里。

有趣的是,《三国演义》第57回"柴桑口卧龙吊丧 耒阳县凤

庞统
鳳雛僊羽首非近玩
展其驥足南士之冠
季蘇

雏理事”讲了一段庞统任耒阳县令，张飞前往视察的故事，可见处理政事、判断案件，是需要相当文化水平的：

> 此时孔明按察四郡未回，门吏传报：“江南名士庞统，特来相投。”玄德久闻统名，便教请入相见。统见玄德，长揖不拜。玄德见统貌陋，心中亦不悦，乃问统曰：“足下远来不易？”统不拿出鲁肃、孔明书投呈，但答曰：“闻皇叔招贤纳士，特来相投。”玄德曰：“荆楚稍定，苦无闲职。此去东北一百三十里，有一县名耒阳县，缺一县宰，屈公任之，如后有缺，却当重用。”统思：“玄德待我何薄！”欲以才学动之，见孔明不在，只得勉强相辞而去。统到耒阳县，不理政事，终日饮酒为乐；一应钱粮词讼，并不理会。有人报知玄德，言庞统将耒阳县事尽废。玄德怒曰：“竖儒焉敢乱吾法度！”遂唤张飞分付，引从人去荆南诸县巡视：“如有不公不法者，就便究问。恐于事有不明处，可与孙乾同去。”张飞领了言语，与孙乾前至耒阳县。军民官吏，皆出郭迎接，独不见县令。飞问曰：“县令何在？”同僚覆曰：“庞县令自到任及今，将百余日，县中之事，并不理问，每日饮酒，自旦及夜，只在醉乡。今日宿酒未醒，犹卧不起。”张飞大怒，欲擒之。孙乾曰：“庞士元乃高明之人，未可轻忽。且到县问之。如果于理不当，治罪未晚。”飞乃入县，正厅上坐定，教县令来见。统衣冠不整，扶醉而出。飞怒曰：“吾兄以汝为人，令作县宰，汝焉敢尽废县事！”统笑曰：“将军以吾废了县中何事？”飞曰：“汝到任百余日，终日在醉乡，安得不废

政事?”统曰:“量百里小县,些小公事,何难决断!将军少坐,待我发落。”随即唤公吏,将百余日所积公务,都取来剖断。吏皆纷然赍抱案卷上厅,诉词被告人等,环跪阶下。

统手中批判,口中发落,耳内听词,曲直分明,并无分毫差错。民皆叩首拜伏。

不到半日,将百余日之事,尽断毕了,投笔于地而对张飞曰:“所废之事何在!曹操、孙权,吾视之若掌上观文,量此小县,何足介意!”飞大惊,下席谢曰:“先生大才,小子失敬。吾当于兄长处极力举荐。”统乃将出鲁肃荐书。飞曰:“先生初见吾兄,何不将出?”统曰:“若便将出,似乎专藉荐书来干谒矣。”飞顾谓孙乾曰:“非公则失一大贤也。”遂辞统回荆州见玄德,具说庞统之才。玄德大惊曰:“屈待大贤,吾之过也!”飞将鲁肃荐书呈上。玄德拆视之。书略曰:“庞士元非百里之才,使处治中、别驾之任,始当展其骥足。如以貌取之,恐负所学,终为他人所用,实可惜也!”玄德看毕,正在嗟叹,忽报孔明回。玄德接入,礼毕,孔明先明曰:“庞军师近日无恙否?”玄德曰:“近治耒阳县,好酒废事。”孔明笑曰:“士元非百里之才,胸中之学,胜亮十倍。亮曾有荐书在士元处,曾达主公否?”玄德曰:“今日方得子敬书,却未见先生之书。”孔明曰:“大贤若处小任,往往以酒糊涂,倦于视事。”玄德曰:“若非吾弟所言,险失大贤。”随即令张飞往耒阳县敬请庞统到荆州。玄德下阶请罪。统方将出孔明所荐之书。玄德看书中之意,言凤雏到日,宜即重用。玄德

> 喜曰:“昔司马德操言:‘伏龙、凤雏,两人得一,可安天下。’今吾二人皆得,汉室可兴矣。”遂拜庞统为副军师中郎将,与孔明共赞方略,教练军士,听候征伐。

联想如今法官、检察官各个感叹“案多人少”,这些案子要是落到庞统手上,大概也算不上有多大压力。

至于草莽之士能否把案子处理得又快又好,值得怀疑。也许快则快矣,好则未必。

糟蹋玩意儿

丹麦学者欧林·尼尔森在《汉斯·克里斯琴·安徒生》一书中提到:“安徒生那独特的创作风格,有其微妙的、几乎难以明察的细微差别,和不明显的妙处,在许多情况下是无法翻译出来的。其他的语言只是把故事的意思表达了出来,而原文的风格却失掉了。”这本无足为怪,怪的倒是翻译时连体裁也给改换。例如,希腊文版本重述《母亲的故事》时截取若干章节把它改写成诗篇;更怪的是,有一个现代美国版本《卖火柴的小女孩》,大概是为了让小读者感受世界美好,竟将结尾改为光明的尾巴:小女孩发现自己被带到舒适安乐的家庭,那里有暖烘烘的炉火,餐桌上有一只香喷喷的大烤鹅,可是原文却是小女孩冻死在雪地里。欧林·尼尔森含蓄地评论道:“像这样随心所欲地翻译故事的原文,势必要使这些短小精悍的丹麦散文诗遭到古老的国际幼儿故事的同样命运:它们已经脱离了自己的作者,并且按照自己的意愿生存。”这种胡编乱改,令人怀疑安徒生童话的艺术宝库是否真的获得了应有的赞赏和尊重。

在文学作品的翻译中,胡编乱改的情况还不算常见,常见的倒是将文学作品改编成影视剧。

新拍电视剧《三国》近来热播,恶评如潮,编导无意亦步亦趋搬演《三国演义》,试图追仿郭沫若剧作《蔡文姬》来正面塑造曹操形象,颠覆人们熟知的《三国演义》里的故事。那理由是曹操写过"老骥伏枥,壮心不已"之类为人称道的壮美诗篇,不可能像古典小说里描写的那样是个枭雄。历史上真实的曹操究竟是何等样人,是历史学家有责任回答的问题。史书《三国志》与小说《三国演义》不同,大政治家曹操确实不必如小说描写的那般,但仅仅根据曹操写过的诗作为他不是奸雄的证据就未免让人失笑,按照编导的逻辑推演,当年有的纳粹高官谈一手好钢琴,希特勒还能画一笔素描和油画,是否就不是杀人恶魔?编导走得更远的,是有所臆造。例如,非要将貂蝉杀死给观众看,不懂得文艺作品有时留白,留白有留白的妙处,一定要臆造出个故事的"完整性"。电视剧甫播,立即遭到板砖狂袭,编导的种种自鸣得意的尝试显然不够成功,再加上"雷声"阵阵的弱智台词引起嘲笑,导演高希希恼羞成怒,一路斥责网民"吹毛求疵"。

电视剧《三国》的臆造并不是绝无仅有的现象,恰恰相反,近年来我国影视界胡编乱改之风正炽,《三国》不过是在重蹈电影《赤壁》的覆辙而已,连台词的雷人程度也不遑多让。吴宇森耗费巨资拍一部《赤壁》,证明自己不过是二三流导演,虽然也赚了个盆满钵满,热映之时却被观众的口水淹没。看那银幕上诸葛亮满口“略懂”“冷静”与小乔任意出入曹营(比她更强的是赵薇扮演的孙尚香,简直把曹营当成了自己的后花园),再听那曹操自曝挥军南指为红颜,真让人哭笑不得。

影视作品由文学作品改编而来的,改编总该有一定之规,不宜太逞意,除非真能点石成金,化腐朽为神奇。合理的改编与恣意的臆造有本质区别,李安的电影《色·戒》与《断背山》,刘以鬯的小说《蛇》与《蜘蛛精》都是前者的典范。将短篇小说改编成影视剧,当然要加入编导的合理想象,这类成功之作并不鲜见,不幸的是,后者更常见,竟达到触目皆是的地步。现在一些改编之作,对经典作品全无敬意,只顾哗众取宠,过度诠释,胡添乱改,任意涂抹,哪顾原作中故事与人物的内在逻辑。新版《水浒》的编导不满宋江在接受招安时匍匐在地的懦弱样,愣要把宋江塑造成“彻底的英雄”,编造宋江面对宋徽宗时大义凛然呈上“替天行道”大旗,还将《水浒全传》里宋江为保全自己名节鸩杀李逵改为李逵为免宋江大哥担心而趁其不知情自饮毒酒随兄而去,不惜将宋江这一丰富立体的人物扁平化;新版《红楼梦》将铜钱头布满大观园,理由之一是越剧白娘子在外国演出时“老外特别喜欢,觉得很中国”;浙版《西游记》凭空乱编白骨精的身世和与王子的恋情,弄成妖也不像、人也不像的“人妖”……

古典作品被糟蹋至此,现代作品也不能幸免。例如,老舍小说《离婚》改编成电视剧就加入了胡编乱改,当年笔者看到胡编乱改的部分,差点将晚饭都吐出来,从此遥控换台以图清净。要说当年曹禺改《雷雨》是迫于形势,如今已恢复作品原貌,乱改《离婚》全出于编导自己对原作的不敬,真该拉出去薄惩一番。

当初《三国》开拍之时，易中天提醒高希希，说他必定失败，因为“按照《三国志》拍，民众不喜欢；按照《三国演义》拍，历史学家不认同”。高希希不以为然，称拍了再说。其实，易中天所言未必是，按照《三国志》拍，拍得好，民众自然买账；按《三国演义》拍，历史学家哪会不认同，除非他头脑冬烘到非把小说当历史看不可。要是既不按《三国志》拍也不按《三国演义》拍，这种“二尾子”拍法失败的可能性倒不小，这也正是电影《赤壁》糟糕的原因。李渔曾有一段经验之谈值得吟诵：“演新剧如看时文，妙在闻所未闻，见所未见；演旧剧如看古董，妙哉身生后世，眼对前朝。然而古董之可爱者，以其体质愈陈愈古，色相愈变愈奇。如铜器玉器之在当年，不过一刮磨光莹之物耳，迨其历年既久，刮磨者浑全无迹，光洁者斑驳成文，是以人人相宝。”古典名著，家喻户晓，正如旧剧，“不求稍异，观者如听蒙童背书，但赏其熟”。将古典名著乱改一气，如卖古铜器时将绿色的铜锈擦去，弄个崭新瓦亮，不但不会谋得高价，反而让人跌破眼镜、把晚饭都气吐出来。

更要命的是，这种胡编乱造含有一种情趣恶俗化倾向。有的编导对恶俗的审美情趣毫不掩饰。你看电影《赤壁》夸大孙尚香、小乔的作用，将一群男人戏硬兑入绕指柔以取媚世人；《三国》接踵其后，增加貂蝉的戏份，特别是她转到曹操手上之后的戏份，搞个“貂蝉戏曹公”。据说“貂蝉戏曹公”之类在历史上“有记载”，因此编导“想把这条线做得更有意思一些，这条线肯定有意义”。不知“这条线”除了媚俗究竟有啥意义？至于新版《水浒》突出李师师与燕青的恋爱，还险些让宋江、花荣、吴用玩“断背”，都让人无以名之，只能叹曰：糟蹋玩意儿。

《儒林外史》三题

开口就是纱帽

混迹在学界，少不了与高人雅士坐在一起吃饭闲聊。次数多了，注意到一种现象：即使是学界人士，也常敬重官阶，喜谈官职，诸如谁谁做了校长、副校长，谁谁新升为法学院院长，谁谁在法院、检察院又升了官阶、执了权柄，津津乐道，欣羡之色溢于言表。此种习气，早已习惯成自然，云淡风轻地引不来注意，唤不起思考。

仔细想想，却也耐人寻味。知识阶层本来清高，未必把仕宦人家放在眼里，只是许多人的清高到头来只是一种假清高，甚至连一点假清高也没有，内心里一样渴望权力。《儒林外史》中杜慎卿对季苇萧说过一句话："小弟最厌的人，开口就是纱帽。"看看学界，"开口就是纱帽"之士也是满坑满谷呢。

巴结权贵不必说了，学者、教授喜欢做官也不稀奇。为了做官给竞争对手下绊儿抹黑写匿名信，也是有的。不能到外面做官，包括挂职几年；也不能在自己所属的行政单位做个一官半职的，就索性成立一个什么“研究中心”，自己做个中心主任。好在这种中心可以随便成立，一个人也可以号称“中心”，没人计较那里有何名堂。笔者就曾亲眼见过某校“法国法研究中心”，只有一个人，人走到哪儿，中心就挪到哪儿。牌子做好了没有地方挂，戳在办公桌上。

何以学者、教授热衷于“官职”？道理很简单，官职意味着资源和资源支配权，到了一定位置，便可调兵遣将，呼风唤雨，把便宜占尽，油水捞足。官职还有助于抬高声望。在学界，除非学问庞大、闻名遐迩的少数人，都需要凭符号去博取尊重。一个人学问如何，没几个人在乎，谁会去读文章来识人？尤其是在陌生人圈子里，只重官阶不重人，官阶才是一个人真正有价值的名片。这根本就是一个“权大真理多”的时代，亮出官阶，立即博得起敬起畏；亮不出官阶，立即被看扁。要知道，许多礼遇都随着官阶确定，急也没用。

其实，“教授”的称谓本来应该有社会尊重饱含其中，到如今教授的职称评得其滥无比，弄得老中青教授车载斗量，连娃娃脸教授都成群结队，呼啸而来。“教授”职称早不是什么值钱货色，虽然每年评职称时仍然是恶斗、请托不断，其实评下来差不多跟萝卜、青菜一个价儿了，不但失去了社会的敬重，自己圈子里也不受特别的青睐。当然，评不上更等而下之，更不招人待见。于是乎每逢各种会议（学界和官场一样，会议奇多），大家团团坐，前后左右都是教授，怎么抬高身价乎哉？当然非官职莫属。在这种场合,“教授”不算个啥,“校长”“院长”以及其他种种之长才会被刮目相看。

这种现象,官场更为明显。在司法界,法官和检察官的职称应当足够荣耀,亮出法官身份或者检察官身份,理应博得肃然起敬,但这只是法治发达国家或者社会的现象,在我们这个社会,没个什么“长”跟在名字后面,谁会鸟你个什么法官、检察官?这就是为什么大家都热衷于仕途,拼命往更高台阶攀升的缘故。要是贵阁下不热衷于仕途迁升,或者迁升无望,自己先挂了免战牌,不被视为有病或缺心眼儿才怪。

我想,要是教授、法官、检察官这样的称谓本身就有足够的荣誉在里面,要是社会对这种身份本身就给予了高度的尊敬,又何必汲汲于官阶,开口闭口的纱帽也就不多了。

近日在台湾与人闲谈,聊起官与学的关系,台湾的教授告诉我:“司法院”中大法官只能任职八年,素有学界人士名额,岛内最著名的大学就那么几所,教授也不算很多,著名的教授都有做大法官机会。但教授们并不都热衷此道,因为去做大法官,八年卸任之后还能不能返回原大学教书,不容乐观。台湾大学法律学院就有两名教授去做大法官,任职期满想回台大,大宅——门儿没有。于是两人中的一个转到私立大学教书,另一个赋闲在家。近日政治大学法学院一位教授从大法官位置上退下来,也无法再回到政治大学,转到交通大学任课。可见学而优则仕是可以的,仕而优则学就没那么容易如愿了。这就是为什么有的教授只愿在“司法院”任职四年,这是“借调期”,还可以返回原教职,过了四年恐怕就回不来了。做大法官如此，做其他部会首长也是如此。反观中国大陆，曾有一位学界普遍看好的学者到中央机关做到副部长位置，精简机构分流时要从那个位置上退出，还死活不愿回大学做教授呢。在台湾，大学教授的职称有着很高的社会尊重度，至于校长、院长未必有多少人在意，大学对于官阶表现出来的豪气和对于教授职位的重视，大概是一个原因吧。

记得读到过唐德刚写于1986年的一篇文章，谈到作家王蒙做文化部部长："以历史的眼光看，部长实在不算什么，我们看京戏，穿一身红袍、一身蓝袍的，并没有什么了不起。部长在过去叫尚书。中国的尚书，不知道有多少，可以说是成千上万；而中国伟大的作家却是屈指可数的。像司马迁、曹雪芹有几个呢？"算是说到点子上了，但在官本位的社会，这种看法，多少有点不切实际。

官要有人来做的，只不过，别把官看得太重而把其他应当受到尊重的职位看轻就是了。这需要大学、法院、检察院等别把教授、法官、检察官等职称看轻，教授、法官、检察官等要努力赢得社会的尊重，显然是重要的。

听马二先生说举业

明、清之时，读书人求取富贵功名的主要途径是科举，备考科举乃成为一桩隆重的事业，名之不易，谓之"举业"。

《儒林外史》中记述了马二先生同公孙先生谈功名的一段妙论。马二先生的宏论是："举业二字，是从古及今人人必要做的。"朝代不同，举业也往往不同，不变的是，没有人是不奔着举业去的。“就如孔子生在春秋时候，那时用‘言扬行举’做官；故孔子只讲得个‘言尤寡，行尤悔，禄在其中’，这便是孔子的举业。讲到战国时，以游说做官；所以孟子历说齐梁，这便是孟子的举业。到汉朝用‘贤良方正’开科；所以公孙弘、董仲舒，举贤良方正，这便是汉人的举业。到唐朝用诗赋取士，他们若讲孔孟的话，就没有官做了，所以唐人都会做几句诗，这便是唐人的举业。到宋朝又好了，都用的是些理学的人做官，所以程朱就讲理学，这便是宋人的举业。到本朝用文章取士，这是极好的法则。就是夫子在而今，也要念文章，做举业，断不讲那‘言尤寡，行尤悔’的话。何也？就日日讲究‘言尤寡，行尤悔’，哪个给你官做？孔子的道也就不行了。”马二先生这段议论，归结为一句话，无非是如何做得官而已。公孙先生听了，如梦方醒，立即与马二先生结为生死之交。

马二先生这一番话，的确振聋发聩，听了叫人茅塞顿开。倘若我与马二同时，也要递佩服书，与他结为生死之交。

有人尝谓：读《儒林外史》，所见无非儒林外史。此确非虚言。试以马二先生之眼观之，各朝历代皆有举业，今日何尝无之？当代之举业，大概要算近些年兴起的“考研”（考研者，报考研究生之谓也）热。校园里自不必说，要想在大学三四年级学生中找出一二位不考研的，需要使出秘密侦查手段。校园外，也颇为热闹，即使在五行八作泡了很久、视书如仇的，也已经重新拿起荒疏已久的课本，孜孜不倦地考研了。

与考研热相伴随的，是文凭的急剧贬值。过去研究生招生名额有限，考上者多少有一种凤毛麟角的优越感。现而今，研究生文凭已经由“零售”改为“批发”了,研究生满坑满谷,不但本科文凭稀松平常,就是硕士、博士文凭也已经不算个啥,再过几年,把王府井大街南北口一堵,挨个问,全是博士,怎能不让人着急乎?于是大家蜂拥着考研,比肩接踵,实在不足为怪。投入考研大军的,有深感当今社会需要学识高的人才,而知识更新又忒快,遂想要谋求深造,以免老骑着那匹知识老驽,吃别人的后尘。还有的,为的是获得更好的竞争条件,君不见,官场中人发现文凭比水平更重要时,就千方百计去补一个文凭,以求仕途上不致蹭蹬。这无足为怪,不考研,“哪个给你官做”?

人们重视高学历,不是一件坏事。更多的优秀的人才寻求深造,对于学术来说是幸事。

不过,认真计较起来,考研热有一点隐忧不能不让人将被喜悦弄皱的心情稍稍抚平一些。这隐忧就是,当今社会,除裙带风继续流行、无往而不利之外,文凭主义正排山倒海而来。文凭主义的特征是重文凭不重水平,其不合理的程度差不多与只重衣裳不重人等同。在较高级别的部门,仕途晋升与否、晋升快慢,取决于文凭有无与高低。如今不要说机关干部纷纷去补文凭,就连说相声的都嚷着要去补个相声学硕士。何也?文凭主义魅力四射之故也。然而文凭主义乃扼杀人才之路,它使有文凭的平庸之辈得以晋升而使无文凭的优异人士才能不得施展也。钱锺书先生在《围城》中讽刺道:“这一张文凭,仿佛有亚当、夏娃下身那片树叶的功用,可以遮羞包丑,小小一方纸能把一个人的空疏、寡陋、愚笨都掩盖起来。”

与考研热相伴随的文凭贬值，不是文凭发放过多的问题，而是文凭发放过滥，或者说是既多且滥的问题。我国之研究生教育是否有过追求高质量的时期，吾不知也。我所看到的是，如今无论研究生导师资格的认定还是毕业论文的写作和答辩，都不够严格。一个博士生毕业没几年，已经成了博士生导师了，仿佛自己刚断奶已经有资格哺乳别人；为了填满招生名额，降低招生标准，凡报考者照单全收，已经不是新鲜事；至于毕业论文质量，答辩时没有什么人去较真。一年年皆大欢喜下来，只有几位理工科的老教授不合时宜地惊呼研究生教育质量滑坡，响应者却寥寥无几。当研究生培养成为各大学谋财之道，官场财界四面八方前来求取文凭之时，是不会有多少人在为我们这个充斥着低劣文凭的庞大国家未来的发展担忧的。

行文至此，忽然想：马二先生听了这番话，知我还是罪我，又会生发出怎样的高论？

严大老官与衙门的虎威

执法的功用是什么，学过法理学的人都能说得条分缕析，头头是道。然而，人们并不常想到，它有时会被执法者以外的人用作敲诈勒索之具。

《儒林外史》中有一个严大老官，是个贡生(科举中被选取入太学或备录用的秀才)，自称“为人率真，在乡里之间，从不晓得占人寸丝半粟的便宜。所以历来的父母官，都蒙相爱”。一日雇了两只大船，立契要付十二两银子的船钱，船家是高要县的人，双方商定到了高要县再付船钱。身为乡绅的严大老官借了一副“巢县正堂”的金字牌，一副“肃静”“回避”的白粉牌，四根门枪，择吉登船后，都插在船上；又叫了一班吹手，开锣掌伞，吹打上船。船家见了畏惧，小心服侍，向高要县行驶。将到高要县时，严大老官忽然头晕眼花恶心，吐出许多清痰来，忙叫下人烧起一壶开水，取出锁在箱子里的一方云片糕来，约有十多片，一片一片剥着，吃了几片，“病”居然好了。“剩下几片云片糕，就搁在后鹅口板上，半日也不来查点。那掌舵驾长害馋痨，左手扶着舵，一片片地送在嘴里了。”严大老官假装没有看见。船到码头后，船家、水手都来讨喜钱，严大老官转身进舱，眼张失落地四处找“药”，问起来，是那几片云片糕，那掌舵的说“想是刚才船板上几片云片糕。那是老爷剩下不要的，小的大胆就吃了”。还说：“云片糕不过是些瓜仁、核桃、洋糖、面粉做成的了，有什么东西？”严大老官听了发怒，一口咬定那是花了几百两银子和的一料药，方才那几片要值几十两银子，并威胁着要开拜匣，写帖子：“送这奴才到汤老爷衙里去，先打他几十板子再讲！”两只船上的船家都慌了，齐来赔罪。严大老官越发恼得暴跳如雷，直到众人一齐捺着掌舵的磕了几个头，船家不敢再索要船钱，严大老官才转弯道：“且放着这奴才，再和他慢慢算账！不怕他飞上天去！”骂毕，扬长上轿，走了。

这严大老官的口吻，国法似乎成了他的家法，衙门成了他家的私衙，“法制”是专门治那些地位卑下的民众的，哪个奴才不识时务惹得本老爷恼了，抓住（或者布设）一点把柄，写个帖子就把他送到衙门里先打上几十板子再说。

究其实也不尽然，此事前后严大老官挑起的两起讼案就因理亏而输了，还被知县骂道：“一个做贡生的人，忝列衣冠，不在乡里间做些好事,只管如此骗人,其实可恶!"狐假虎威的严大老官自己明白。

那些船家辛苦摇了船而分文未得,是被严大老官唬住了,因为本来有怕官心理,再加上自感有"把柄"在他手里,就更加慌了,哪敢与严大老官对簿公堂?严大老官假借衙门的虎威进行的一番恐吓之所以奏效,还有着更深层的原因,在下层民众心里,衙门不是他们说理的地方,这样的观念大概传了不知多少代,成了"集体无意识",所以,遇事只好吃亏。如果衙门是草根人士坚信的可以评曲直论是非的地方,船家哪能"眼睁睁看着他走去了"?

严大老官发病闹船家,是乡绅所为,既是小说,看官不过姑妄听之而已。然而在现实生活中,确有假借执法机关而发虎威的,忽视不得。

2000 年 7 月,在北京德胜门,当时私人运营的小公共汽车尚未被取缔而收容遣送制度也未被废除,一个粗壮的年轻妇女留着曾经染黄而今已经褪成焦黄的短发,将几个刚到京的外地民工招揽到一辆开往昌平的小公共汽车上,车开出四环线,那个粗壮的妇女开始向他们勒索 20 元一件"行李费",并且威胁说,"快数(行李),有几个,我可告诉你,少数一个交五十"!坐在司机背后的干瘦的男人(显然是同伙)打边鼓:"没钱,拉到公安局去,给你们找地方挣钱去!"那个干瘦的人转向司机故意让全车人听到:"哼,'三无人员',到了公安局立马被收容,还得干活!"最后,几个紧张的外地民工将掖在衣服最隐秘处的最后 50 元钱也掏出交给那位明目张胆进行敲诈的妇女。这一伙民工有 5 个,人并不少,本来他们可以拒绝这种明目张胆的敲诈,但人生地不熟的他们却像砧板上的鱼肉,被人狠狠地宰割而不敢维护自己的权益。这辆车上的几个勒索者正是抓住了外地民工胆小怕事的心理,毫无怜悯地对这些人进行敲诈。他们引为私助的虎威,竟是公安机关清理收容“三无人员”的做法。

收容遣送制度取消了,不知这些狐假虎威者感想如何?

惊悚式审判

包公的形象家喻户晓。查1926年出版的《戏学全书》，其中谈到包拯脸谱，云："包公为剧中开黑脸者之第一等人物。其戏亦最多。脸式皆相同。惟于年少年老之时，稍有区别。班中名曰黑头。全部黑多，惟额庭半月形，及至鼻梁两旁湾连至两太阳穴入鬓处作白色，左眼下有痣，亦以白显示之。半月形者，为其能兼理阴司事之表示也。"包公额头的半月，是除了黑脸之外包公最显著的标志，那半月表示能兼理阴司事。

这传说甚是神奇：白天理阳间事，夜里理阴间事，包爷断案如神，那威风是贯穿阴阳两界的。

包老爷能理阴间事，不过是夸张逾度的说法。包老爷审伽蓝殿杀人案，命人把伽蓝殿的伽蓝殿抬到公堂，"离了公座，迎将下来，向伽蓝神似有问答之状"，不过装神弄鬼，哄哄愚民，连当时"左右观看"者，也"不觉好笑"，何况今日？至于夜审郭槐的老故事里用过的假扮阴间审案的妙计，也是假借世人迷信达到目的，并非真的通神，那情节是：包公用计将郭槐诱来,暗中将牢狱布置成阴间,命丫鬟假扮寇珠的鬼魂,迫使郭槐认罪。这不是夜审鬼官司,而是扮鬼审官司,审案的手段不太正大光明,结果却做到了明察秋毫。反正一切都在掌握之中,审罢便知这位老爷的厉害。

在现代人眼里,包公审案,即使在大白天审阳间官司,场面气势也都有点令人脊背发凉;若是置身其中,毛发一定要上竖。古代司法,首重口供,张国风先生云:"为了取得口供,包公很善于对被告制造心理压力。他的脸本来就长得黑,再向下那么一拉,其难看可怕,也就可想而知。他手下的王朝、马汉、张龙、赵虎,自然是一个个如狼似虎。堂下是三口御铡,明晃晃、冷飕飕。皇亲国戚,尚且可以先斩后奏,一般官吏平民,更是不在话下。"这种把公堂搞得和阎王殿差不多的毛骨悚然审判法,总把堂上打官司的人弄得战战兢兢,随时准备魂飞魄散。旧小说里常见"包公入座,将惊堂木一拍","只见包公把惊堂木一拍,一声断喝"的场景,那突如其来的一拍一喝,无异于惊悚训练,心理素质若非超强,当即就能吓成一摊泥。

长期以来,包青天式审判方式被人们赞赏,不过是因为在过去那个时代,它被认为是发现案件真实的有效方法。包公审案,以程序公正论之,实在谬以千里,但他偏能发奸擿伏,发现案件真相,一真遮百丑,国人对他那套大刑伺候、虚声恫吓、引诱诓骗、装神弄鬼、求神问卜、栽赃诬陷等取证方法就不那么计较了。

一位台湾地区检察官曾云:"同样代表审判,表彰公平正义,但为何西方当事人进行主义是蒙眼女神,眼不见为净端赖'听讼’？为何东方包公竟然传说中还多一只‘月牙’，仰赖第三只眼判断是非？”我国司法的图腾和偶像，无论独角兽还是包青天，都把案件真实发现看作头等大事，法字“平之如水”的寓意也不外乎实体法适用意义上的断案公平。这种传统需要以程序公正加以约束，需要向西方司法女神做些借鉴，否则司法痼疾不除，审判可诟病之处就会太多太难忍受。

我国司法的传统是重视案件实质真实的发现，对于程序公正并不看重，只要刑讯的板子不是打在无辜者的屁股上，公堂上的“肉鼓吹”就是“天经地义”的事情，不值得大惊小怪。当程序正义的观念传播开来之后，对包青天式审判方式的质疑才会冒出头来。1989 年张国风先生撰文告诫“包公的‘法治’学不得”；1999 年詹文凯先生也在一篇题为“要包青天还是裁判”一文中对包青天式审判提出质疑，云：“社会上许多人对司法的期待，仍停留在包青天式的问案方式，侦查、审判一手包办，透过审判者的明察暗访，假以神力和恫吓，最后真相大白，迫使犯罪者俯首认罪。然而古来审判者如戏剧中包青天般天纵英明又有神力相助者究竟有几人？如果我们期待每个审判者都是包青天，而准许相同的办案手法和权力，这种手法和权力能确保不被误用和滥用吗？戏剧中许多的冤屈有包青天代为申解，但现实中的冤屈真要苦苦等候包青天的出现吗？司法制度的设计如果采纳每个法官都是包青天的高标准，恐怕在正义的追寻过程中，会制造和隐藏了许多冤屈和不平。”

张国风、詹文凯等人的话音甫落，我国大陆与台湾地区就已经开始了反包青天式审判改革：法官由积极角色变成了消极角色，诉讼程序的正当性受到前所未有的重视。包青天式那套主动依职权调查取证的审判方式在海峡两岸同时吃不开啦。

不过，凡事过犹不及，总要有个度。包青天式审判方式代代相传的注重案件真相的传统未必是坏东西，审判方式改革应当以通过程序公正实现实质正义为目标；若矫枉过正，无视实质真实的重要性，把实质正义当作敝屣丢掉，诉讼变成一场只问输赢不问是非的游戏，也不是什么福音。

包公与胥吏

总是肃然不笑的包公以明察秋毫著称，人们传说他昼理阳间夜理阴间，连鬼神都敬畏他几分。然而，赃吏滑胥的诡谲伎俩，有时连他也被瞒过。

沈括《梦溪笔谈》记载这样一事：包公任京兆尹时，有一编民犯法，按法应当受到杖脊的处罚。包公手下一名胥吏私下接受犯法者的贿赂，同他约定："你见京兆尹时，他会把你交付给我细加盘问，到时候你一定要呼号辩解，我自有安排，会为你分担一部分责罚。"既而包公审理此案，简单问了几句之后，果然交给胥吏询问。犯法的编民依胥吏的吩咐狡辩不已，胥吏在一旁大声叱骂道："只受杖脊出去！何必多言！"包公见手下胥吏竟敢僭越职分、擅自主张，不禁大怒，立即命人将该胥吏摔倒在地杖责七十，同时命令宽免该受脊杖的编民，只处以杖臀的刑罚。包公之意，在抑制胥吏的威势，却不料正中了胥吏的诡计。沈括为之喟叹："小人为奸，固难防也。"

真可谓见惯狗摇尾巴没见过尾巴摇狗，从来号称明察、处事果断的包公却为熟谙其个性的胥吏利用，叫人大开眼界。按说中国古代承审官以“五听”听词讼，辨是非，事多亲躬，不假人手，与今日诉讼中遵行直接、言词原则同出一辙，理当遏制得住胥吏舞弊。然而，赃官廊下不乏墨吏，清官堂上也难免滑胥。原因其实也颇简单，任何官员，无论智愚贤不肖，都难免会被日日追随左右的胥吏窥破缝隙，找到钻营作弊的门径，何况旧时衙门中有些陋规也迫使某些胥吏舞弊弄巧，盖因“不发工食，是衙署通例。即使其枵腹从公，焉能责其丝毫无弊”？

“红帽嘿兮黑帽哈”的胥吏确有不凡之处，连包公也为其所愚。想那些颟顸无能、贪婪昏庸的官员，又怎么能不被那些赃吏滑胥玩于鼓掌之上！难怪观旧时公案小说，“老爷要批驳，书办拉袖子，稿案递眼色”的情节比比皆是。无财小民覆盆之冤，正不知凡几。

法官消极好不好

胡适称包公为历史上有福之人,属于“箭垛式的人物”。“就如同小说上说的诸葛亮借箭时用的草人一样,本来只是一扎干草,身上刺猬也似的插着许多箭,不但不伤皮肉,反可以立大功,得大名……古来许多精巧的折狱故事,或载在史书,或流传人间,一般人不知道他们的来历,这些故事遂容易堆在一两个人的身上。在这些侦探式的清官之中,民间的传说不知怎样选出了宋朝的包拯来做一个箭垛,把许多折狱的奇案都射在他身上。包龙图遂成了中国的歇洛克·福尔摩斯了。”不过,近年来包公的形象有点灰。大陆与台湾地区已经进行了反包青天式审判方式:法官由一个积极的角色变成了消极角色。

不仅中国如此,不少国家也进行着类似的改革。德国学者赫尔曼曾言:许多国家在审判方式改革中完成或者进行着由职权主义调查制向当事人主义对抗制的转变:“看起来一致赞同讯问式的审判不再符合法院在现代社会应扮演的角色。法官在审判中作为主要讯问机关行事必须被视为19世纪的残余。众所周知,在旧的纠问式审判中,法官既是调查官,同时又是裁判官。这种审判方式于上个世纪在欧洲大陆国家被称为‘改革的程序’所取代。这种改革将法官与控诉人的职能分开。但是,这种改革不彻底,因为它保留了法官在审判中的调查职能。讯问式审判是19世纪等级思想的典型,它强调在发现真相过程中的官方控制,于是不难保留法官在审判中作为主要的调查机关。”

这位德国学者还指出，法官改变在案件调查中的作用，原因很多，其中之一是法院政治功能的变化：当司法成为解决政府其他机构与个人之间的争议和冲突、保护个人不受政府其他机构不正当侵犯的第三种政府权力的时候，需要法官改变在审判中仍为主要调查机关的情况。除了这些宪法性原因外，还有心理学原因：在讯问式审判中，真正的危险在于法官可能因这些根本不同的任务在心理上负担过重。法官可能受到警察和检察官积累的案件材料的不适当影响。因为法官在准备法庭举证时不得不仔细研究案卷材料，他可能无意中随着其推理，采取与警察和检察官相同的方式来看待案件。结果法官在审判中先入为主，难以做到公正审查证据和接受辩护方提出的新观点。每当法官提问显得不相信被告或有利被告的证人时，法官可能在偏袒控诉方。

这些观点显然有说服力。试想：横亘在公民个人和强大的政府权力之间的法院，是绝大多数社会都需要的。如果它应该消极，我们都乐于看到它改变自己的行为方式。法官变得缄默而富于神秘，变得内敛而更有尊严，我们为此而感到庆幸。他不再是那个在开庭以前就已经阅读了案卷并且在出庭时已经近乎作出了判决的人，那个在提问的语气里都透露出偏袒一方而且通常是控诉方的人。这一切，都小车不拉——忒(推)好了。

不过，有一个疑问需要有人跳出来解答。那就是：法官是否还要为案件的真实发现负责？在我国的刑事诉讼中，如同大陆法系国家一样，法官原本要为发现案件真相负责。法官变得消极，如果意味着法官不再主动依职权调查取证,那么谁为案件的实质真实负责呢?

在公诉案件中,我们可以依赖检察官和警察的积极作为去获得案件真实情况。但法官的消极如果不伴同着辩护方诉讼能力的增强,诉讼中仍然存在失衡状态,亦即辩护方不能以较强的诉讼能力(特别是收集、提供证据的能力)进行防御,法官可以主动依职权调查帮他一把;如果法官一味追求消极,程序表面上的公正就会损害实质上的不公正。在自诉案件中,这样的坏运气会降到被害人头上,如果法官不主动依职权调查取证,被害人就难以真正获得法律武器维护自己的权利。我们不得不顾及这一现状,法官的平衡作用有时需要一定的积极作为来达到,否则就出现“正义(Justice,同时又有‘司法’‘法官’的含义)对一些人太好了,对余下的人就不够好”(诺曼·道拉斯语)。

法官由积极角色摇身一变成为消极角色,他调查案件事实、发现事实真相的能动作用,也会随着这一变革而烟消云散。何况,缄默不一定等于专注,消极也可能归于冷漠,我们对这样的法官有足够的心理准备吗?

《无声戏》之避祸反生疑

旧时之戏台，有一名联："舞台小天地，天地大舞台。"戏剧模拟人生，有的直接由真实事件改编，如民国之初发生的杨三姐告状一案，剧作家成兆才在案发后不久就将其改编成评剧，至今常演不衰。仔细想来，人生何尝不像戏剧？看戏的人随剧中人物喜怒哀乐，未曾想过自己也是剧中人，人生之苦辣酸甜，哪一段不可入戏？再仔细一想，人生充满戏剧性，写成小说，一样勾魂摄魄，小说何尝不像戏剧？

玩味李渔（笠翁）短篇小说集《无声戏》的书名，不得不赞赏李笠翁的睿智。这书名起得够妙，舞台搬演的戏剧，唱念做打，有声有色，看小说，无咿咿呀呀的吟唱，也无悦耳之伴奏音乐，但看小说也像看戏，戏剧中之鲜活人物，戏剧情节之峰回路转，小说莫不具备，不同的只是，小说乃无声戏耳。李渔既是戏剧家，又是小说家，写小说也想到戏，才会想到这一个妙哉书名。

避嫌反招嫌疑的案狱故事

我国古代话本和拟话本小说,充满戏剧性。《无声戏》中有一篇《美男避祸反生疑》就是戏剧一般的小说,其中描述的是一件欲要避嫌反招嫌疑的案狱故事:

四川成都府华阳县有个童生叫蒋瑜,是旧家子弟,父母在日,曾聘过陆氏之女。丧亲之后,屡遇荒年,家无生计,弄得衣食不周。陆家颇有悔亲之意。这也怪不得陆家,嫌贫爱富,谁家不是如此?所谓"门当户对",无非官官结亲,富富相迎,贫贫相对,哪有道理可言?焦大要娶林黛玉,还是等发迹了再说吧。

蒋瑜隔壁住着开缎铺的赵玉吾,年纪四十多岁,生有一子,痴痴呆呆,模样憨蠢。与姓何的木匠做了亲,要娶他的女儿。不久何氏夫妻病故,赵玉吾将其女儿先接过门,见其容貌标致,性子聪明,甚是欢喜。对于他的憨蠢儿子,何氏是个贞淑女子,嫁鸡随鸡,全无憎嫌之意。古时舆论导向真是偏颇,嫁给一个夯货,必须俯首帖耳,甘之若饴,才能得到精神文明奖,一点憎嫌之意都不能有,真令人浩叹。

赵玉吾家有两个扇坠,一个是汉玉的,另一个是迦楠香的。赵玉吾用了十年,为了要买媳妇的欢心,将两个扇坠都送与她。何氏将两个扇坠轮流吊在扇上,不用的时候,就将两个结在一起,藏在纸匣之中。赵玉吾执扇出门,有人问起扇坠怎么不见,只说是送给媳妇了。

蒋瑜家贫不能从师,终日在家"三更灯火五更鸡"苦读,书房隔壁就是何氏卧房,那时读书常常吟咏出声,每夜书声不到四更不住,何氏若睡得轻,要弄得迟睡早起,苦不堪言。何况男女隔壁,瓜田李下,甚觉不便。赵玉吾夫妻拣了个日子,把两个房换转来,以远嫌疑。不料事有凑巧,换不上三日,蒋瑜又移到何氏隔壁,原来是闻说隔壁住着何氏,本意是避开瓜李之嫌,于是搬到前面,算是避开。不料赵家搬房,不曾知会他,蒋瑜哪里会晓得呢。何氏闻隔壁读书声,以为蒋瑜有意追随她,又愧又恨。赵玉吾夫妻本也惊疑,见媳妇面带愧色,疑上加疑。不过,赵玉吾夫妻虽认为有行迹,没有凭据,不好说破,只待留心察访。老两口一下子变成业余福尔摩斯了。

事有凑巧,一日,蒋瑜在架上取书来读,忽见书面上有一件东西,像石子一般,原来是个旧玉的扇坠。正巧自己的扇子光秃秃,缺个坠儿,蒋瑜将其吊在扇上,后有人问起,只说是朋友送的,请人估价想要卖掉。众人认得是赵玉吾之物,疑心是何氏转送予蒋瑜的。赵玉吾受邀来估价,将扇坠拿在手上,认出是自家的东西,不好登时发作。回去质问媳妇,何氏打开纸匣,莫说是玉坠,连迦南香的也不见了。把各箱各笼都翻遍,只是找不到。赵玉吾夫妻责骂何氏偷情,何氏放声大哭,连称冤枉,只要寻死。

在众人怂恿下,赵玉吾请了讼师,写了张状子,将蒋瑜告到官府。

成都知府为官清正,有一钱太守之名。赵玉吾递上状子,当堂准了 。次日检点昨日的投文,却只少了一张告奸情状子。以为衙门人抽走了，将值日书吏又夹又打，只是不招，只好让赵玉吾补了一张状子。

及至差人奉票来拘，蒋瑜才知道玉坠乃赵家之物，但自恃清白，不以为意。案子开审，蒋瑜否认有奸拐之事，知府便叫用刑。夹棍之下，蒋瑜熬刑不过，只好招说："他媳妇有心到小的是真，这玉坠是他丢过来，引诱小的。小的以礼法自守，并不曾敢去奸淫她。"知府又审何氏，见她容貌标致，就道她有诲淫之具，此案不审自明了。何氏自然否认，知府便叫动用拶指。何氏熬刑不过，放声大哭。知府次日传了赵玉吾儿子来堂上，见他一副嘴脸甚是难看，心想何氏与蒋瑜奸情必是真的，又要对蒋瑜动用夹棍逼供。蒋瑜只好违心承认自己与何氏有奸情。知府就丢下签来，打了二十。赵玉吾与何氏解除婚约。蒋瑜因这场官司，也与陆家退了亲。

知府审了此案，自己也遇到一件怪事：一日，知府出门拜客，夫人到其书房，竟见他床头边帐子外，有一只绣鞋塞在壁缝之中，到媳妇房里一对比，正是媳妇的绣鞋。夫人立即发作，"千淫妇、万娼妓"骂起来。媳妇一气之下吊死了。那时女子，清白是一生的根本，清白受玷污，便觉人生失了精神支柱，寻死的不少。媳妇死了，知府还不觉得怎样，只是事有蹊跷，倒是有点放心不下，便按发现鞋子的所在察看，把壁洞打开，见许多老鼠跳将出来，家人伸手进洞，扯出许多物件，包括当初丢失的奸情状子，方知冤屈了媳妇的性命。

这知府大概年老迟钝，起初没有将此事与蒋瑜案件联系起来。睡至半夜，忽然想起蒋瑜的案子，莫非也是老鼠作祟？天明便重新调查，将赵、蒋两家的鼠洞掘开，取来不少物件，包括失踪不见的迦楠香的扇坠。至此真相大白，知府还算清明，对蒋瑜道："这都是本府不明，教你屈受了许多刑罚，又累何氏冒了不洁之名，惭愧，惭愧。"

噫！老鼠猖獗，窃得扇坠，弄得俏书生不明就里，缀在扇上，惹人猜疑，酿得一场牢狱之灾。严男女之防的社会，奸拐之事自然容不得，要不是老鼠面前不分官民贫富一视同仁，此案冤沉海底，哪有个翻盘机会？

蒋瑜案件的致错因由

任何错案，成因都不单纯。往往是，几种因素汇合在一起，阴差阳错，百川归海，最终酿成悲剧。有些案件因平反而成悲喜剧，却仍然脱不了悲剧的底子。

蒋瑜案件，究其原因，按照李渔的评析，起码有以下数端：

一曰刚愎。官员一旦刚愎自用，自以为是，就不能虚心查证，耐着性子听讼，偏偏这种刚愎自用的人以清官居多，反而贪官因心底有私，不敢明目张胆为非。刘鹗在《老残游记》中讲过此番道理。刘鹗指出，清官自以为不爱钱，更放手去做，反而容易流为酷吏。李渔在《美男避祸反生疑》一文中与刘鹗观点近似，他告诫："劝世上做清官的，也要虚衷舍己，体贴民情，切不可说'我无愧于天，无怍于地，就审错几桩词讼，百姓也怨不得我'这句话。那些有守无才的官府，个个拿来塞责，不知误了多少人的性命。所以怪不得近来的风俗,偏是贪官起身,有人脱靴,清官去后,没人尸祝。只因贪官的毛病,有药可医;清官的过失,无人敢谏的缘故。"[①]因此,一起案件处理结果如何,常常取决于裁判者的人格,案件让人悬心之处,正在于此。

二曰隔膜。在案件发生时,裁判者不在现场,对于案件发生过程,需要依据证据加以重建。证据有误,事实认定就有可能失实,这几乎是所有案件都存在的问题。古时没有专门的侦查机关,探案的技术水平不高,更显出隔膜。因此,李渔感叹:"教那做官的也难,百姓在私下做事,他又没有千里眼、顺风耳,那里晓得其中的曲直?"[②]这是衙门审案的通病,奈何不得的。

三曰做伪。古时打官司,要拟一份状子,如果衙门"准"了,才能正式启动审理程序,如果不准状,就无处申冤。要求得衙门准状,难免有些夸大,及至审案之时,证言也会有些伸缩饰匿之处,此之谓作伪。李渔:"自古道:'无谎不成状',要告张状词,少不得无中生有,以虚为实,才骗得准官府。若照状词审起来,被告没有一个不输的了。只得要审口供,那口供比状词更不足信。原被告未审之先,两边都接了讼师,请了干证,就像梨园子弟串戏的一般。做官的做官,做吏的做吏,盘了又盘,驳了又驳,直说得一些破绽也没有,方才来听审。及至官府问的时节,又像秀才在明伦

① (清)李渔:《无声戏·美男避祸反生疑》,载听风堂主人选编:《醒世恒言续编》,北京十月文艺出版社1994年版,第229页。

② (清)李渔:《无声戏·美男避祸反生疑》,载听风堂主人选编:《醒世恒言续编》,北京十月文艺出版社1994年版,第229页。

堂上讲书的一般,那一个不有条有理,就要把官府骗死也不难。”①

四曰成见。裁判官处理许多案件,大抵以有罪的居多,居官久了,容易产生成见。一见到跪在堂上的被告,心想这八成又是个有罪的,所谓“无罪推定”是闻所未闻,官员自以为“明镜高悬”,哪容得被告辩解?审理蒋瑜案件的知府,本是清官,处理案件事必躬亲,本意是防止舞弊,因此“不任耳目,不受嘱托,百姓有状告在他手里,他再不批属县,一概亲提,审明白了,也不申上司。罪轻的,打一顿板子,逐出免供;罪重的,立刻毙诸杖下。他平生最重的,是纲常伦理之事;他性子极恼的,是伤风败俗之人。凡有奸情告在他手里,原告没有一个不赢,被告没有一个不输到底”。②既然遇有奸情案件,按统一答案来处断,蒋瑜倒霉也就没有什么悬念了。

五曰臆断。主观臆断是许多官员的共性,即使包青天审案,也要看对方样貌如何,长得端正貌美的,便凭空占了许多便宜;相反,长得歪瓜裂枣、獐头鼠目的,便要无端吃许多亏。不过,遇有奸情案件,样貌好未必讨得着便宜。蒋瑜案件便是如此:“官府审奸情,先要看妇人的容貌,若还容貌丑陋,他还半信半疑;若遇着标致的,就道他有诲淫之具,不审而自明了。”知府审理蒋瑜案件,“彼时何氏跪在仪门外,被官府叫将上去,不上三丈路,走了一、二刻时辰。一来脚小,二来胆怯,及至走到堂上,双膝跪下,好像没

① (清)李渔:《无声戏·美男避祸反生疑》,载听风堂主人选编:《醒世恒言续编》,北京十月文艺出版社1994年版,第229~230页。

② (清)李渔:《无声戏·美男避祸反生疑》,载听风堂主人选编:《醒世恒言续编》,北京十月文艺出版社1994年版,第238页。

有骨头的一般，竟要随风吹倒，那一种软弱之态，先画出一幅美人图了。知府又叫抬起头来，只见他俊脸一抬，娇羞百出，远山如画，秋波欲流，一张似雪的面孔，遇出一点似血的朱唇，红者愈红，白者愈白。知府看了先笑一笑，又大怒起来：'看你这个模样，就是个淫物了！'"[①]"这样一个标致后生，与这样一个娇艳的女子，隔着一层单壁，干柴烈火，岂不做出事来？如今只看他原夫生得何如，若是原夫之貌，好似蒋瑜，还要费一番推敲；倘若相貌庸劣，自然情弊显然了。"[②]

六曰刑讯。中国式错案，一定离不开刑讯，何况古时刑讯乃是合法取证手段，连法典上都加以规定，只要刑讯符合法律规定，不慎将人打死，也是活该。这种衡量肉体耐受力的法庭调查方法，害死的小民车载斗量，何可胜数？李渔在评价蒋瑜案件时，如此抨击刑讯："看官，你道夹棍是件甚么东西，可以受两次的？熬得头一次不招，也就是个铁汉子了。临到第二番，莫说笞杖徒流的活罪宁可认了，不来换这个苦吃，就是砍头、刖足、凌迟、碎剐的极刑，也只得权且认了，捱过一时。这叫作在生一日，胜死千年。为民上的要晓得，犯人口里的话，无心中试出来的才是真情，夹棍上逼出来的总非实据。从古来这两块无情之木，不知屈死了多少良民！做官的人少用他一次，积一次阴功；多用他一番，损一番阴

① （清）李渔：《无声戏·美男避祸反生疑》，载听风堂主人选编：《醒世恒言续编》，北京十月文艺出版社1994年版，第240页。

② （清）李渔：《无声戏·美男避祸反生疑》，载听风堂主人选编：《醒世恒言续编》，北京十月文艺出版社1994年版，第240～241页。

德,不是甚么家常日用的家伙,离他不得的。”[1]蒋瑜本是一介书生,不是铁打的英雄好汉,这种弱不禁风的读书人,一经刑讯,便哭爹叫娘,自诬了事,官员不察,还以为案情大白,又为民除了一害呢。

(清)李渔劝诫为官之人,办案需要谨慎小心,切不可想当然、疏忽大意:“做官的人,既要聪明,又要持重。凡遇斗殴相争的小事,还可以随意判断;只有人命奸情二事,一关生死,一关名节,须要静气虚心,详审复谳。就是审得九分九厘九毫是实,只有一毫可疑,也还要留些余地,切不可草草下笔,做个铁案如山,使人无可出入。如今的官府,只晓得人命事大,说到审奸情,就像看戏文的一般,巴不得借他来燥脾胃。不知奸情审屈,常常弄出人命来,一事而成两害,起初那里知道!”[2]其实,自古及今,有许多冤错案件,教训之多,够梳成不知多少根辫子,但似乎总有官府重蹈覆辙,让那做书的人口干舌燥反复提醒,似乎都不见效,这一现象,倒值得仔细分析,如果能找出治本之道,才能指望减少错案。如今为官者,多读读《美男避祸反生疑》之类小说,比那日日觥杯交错、烂醉如泥,有益于身心和处断案件。

---

① (清)李渔:《无声戏·美男避祸反生疑》,载听风堂主人选编:《醒世恒言续编》,北京十月文艺出版社1994年版,第241~242页。

② (清)李渔:《无声戏·美男避祸反生疑》,载听风堂主人选编:《醒世恒言续编》,北京十月文艺出版社1994年版,第229~230页。

贾雨村怎样断的葫芦案

我国法学界常有时髦之论，实践部门也常有时髦之举。20 世纪 90 年代初，司法机关对“能人犯罪”法外开恩，一时间“能人”获得了司法机关的特别眷顾，有罪轻判乃至不判。那理由很冠冕，道是“有利于经济发展”，然而对能人犯罪法外开恩违背法律之平等适用原则却无人去深究。如今也有近似做法：法学者热衷于“恢复性司法”这类从西方抄来的术语作为立论的依据，大力宣扬诉讼和解；实践部门闻着和解便要和解，一时和解成风，那所谓和解主要表现为“赔钱减刑”。对于赔钱减刑，理由也很堂皇，道是“有利于构建和谐社会”，至于此举是对“有钱人”法外开恩就没有多少人警觉了。我闻赔钱减刑，不禁为正义捏一把汗，盖因常此以往形成制度，刑事司法将成为“嫌贫爱富”之司法，正义之神的眸子里映入的将是孔方兄的笑靥。

贾雨村怎样断的葫芦案

谓予不信,先看看贾雨村怎样断的葫芦案。

红楼梦第四回"薄命女偏逢薄命郎　葫芦僧判断葫芦案"因收入中学课本,有点文化的人都知道这段故事:贾雨村授了应天府,一到任就有件人命官司详至案下,却是两家争买一婢,各不相让,以致殴伤人命。那原告道:"被打死的乃是小人的主人。因那日买了个丫头,不想系拐子拐来卖的。这拐子先已得了我家的银子,我家小主人原说第三日方是好日,再接入门;这拐子又悄悄的卖与了薛家。被我们知道了,去找拿卖主,夺取丫头。无奈薛家原系金陵一霸,倚财仗势,众豪奴将我小主人竟打死了。凶身主仆已皆逃走,无有踪迹,只剩了几个局外的人。小人告了一年的状,竟无人作主。求太老爷拘拿凶犯,以扶善良,存殁感激大恩不尽"! 雨村听了,大怒道:"那有这等事! 打死人竟白白的走了拿不来的"? 便发签差公人立刻将凶犯家属拿来拷问。只见案旁站着一个门子,使眼色不叫他发签。私下问了方知,薛家乃豪门人家,最有权势极富贵的,护官符上曰"丰年好大'雪',珍珠如土金如铁"便是指的薛家,官要做得安稳,却是惹它不得。贾雨村至此如梦方醒,于是依门子之计,以如下方法了结此案:次日坐堂,勾取一干有名人犯。雨村详加审问,见冯家人口稀少,不过赖此欲得些烧埋之银;薛家仗势倚情,偏不相让,故致颠倒未决。薛家有的是钱,雨村便徇情枉法,胡乱判断了此案,冯家得了许多烧埋银子,也就无甚话说了。雨村急忙修书传信给薛家,告知此事已完,不必过虑。葫芦案最终以白白打死人命、赔钱了事。

赔钱不究,正是葫芦案所以"葫芦"的关键,也是一些案件枉法之方法。贾雨村不了解薛家底细的时候,尚能为被害人一方做主,一旦摸清底细,立即改了主意。但要徇私枉法也不能无所顾忌,放开胆子去做,总要在面子上做得好看,让被害人一家“无甚话说”。用什么方法可以奏效呢?当然是断给一些烧埋银子。恰好“冯家人口稀少,不过赖此欲得些烧埋之银”,薛家又有钱,花了银子后,贾雨村就将皇家法律送了人情,一切都进行得天衣无缝。

古时一旦有事,很容易想到用钱去打点。向执掌司法权的官员行贿是一种策略,直接收买被害人一方是另一策略,两者结合,通过司法官员将钱断给被害人一方达到安抚对方的目的,也是常见的策略。在名剧《杨三姐告状》中,办理该案件的县长牛成用的就是断给杨家一笔钱来劝其息讼之法。那真实情况实际是,高家到杨家说合,希望以“和解”方式使杨家不再告状。肖波提到:“剧本中关于高家串通县衙,拿出一百五十块大洋予以调解的情节,与实际生活也有出入。据杨国华、杨国恩回忆,当时高家曾几次托人到杨家说合,甘愿用二十亩地一头牛作为赔偿。使杨家不再上告;但被杨家兄妹严词拒绝。”①本来,对司法有操控之力者,一是权势,二是财帛,权势与财帛结合更是无往而不利,碰上杨国华(三姐)这种不会转弯的人实在有点意外,高占英算是倒霉。

时代变了,有些事可是没变。当今刑案一旦发生,犯罪人一方大多愿意“花钱免灾”,这成为诉讼和解的原动力。赔钱减刑这类做法,若适用于轻罪案件、过失案件、青少年犯罪案件等也无须苛责,我并不反对将诉讼和解制度有限应用于以上三类案件。从

① 肖波:《杨三姐告状之真相》,载《近代中国大案纪实》,河北人民出版社1997年版,第37页。

一些国家的实践来看，20 世纪 60 年代以来，由少年司法制度中被害人与加害人的调解制度促使人们思考这样的问题，如何弥补、平复被害人受到的伤害。70 年代，美国和加拿大一些地方推行被害人与加害人的和解计划，重在达成修补被害人的损失、还原损害发生前状态的目标的实现。在英国，也存在“恢复性司法”的司法革新，最早的实践来自少年矫正制度。这种制度源于少年司法制度，扩大其范围需要特别慎重，外国的实践有其特定的制度环境，若盲目照搬甚至不加节制随意扩大适用范围，是鲁莽甚至是不义之举。

若重刑甚至死刑案件也能够“赔钱减刑”，有钱并肯花钱的犯罪人一定踊跃。引起社会广泛关注的富豪袁宝璟最终被处决，处决前谣传其愿意向国家捐赠 500 亿元以免于一死，人们可以合理地推测：若允许其与被害人一方达成诉讼和解，相信他一定愿意拿出一笔巨资“赔钱减刑”；如果被害人一方被金钱打动，愿意“和解”，袁宝璟可以不死。但这要是成为我国刑事司法的现实，则薛蟠一样有钱的大爷有福了，富人与穷人犯同一罪行，必然出现同罪不同罚现象，法律的平等适用原则和罪刑相适应原则也就摇摇欲坠了。

赔钱减刑最大的问题，在于有钱而又肯花钱的人可以寻求到减刑甚至免刑的门路，没有钱又筹不到钱的人只能眼睁睁地错失这样的机会。所以，它只能是为有钱人服务的不公正制度，无法普遍适用于所有的犯罪嫌疑人、被告人。要实现公平，恐怕只能允许穷人从银行贷款来实现“赔钱减刑”，但这是切实可行的制度吗？一个由金钱左右的案件处理机制，一定不会获得公正的评价和公众的信赖，它创造的，一定是社会不和谐的暗流；制度不公正时，它只能引起对有钱人的社会仇恨和对法律与司法的敌意。当刑场上被处决的、监狱中受到重判的都是穷人的时候，这个社会绝不会更加和谐。

有人在为"赔钱减刑"鼓吹之时，提出"赔钱减刑"符合被害人的意愿，毕竟"诉讼和解"是双方自愿达成的。的确，有的和解协议是双方自愿达成的，但这种自愿是怎么形成的呢？有一些被害人，面对的是过失犯罪、轻罪或者出于恻隐之心甚至宗教信仰，愿意达成和解协议减轻犯罪人的罪责；也有不少被害人一方，家境贫寒，用度窘迫，为改善生活状况而愿意接受"赔钱减刑"；还有的被害人受到身体伤害后需要金钱治疗疾病，为解治病之钱不足，后续治疗难以为继的景况，也愿意接受"诉讼和解"；有的被害人已死，其亲属对其死亡不感到有太多难过之情，亲属关系长期紧张、亲属为远亲便常有这种情况，这类亲属见利忘义，更愿意接受一大笔钱来达成"和解"。葫芦案中冯家亲属就仰赖司法欲得些烧埋之银，要进行"诉讼和解"会"自愿"，但对于这类自愿，国家是否应当放任而不予干涉？

也有不少被害人，在案件发生后伤心欲绝，对犯罪行为和犯罪人十分痛恨，只求国法给予犯罪人应有处罚，不欲接受犯罪人一方钱财来使犯罪人获得轻判，杨三姐坚持不懈地告状就属于这一类。一般地说，被害人一方追究犯罪人的刑事责任的愿望应予以尊重，追究刑事责任应当按照刑法来执行，该如何处罚就怎么处罚，不应"罚了不打"或者"赔钱轻打"。被害人一方何尝不愿意使自己因受犯罪侵害而遭受的损失受到补偿呢？他们有的只是不愿意用轻罚或者不罚与侵害人做交换而已。

一些被害人接受“赔钱减刑”的做法，凸显了我国被害人权益保护方面存在的问题。我国被害人保护制度及其运作都有明显不足：附带民事诉讼制度同民事诉讼一样有执行难的问题，一些赔偿判决难以落实，法院判决的赔偿额度也往往偏低，与被害人的损失不成比例（精神损害和间接物质损失得不到赔偿），与犯罪人一方在“和解”中提出的赔偿数额有时也有较大差距，要坚持公力救济则意味着实际损失不能得到真正补偿；我国刑事被害人的国家补偿制度没有建立起来，被害人受害后无法从国家那里获得补偿，这就为“赔钱减刑”提供了达成合意的可能性。试想：如果附带民事诉讼渠道通畅，判决容易落实（暂时落实不了，罪犯刑满释放仍然要执行附带民事诉讼裁决），或者被害人能够获得国家给予的补偿，被害人还会有足够的达成“赔钱买刑”的和解协议的动力吗？

笔者曾在法院实习数月，深知法官办理刑事案件最感头痛之事，就是为被害方挽回经济损失和寻求赔偿，每逢被害人一方提出赔偿要求，法官只好对被告人家属明示、暗示地告知赔钱可得减刑，对方听懂了这意思，也肯解囊赔偿，于是“花钱买刑”的交易便可达成，法官可以把赔钱当作量刑的酌定情节加以考虑；要是碰上秉持“要钱没有要命有一条”哲学的被告人家属，法官只好公事公办，被害人一方可能分文不得。

赔钱减刑本为我国刑事司法之潜规则，与床帏间事一样，属于做得说不得的。近年来，“赔钱减刑”的潜规则在“和谐社会”

的口号之下被当作明规则来讨论和实践，这就向社会发出了一个错误的信号，“赔钱可以减刑”，而且“赔钱减刑”还是国家公权力公开鼓励的现象。在司法实践中，人们还可以看到，名义上是和解，实际上却是司法机关积极主持之下的调解。司法机关热衷此道的原动力来自调解协议可以减轻司法机关解决赔偿问题的负担；但需要警惕的是，它也为司法人员徇私枉法，为有罪的人网开一面提供了条件。

尤其值得注意的是，诉讼和解制度普遍实行，使公诉制度的基础发生动摇。大多数犯罪行为并非仅仅侵害私人法益，而是在侵害私人法益的同时也破坏了整个社会的安宁和秩序，公诉制度就是在这个认识基础之上获得了合理性和必要性。公诉案件实行国家干涉主义，防止犯罪人与被害人进行和解而使国家刑罚权得不到落实。这正是我国古代虽然重视社会和谐，但对于“私和公事”的行为要加以处罚的原因。董坚志曾言：“民事诉讼起诉后，经公亲处和，可以向审判厅声明和解。但须两造各具和解状，中叙经某某调和处说，如何办法，两愿息讼。审判厅民庭无不照准。因民事系不干涉主义也，即不以职权干预，听凭两造之自由处和。若刑事则大异是。既经告诉于检察厅，即不许和解。因刑事采干涉主义，犯国家之刑法，不可私和也”。①

惜乎这一公诉理念和国家干涉主义的基本原理快要湮没无闻了，这恐怕是犯罪者之福，而非国家之福、社会之福；从长远计，只怕也未必是被害人及其亲属之福。

---

① 董坚志：《法库·诉讼金鉴》，章一鸣鉴定，法学研究所1912年版。

秦琼卖马

秦琼卖马是隋唐故事中脍炙人口的一段，几乎是说书人讲隋唐故事的最爱。按《说唐》的说法：秦琼在官府屈尊充当捕快，一日，秦琼与樊虎被指派押解一起盗犯往平阳驿、潞州府收管，到临潼关外，秦琼与樊虎匆匆分了行李，各带犯人分路而去，却因急促了些，忘了盘费都在樊虎身上。在潞州交差后，秦琼在客店等蔡刺史的批文，一连住了几日，欠下店家银两，被店小二刁难，只好卖马。

秦琼卖马，戏剧性真的很强，你瞧那英雄受厄，竟被潞州开店的"著名的势利小人"王小二奚落、逼迫，真是虎落平阳被犬欺，炎凉世态叫人徒呼奈何。秦琼有苦难言而不失英雄本色，让人同情又敬佩。刘刺史与他做个都头，单雄信买马又还马，甚至秦琼慧眼识得好马，都有惺惺相惜的味道，尤其是单雄信的义举，令人感动。这一绝好故事，当然不会被说书人独占，早有人将其搬演为戏剧，京剧中就有《卖马》，京剧名角杨宝森、谭富英等都曾扮演过秦琼，对京剧稍稍迷一点的，大概都听过其中的著名唱段。

前些日子想起秦琼卖马，是因为在济南参加检察理论研讨会。到济南才注意到历城乃济南的一个县（现在已经改为

秦琼卖马

区了），想起柏杨先生一篇文章里提到过京剧《卖马》中秦琼的一个唱段："站立店中呃用目洒。不由得叔保怒气发，明明认得他是响马，江湖路上也曾会过他。骂一声贼子真胆大，杀人放火还走天涯，今日相逢在潞州天堂下，无有批票怎敢拿！眼前若有历城县，定要将他锁拿到官衙，板子打来夹棍夹，看他犯法不犯法。"这段唱妙的是，古时候捕快要异地拿人，是要有官老爷的批票的，与实行令状制度的当代司法差不多，不过，捕快要是在本地拿人，就没那么麻烦，手到擒来，碰巧了还能破一大案、要案，得个一二三等功什么的。这个唱段耐人寻味之处不仅于此，柏杨先生曾谓："末尾三句最是惊人，原来犯法不犯法，不是看他的行为，而是看板子和棍子的。中国传统司法上一脉相传的口供主义，不知道害死了多少善良的小民。"

我们在欣赏京剧《卖马》，甚至摇头闭眼跟着哼唱的时候，都不大会仔细琢磨其中含有的司法意识，我们对此无动于衷、毫无反应，其实也堪玩味。也许是觉得秦琼既是英雄好汉，英雄好汉的话还能有错吗？何况"板子打来夹棍夹"对付的是恶人，不如此怎能让那些恶人认罪，正义又如何伸张，总是被恶人欺凌的老百姓又怎能跟着出一口恶气？

其实，定罪依赖口供，口供可以用板子和夹棍取得，正是中世纪司法的特征，布哈林在苏联大清洗时审判他的法庭上称"被告人的口供就是证据之王"是中世纪的审判原则，刑讯逼供为现代司法所不容，在中世纪却是司空见惯甚至天经地义的。令人叹息的是，这种中世纪的司法状况和思想观念，到现在也还没有完全祛除。

最近读到袁伟时先生所著《告别中世纪——五四文献选粹与解读》一书,想起这样一个问题:我们什么时候告别中世纪?从时间概念上说,中世纪又称"中古"。欧洲从西罗马灭亡到哥伦布发现新大陆的时期,公元500年到1500年,为中古。中国从汉唐到宋明时期,为中古。也就是说,自哥伦布发现新大陆以后,中国自清代以后,就已经告别中世纪。如果是这样,不知又何来"五四"时期告别中世纪一说?可见,"中世纪"不完全是个时间概念,也是对一种特定的思想观念、制度特征和政治形态乃至司法状态的描述的概念,生活在21世纪的人可能有着中世纪的头脑,现代人操控的司法也可能保留着中世纪司法的特征。谓予不信,听听《卖马》吧,如果对秦琼这一惊人唱段懵然不觉其非,反而颇为欣赏,那头脑大概还没有告别中世纪。再看看媒体屡有披露的刑讯逼供事件,就知道,司法要彻底摆脱中世纪也还不那么容易。

缘何错斩崔宁

《错斩崔宁》是宋元话本中的名篇，说的是：宋朝高宗时，临安有个官人叫刘贵，时乖运蹇，读书不济，乃改行做起买卖，但半路出家，技巧不够，又把本钱消耗掉了。娶妻王氏，因没有子嗣，又娶了二房。二房姓陈，是陈卖糕的女儿，家中都叫她二姐。一日，刘贵携王氏去丈人家拜寿，留二姐在家看守。丈人见刘贵落魄，拿出十五贯钱资助他开个柴米店。刘官人谢了又谢，允妻子在娘家多盘桓几日，自己驮了钱归家。归家途中又饮了三杯两盏酒，醺醺到家。见了二姐，借酒力开个玩笑，道是："……我一时无奈，没计可施，只得把你典予一个客人，又因舍不得你，只典得十五贯钱。若是我有些好处，加利赎你回来；若是照前这般不顺溜，只索罢了。"二姐听了，本来不信，但见十五贯钱堆在面前，难免狐疑，便趁刘贵睡去，将十五贯钱垛在刘官人脚后，自己轻轻收拾了随身衣服，款款出门到左邻朱老儿家借住一宿，次日回爹娘家欲讨个分晓。二姐走了不上一二里，脚已疼得走不动，正巧遇见一个后生，背上驮了个装着铜钱的褡裢，遂结伴同行。两人厮赶着走了不到两三里田地，被后面两人赶上，强行押

回。二姐和偶然同行的那位后生被厮挽着带到官府。此时刘贵早已被人用斧劈死,床上十五贯钱也没了影踪。那位偶然与二姐同行的后生,名叫崔宁,褡裢中的钱正巧十五贯,因此与二姐被控"因独自在家,勾搭上了人;又见家中好生不济,无心守耐;又见了十五贯钱,一时见财起意,杀死丈夫,劫了钱;又使见识往邻舍家借宿一夜,却与汉子通同计较,一处逃走"。府尹升堂,动刑逼供,屈打成招,叠成文案,奏过朝廷,判决"崔宁不合奸骗人妻,谋财害命,依律处斩;陈氏不合通同奸夫杀死亲夫,大逆不道,凌迟示众"。二姐、崔宁百口莫辩,被押赴市朝,一斩一剐。

《错斩崔宁》见于《京本通俗小说》卷十五,《醒世恒言》卷三十三也讲述了这个故事,文字略有不同,题为《十五贯戏言成巧祸》。这个小说曾被改编成昆曲,并拍成戏曲影片。李翰祥监制、宋存寿导演的电影《破晓时分》也是以这个故事为基础的。国人对这个故事可以说是耳熟能详。

这篇小说,本来在初中时读过,去今已经许多年头,近日却不时想起,这是因为近年来报章披露了为数不算少的冤错案件,尽管主人公不都像崔宁那样运气背到了黄泉,但他们的冤情却都是走的崔宁之路。

崔宁冤案是按照这样一个公式进行的:合理的怀疑加上刑讯。发现这是个冤案,缘由也颇典型——真正的罪犯被抓获了!

一、合理的怀疑

崔宁的冤案是在合理怀疑的基础上构筑的:刘贵被杀,十五贯钱失踪。陈二姐离家,途中遇崔宁并与之同行,崔宁随身携带的钱财正巧十五贯(咦,天下有如此巧事)。这些事实和证据显示崔宁与陈二姐的犯罪嫌疑如此重大,审判者已先存了一个有罪的确信在心里了。陈二姐向府尹陈述事实真相,请看府尹的英明判断:

"那府尹喝道:'胡说!这十五贯钱,分明是他丈人与女婿的,你却说是典你的身价,眼见的没巴臂的说话了。况且妇人家如何黑夜行走?定是脱身之计。这桩事须不是你一个妇人家做的,一定有奸夫帮你谋材害命。你却从实说来!'""……就唤那后生上来道:'帝辇之下,怎容你等胡行!你却如何谋了他小老婆?劫了十五贯钱?杀死他亲夫?今日同往何处?从实招来!'"

崔宁辩解说他携带的十五贯钱是昨日往城中卖丝所得,府尹哪里肯信。

二、用刑拷讯

面临被定罪量刑甚至处以死刑的危险,普通人基于趋利避害的心理必然是避免认罪。"供认不讳"背后往往潜伏着促使供认不讳的强大压力或者利益诱导,有时是利用了与心理学结亲的侦查策略和技巧。最常见的压力是刑讯。当审判者心里已经存了被告人有罪的确信,被告人的辩解、沉默就常常意味着自讨皮肉之苦。崔宁和陈二姐否认犯罪,为口供而战的"全武行"就隆重地上演了。恭录如下:

“府尹大怒，喝道：‘……你这等顽皮赖骨，不打如何肯招？’”

“当下众人将那崔宁与小娘死去活来拷打一顿。那边王员外与女儿并一干邻佑人等，口口声声咬他二人。府尹也巴不得了结这段公案，拷讯一回，可怜崔宁和小娘子受刑不过，只得屈招了。说是一时见财起意，杀了亲夫，劫去十五贯同奸夫逃走是实。”

事至于此，算是圆满结局，如果没有后来的异峰突起，人们还要继续齐声称颂这府尹“委是青天”哩。

三、发现真凶

事实的真相并不是“青天大老爷”自己发现的。说来巧得很：刘大娘子在家守孝度日，一年以后，父亲见她日子过得紧紧巴巴，就叫家里老王接他回家。途中遇上大雨，林中躲雨时被一个自称“静山大王”的强盗打劫，老王被连搠两刀，当时毙命。刘大娘子见脱身不得，只好虚与委蛇，嫁给那强盗作了“压寨夫人”。强盗娶了刘大娘子，不到半年，连发几笔大财，听了刘大娘子的劝诫，从此洗手不干。一日良心不安，向刘大娘子讲起：

“一年前，也是赌输了，身边并无一文，夜间便去掏摸些东西。不想到一家门首，见他门也不闩，推进去时，里面并无一人。摸到门里，只见一人醉倒在床，脚后却有一堆铜钱，便去摸他几贯。正待要走，却惊醒了那人，

> 起来说道:‘这是我丈人家与我做本钱的,不争你偷去了,一家人口都是饿死。’是我一时见不是话头,却好一把劈柴斧头在我脚边,这叫作人急智生,绰起斧来,喝一声道:‘不是我,便是你!’两斧劈倒。却去房里将十五贯钱尽数取了。后来打听得他,却连累了他家小老婆,与那一个后生,唤作崔宁,冤枉了他谋财害命,双双受了国家刑法。”

刘大娘子至此方才明白十五贯命案的原委,天亮寻了个空,到临安府前喊冤。府尹差人捉了那个强盗,再次祭起“用刑拷讯”的祖传法宝,得了口供,问成死罪,斩了。原审官断狱失情,削职为民。崔宁与陈氏枉死可怜,有司访其家,量情优恤,冤案算是平反了。然而人死不可复生,读书至此,尤感悲戚。

崔宁与陈氏还算幸运,毕竟发现了真凶,如果真凶不被发现,二人不但白死,还要背负谋财害命的黑锅,有谁会同情呢?

但我们丝毫不应原谅动用刑讯铸成错案的官员,这段冤枉本来“仔细可以推详出来”,落到这种官员手里,“只图了事,不想捶楚之下,何求不得”,弄得人死烛灭,凄凉生哀。

我们可以用现代司法的多项原理来探析崔宁冤案的成因和防止冤案再度发生的对策,道理可以讲得很复杂也很高妙,但究其实,许多冤案是循着这样的简单公式形成的——合理的怀疑+刑讯(或者利诱等其他非法取证方法)=错案;错案+抓获真凶=发现错案。其中,铸成错案的关键因素是刑讯,防止错案发生的最基本法宝是禁止刑讯。不过，由于刑讯不仅可能造成错案，也可能借以发现实情，历来以维护社会秩序为自己神圣职责的人，无不行之如仪，爱不释手。何况，临安府尹用刑拷讯“静山大王”，孰曰不宜？即使弄错了，大不了“削职为民”，总不至于送命。

这样的公式，在当代，仍然屡试不爽。谓余不信，请看近年来报章披露的若干案件，如河南李姓青年冤案、昆明杜培武冤案等，无不依循着这一公式而铸就。那些错案都是因为发现了真正的罪犯才被发现的。一个噩梦般却是实实在在的假设是，如果没有发现真正的罪犯，情况会是怎样？已经被逮捕、被起诉、被定罪、正在服刑和已经处决的人中，还有没有类似的冤情？

英国学者 J. W. 塞西尔·特纳指出：“定罪的后果是非常可怕的，在人们的眼里，一个无辜的人被定罪，无论如何都是一场巨大的灾难”。《错斩崔宁》的作者也曾劝诫：“作官的切不可率意断狱，任情用刑，也要求个公平明允。道不得个‘死者不可复生，断者不可复续’，可胜叹哉！”

对于崔宁及与之同命者的颈血或者自由换来的这一警告，当代司法官员，可以等闲视之吗？

小心清官

说到赃官，无人不切齿痛恨；说到清官，无人不肃然起敬。赃官皆为恶蠹，大抵是不会错的，但要说起清官都是善类，也不尽然。

刘鹗《老残游记》便痛诋清官之恶。鲁迅称该书“借铁英号老残者之游行，而历记其言论闻见，叙景状物，时有所观，作者信仰，并见于内，而攻击官吏之处亦多，其记刚弼误认魏氏父女为谋毙一家十三命重犯，魏氏仆行贿求免，而刚弼即以此证之，则摘发所谓清官者之可恨，或尤甚于赃官，言人所未言，虽作者也甚自熹”。

《老残游记》中的刚弼是一个“清廉得格登登的”官员，一日被抚台派去参与会审魏谦父女月饼毒死人的案件，“一跑得来，就把那魏老上了一夹棍，贾魏氏上了一拶子。两个人都晕厥过去，却无口供”。魏老儿家里的管家是个愚忠老实人，见主人吃这冤枉官司，便替他筹了些款，到城里来打点。乡绅胡举人自矜与刚弼同席吃过饭，便代为行贿，刚弼收下一千两银票和愿出五千五百两的凭据。次日上堂，刚弼从怀里摸出银票和凭据，当作魏谦父女谋害人命的铁证。刚弼的逻辑是：“倘若人命不是你谋害的，你家为什么肯拿几千

太尊治
盗疾恶
如仇

两银子出来打点呢？这是第一据。在我这里花的是六千五百两，在别处花的且不知多少……”见魏谦父女仍然口称冤枉，刚弼喝叫用刑，并令行刑的差役：“今日替我先拶贾魏氏，只不许拶得他发昏，但看神色不好，就松刑，等他回过气来再拶，预备十天功夫，无论你什么好汉，也不怕你不招！”可怜一个贾魏氏，不到两天已屈打成招。刚弼自况：“我是朝廷家的官，又是抚台特特委我来帮着王大老爷来审这案子，我若得了你们的银子，开脱了你们，不但辜负了抚台的委任，那十三条冤魂，肯依我吗？”

刘鄂不禁叹道：“赃官可恨，人人知之；清官尤可恨，人多不知。盖赃官自知有病，不敢公然为非；清官则自以为我不要钱，何所不可，刚愎自用，小则杀人，大则误国。吾人亲目所睹，不知凡几矣……作者苦心愿天下清官勿以不要钱便可任性妄为也。历来小说皆揭赃官之恶，有揭清官之恶者，自《老残游记》始。”

刘鄂痛诋的清官，当然不是所有的清官，只是清官中滥施司法权力的酷吏。官吏不受请托，不纳苞苴，是其本分。本来无足称道，但在“有官皆墨吏”的社会，清官乃稀见之物，当然值得景仰。刘鄂所谓清官之可恨尤甚于赃官，本属振聋发聩之语，难免偏激。不过，评价一个官员的优劣，清廉与否只是其中一项标准，其权力的行使是否正当也极重要。滥用权力的官员对于公民个人权利的损害并不亚于赃官甚至有所过之，刚弼这类“冤埋城阙暗，血染顶珠红”的清官便是如此。

刚弼滥用权力，是缺乏现代意义上的正当程序约束下的司法专横行为。在司法活动中，对司法戕害最大的，一是司法腐败，其危害人所共知;二是司法专横,人们没有给予足够的警惕,但它同样容易引发权力的崩溃。司法专横是在法律、正义或者其他幌子下行使赤裸裸、不受合理限制的权力,它不受具有实质合理性的法律的规范或者规避这种规范,并常常与司法腐败结合在一起。司法之所以腐败,通常以腐败者掌握专横权力为条件,反过来,司法专横却不以司法腐败为条件,清官也有可能在缺乏有效制约的情况下滥用手中的权力,这就是清官为患的原因。

清官为害,有心理上的原因,也有制度上的原因。在我国古代,事有可疑而被告坚不承认便允许刑讯的不合理法制,为司法专横提供了制度上的保障。要遏制司法专横,不能没有合乎人权保障、设计周密科学的程序(这程序本身必须具有实质的正当性),同时必须有效地制约司法者使之正当行使手中的权力(司法活动符合程序的正当性)。苟能如此,才能既翦除赃官也翦除自命清廉、恣行暴虐的酷吏。

鲁迅评清代谴责小说，称其“虽命意在于匡世，似与讽刺小说同伦，而辞气浮露，笔无藏锋，甚且过甚其辞，以合时人嗜好，则其度量技术之相去亦远矣”。在鲁迅眼中，清代谴责小说的文学价值不高。不过，鲁迅认为，它们“其在小说，则揭发伏藏，显其弊恶，而于时政，严加纠弹，或更扩充，并及风俗”，虽然文学价值不高，却可作为政治学、社会学读本研究古代官场和社会的资料。

我读吴研人的《九命奇冤》，对于其中一段情节便有此感触。

《九命奇冤》描写清雍正年间广东番禺县的一件冤案。一对表亲梁家与凌家发生纠葛。梁家为人忠厚，“马善被人骑”，难免被为非作歹的凌家欺凌。凌家为泄私愤，竟率盗匪纵火烧死梁家八口人。梁家向知县、太守、按察院告状，却都因各级官府接受凌家贿赂而冤不得伸，反而多次被判诬告，连累得证人也被打死，造成九命奇冤。该书第二十五回“听童谣制台察冤情”讲到一位居官清正的官员介入此案，介入的起因有些特别：海幢寺东莱和尚闻听梁家的冤案十分同情，正逢两广总督孔大鹏前来拜望，便暗中遣一个小和尚笑嘻嘻唱着山歌进来,走到廊下便高声唱了一句:“广州城里没有清官!”孔制台听了不爽,便要细问,东莱假意拦阻,孔制台道:“这正是童谣,他唱的又关乎我们的官声,怎么不问?”让小和尚再唱一遍,歌词为:

广州城里无清官,
上要金银下要钱!
有钱就可无王法,
海底沉埋九命冤!

孔制台听了诧异,东莱顺势告以梁家的冤案。听罢,孔制台方知东莱做这圈套,也不怪他,反而谢道:“和尚这番用心,非但替小民伸冤,并且顾全我的官声,可敬之至!可敬之至!”孔制台回衙后便秉公调查起此案,终于使梁家冤情昭雪。

中国人素爱面子,对名望格外重视。其实,不仅是中国人,对每个人来说名望都很重要,它是一个人在社会关系中得以健康存在的基本条件,除了孤岛上的鲁滨逊外,可以说人人都有重视它的必要。古语有云“千夫所指,无病而死”,可见名望之严重,非同小可。不仅个人如此,商业亦有商家的信誉,信誉之好坏,直接关系赢利的多寡,不重信誉无异于自杀。商家重利,故以“童叟无欺”为口号。官也有声誉。道理很浅显,旧时官吏再颟顸无能也懂得好名声对于保住乌纱乃至步步高升的重要性,再恣意妄为也要在行事前对名声的损益有所顾忌。

不过,并非所有的官员都将官府和官员的声誉理解为民众的口碑而不是上司的赏识,或者出于公心而不是出于对个人得失的考虑珍重为官的声誉。大抵只有那些政绩卓著、勤于理民、居官清正、胸怀大局的官员才能真正重视舆论,维护官声。正如我国学者孙越生曾指出的,官僚政治下的各级官僚“只对君主负责或下级只层层对上级负责,而不对人民负责”。在民众愚昧无知、孤立无援的状态下,官僚的统治被当做天造地设和无法抗拒的常规来接受,一旦权力被腐蚀,只要能够欺瞒上峰,官声又当得几何!

孔制台是清官,东莱和尚才能以童谣相导引,如果面对的是昏聩、贪墨的官吏,闻过则怒,拂袖而去还是好的,弄不好还治你个毁谤官府之罪,板子伺候。

对官声损害最大的,莫过于贪赃枉法;杜绝贪墨,同时公正执法,才能在民众间称誉如馥。闻童谣而垂询,知用心而致谢,秉公办案,平抑冤屈,扬善惩恶,在那个仰赖明君贤相清官而不是制度保障的社会,才能为百姓开一条生路,留一线生机,孔制台之可贵,便在于此。

行文至此,想起旧时身披褡裢行走街衢的拣拾字纸的人,褡裢上写有“敬惜字纸”的字样,他们在尊重文化的古老国度中表达着国人对文字的敬畏。想到这,不免憧憬这样的情景:在每一个官廨衙署、每一个官员的心中,都有着一个身披褡裢的身影,褡裢上写着:

敬惜官声。

刽子手四则

一刽子手，刀极快。江洋大盗贿以重金，嘱以行刑时使用快刀，以求痛快一死，刽子手允之。行刑日，刽子手只一剁。江洋大盗催促："快动手吧。"刽子手说："你点点头。"点头，头落。（希区柯克讲过的故事）

一刽子手，刀极快。江洋大盗贿以重金，嘱以行刑时使用快刀，以求痛快一死，刽子手允之。行刑日，刽子手刀一落，头滚出二十余步。那头兀自赞道："好快刀！"（抄自《聊斋志异》）

一人将被处刑，以重金贿刽子手，期冀其释之使活，刽子手允之。行刑日，刽子手执刀近前，道："朝南走，切勿回头！"闻言狂奔，力尽，到南方某地觅生活，不敢北返。越数年，思家心切，忍耐不住，返家。叩门，妻子闻声启窦，见之大惊，言："汝已被处刑，何以复归？"顿悟自己乃魂也。惊怖之下，魂忽散。（抄自古时笔记小说）

一刽子手，死后灵魂藏在灯罩上的阴影里。每逢午夜开灯，都会瞪视灯下那人。

一天,刽子手不见了。

灯下的人静静坐在那里,悄无声息,她的头不见了。(我想到的一个故事)

卷五

闲日闲书闲心情

木落水尽千崖枯，
迥然吾亦见真吾。
坐对韦编灯动壁，
高歌夜半雪压庐。
地炉茶鼎烹活火，
一清足称读书者。
读书之乐何处寻？
数点梅花天地心。

——元·翁森《四时读书乐》之冬

一夜书生

睁开睡眼，一脑门官司
叩开家门，一床帐睡魔

一天就是这样：清醒着迷惑
还要问：时间都去哪儿了？

开口闭口纱帽，语言有些乏味
腹中忽感空落，面目多么可恶

久已不闻墨香，陌生了书卷
上次撂下的，考试辅导用书

今晚，精神忽感贫弱
拿起书，补一补思想的缺漏

一盏台灯,照得见多少杂念
明亮处是愧疚,还是阴影处?

每天想啊想,每日赶啊赶:
赚钱赚钱赚钱赚钱赚钱赚钱

赚钱赚钱赚钱赚钱赚钱赚钱
赚钱赚钱赚钱赚钱赚钱赚钱

读书,成了奢侈的事
华北之大,放得下一张平静的书桌?

闲来把卷，把流光暗送

百无一用是书生，唯一擅长的是把卷耽读。冬天很适合做这样的雅事，雪夜闭门读禁书，乃人生一大快事。偏是这样的书不好找，倒也无关紧要，随便捉几本书来读，也算大好韶光未曾虚度，感觉也还妥实。只是不曾知道苍茫岁月，一点微茫的光亮曾经在哪一个书房里闪过又消逝，那是读书时的一个念头，一时的感动，或者思想的一点灵光。

《沪上法治梦》与何济翔的期盼

吾辈读书不求甚解，常不去关注“法治”的确切含义为何，总觉得吃尽了“人治”苦头，是可以谈一谈“法治”的，“法治”总比“人治”要好。

《沪上法治梦》一书，名字中有“法治”一词，正可拿来过眼。

此书为何济翔先生 93 岁时所著，写的是陈年旧事。那是在50年代，上海一度领风气之先，民国时期为东亚最大的工商业城市，上海的法律界人士也风骚独领；即使风云变幻，新的中国一片火红，法律界人士的眼光仍有独到之处，他们期待新的中国是法治的中国。

但是，时运不济，这些法律人编织的绮梦，风吹一吹，也就破了。

何先生在自序中写道："我虚龄九十三岁之年，撰成此书，不觉掷书而叹！我一生平顺、与世无争，不料半百之年，忽逢大难，沉沦二十年。寻思其故，吾国有推倒旧江山开创新世界之伟大领袖如毛泽东，但缺乏安抚四方使万民有如水归壑之乐的民主与法制"。何先生在1949年8月以中国民主同盟身份参加上海市人民法院工作，后担任上海第二中级人民法院民庭庭长之职，直到1957年"反右"风云飙起，何先生提出的建设性的立法意见很快成为反党反社会主义言论，从此成为右派分子，二十年后才得以翻身。

何济翔的命运，与杨兆龙先生联系在一起。杨先生是江苏金坛人，在哈佛大学获得法学博士学位，曾执教于朝阳法学院、复旦大学、中央大学、中央政治学校，担任过推事，1948年任南京政府最高法院检察署代理检察长。新中国成立后，担任华东政法学院校长。在党整风期间，发表《我国重要法典何以迟迟还不颁布?》(1957年5月9日《新闻日报》)一文，讲立法与社会主义建设的关系、苏联及欧洲人民民主国家立法的经验以及对我国立法应有的基本认识。文章发表后半个月，杨兆龙的文章遭到批判，他本人立即被打成右派。何济翔因支持杨兆龙关于立法问题建议的文章,也跟着倒霉。

《沪上法治梦》写那段不堪回首的往事,包括何先生在打成右派后劳动改造的经历,读来令人唏嘘。

如今"依法治国"的口号深入人心,再读《沪上法治梦》,真觉得命运捉弄人,时代不同了,人的际遇也发生决然不同的变化,秋风起时,梦浅浅的容易破,如今法律人的春天来了,大家的期盼可以稳稳扎下根了吗?

《冤罪》与菅加利和案件

《讯问の罠——足利事件の真相》(台湾中译本为《冤罪——一个冤案被告对警察、检察官和法官的控诉》)是一部纪实作品。该书以第一人称记述了冤案被害人菅加利和在"足利事件"的司法遭遇:自从1991年被逮捕到2009年最终获得无罪判决,他在狱中被羁押了17年半。这部书的另一作者佐藤博史是早稻田大学客座教授,自二审开始就担任菅加利和的辩护人,坚持被告人无罪的主张。

这起案件发生在1991年5月2日,日本足利市一名名叫松田真实的4岁女童失踪,次日发现女童的尸体遗留在柏青哥店附近渡良濑川堤防旁。警方在女童的衣服上检出凶手的阴毛和精液,认定这起案件与1979年至1984年附近发生的两起案件相似,警方研判三起案件均一人所为。死者所在的幼儿园司机、43岁未婚的菅家利和被怀疑为凶手,警方到他家里进行盘问和搜查,并无有价值的发现。一年后的 1991 年 12 月 1 日警察第二次出现在他家里，在他否认涉案时警察赏了他一记肘击。警方为了避开辩护律师介入，以“参考人”身份将菅家利和押送到警察局“强制到案说明”，以恐吓、疲劳轰炸方式进行审讯，并假称已经取得充足证据，威胁他说“你绝对逃不掉的”，如果不自白必受死刑判决。警方认为菅家利和年逾不惑却还单身，性功能必有障碍，或有恋童癖，因此具备杀人动机。夜晚，菅家利和在恐惧和无助的情况下承认三起案件皆其所为，警方在获取口供之后宣布破案。根据他提供的精液，警方进行了 DNA 鉴定。当时 DNA 鉴定技术在日本应用不久，日本科学警察研究所提供的鉴定报告表明准确率为千分之一点二。一年半以后，菅家利和在法庭上坚称自己无罪，但法院依据其自白和检方提供的 DNA 鉴定报告，经过长达一年半的审理后判决其有罪，并处以无期徒刑。菅家利和提出上诉，2000 年 7 月 17 日，日本最高法院驳回上诉，判决定谳。

这起案件终得平反，得益于日本律师界的救援行动。事实上，该案一审时已经引起社会质疑，人们对警方侦查产生怀疑。2008 年 12 月 24 日，东京高等法院同意再次鉴定，鉴定结果表明菅家利和是清白的。2009 年 6 月 4 日，东京高等法院根据新的 DNA 检测结果将菅家利和释放。此案经过再审，2012 年 3 月 26 日最后辩论中，检察官当庭声称被告人无罪并向菅家利和道歉，法院也确认其清白并代表司法向菅家利和道歉。尽管菅家利和得到期盼已久的无罪判决，但是自逮捕到服刑终得释放，他已经永远失去了 17 年半的自由时光。

菅家利和及其辩护律师佐藤博史著成《冤罪》一书，将此案诉讼过程原原本本加以重现,为这起冤案留下记录。

显而易见,在这些案件中,DNA检测技术发挥了强大威力。DNA检测技术之所以有这么大功效,有一个基本前提,就是生物物证的收集和保管堪称妥善。这些证据若没有在现场被找到和提取,提取的证据若非得到妥善保管,DNA检测技术就没有用武之地。

《天使的愤怒》与对抗制诉讼

80年代负笈重庆,一次在电视上看到记者采访西南政法学院一女生。记者问:"你为什么选择学习法律?"那时我国的商品经济在蹒跚学步,《民法通则》刚刚颁布,社会观念中所谓"法律"几乎是"刑法"的同义词,女生读大学选择法律专业的不多,法律院系男生与女生的比例大约7比3,故当时记者有此一问。那个女生回答,她选择法律专业是因为读了一本美国小说《天使的愤怒》,被书中女律师詹妮弗·帕克所迷倒,因此立志学习法律。我恰好在高中时读过西德尼·谢尔顿的这本小说,被书中描写的对抗制下充满竞技性的诉讼情节所吸引,经过这么多年,那个女生的模样在我记忆中早已模糊,她对记者所说的这句话却深深烙印在脑海里。

那个时期,琼瑶、亦舒的言情小说以及金庸、古龙的武侠小说正疯狂流行,要是不读《天使的愤怒》,这个女生未必会有志成为一个法律人。尽管当时选择学习法律的莘莘学子读过这本小说的人寥寥无几,但就她个人而言,这本书决定了她未来的职业生涯,其影响力不问可知。

我对英美对抗制诉讼的最初印象来自青涩年龄时读过的这本小说和看过的澳大利亚影片《驯马手莫兰特》，后者是一部描写英国军事法庭对三名澳大利亚军人进行审判的故事，根据纪实作品《帝国的替罪羊》改编，影片中的审判本来就是一场“形式”审判，仓促上阵的辩护律师在对抗制诉讼中寻找到施展空间并逐渐占了上风，他对控方证人精彩绝伦的诘问让我过目难忘，我对竞技主义司法的兴趣在这个过程中油然而生。

从这类切身体会中可以知道，法律题材小说和影视剧具有的魔力，不可小觑。这种魔力究竟从何而来，特别是这类文艺作品怎么成为法律文化传播的载体并成为民众法治观念的源泉，真是有趣兼有益的话题。

阿瑟·米勒与《萨勒姆的女巫》

阿瑟·米勒是美国著名剧作家，他的作品《推销员之死》为我国喜欢话剧的朋友所熟悉，该剧曾为早年毕业于清华大学外文系的话剧演员英若诚先生翻译。在中国排演时，阿瑟·米勒应邀亲来北京人民艺术剧院担任导演，英若诚扮演主角推销员威利·罗曼。

惭愧的是，我没有看过《推销员之死》，无论剧本还是话剧以及根据话剧改编的电影，都没有看过，尽管这部作品被评价为20世纪最杰出的话剧之一。不过，这丝毫不影响我对阿瑟·米勒的憧憬。他的另一部作品我读过，而且深感震撼，这就是阿瑟·米勒根据1692年马萨诸塞州萨勒姆地区审巫案的记录材料写成的《严峻的考验》一剧，这出剧的另一个名字叫《炼狱》，大家更熟悉的名字是《萨勒姆的女巫》。

这是根据美国17世纪真实发生的案件改编的话剧，阿瑟·米勒在剧本前面谈到该剧涉及的史实说："我相信读者会因此而发现人类史上最古怪而最可憎的一页的本质。剧中每个人物的命运都同他历史上原型的命运完全相符，个个都在历史上扮演过类似的——在某些情况下可说是一模一样的——角色。"在剧中，萨勒姆镇的教会为了打击异己，利用有妖魔作祟而使小女孩中邪的谣言，依据伪证，借助政府之力，肆意审讯那些被诬指为"同魔鬼打交道的人"，造成近百人被当作妖巫处以绞刑。

事情的起因是，萨勒姆镇的艾比盖尔爱上了雇主普罗克托并和他发生了关系，普洛克托的妻子伊丽莎白发现此事后解雇了艾比盖尔。艾比盖尔受到同伴嘲笑，不顾劝阻，杀鸡饮血来诅咒伊丽莎白。随后本地牧师巴里斯的女儿贝蒂病了，普特南家的女儿也病了，村民认为这是巫术的作用而陷入恐慌。贝弗利乡镇的赫尔牧师受邀前来判断巫术，他对女孩子进行审问，艾比盖尔被迫谎称自己被巫术控制，揭发黑人蒂图巴施行巫术。在严刑拷打之下，蒂图巴为了自保，不得不编造魔鬼及其白人信徒的谎言。其他女孩也在压力之下，指证巫术蔓延并控制了其他村民。来自大城市的法官到了萨勒姆镇，对女巫案件展开审问，由于艾比盖尔等人的揭发，牵连的村民越来越多，伊丽莎白也因艾比盖尔的陷害而被捕。要救妻子的命就必须揭穿艾比盖尔的谎言，普罗克托说服女仆玛丽到法庭讲出实情。艾比盖尔重施故伎，谎称看见过玛丽曾和魔鬼在一起，在恐惧中，玛丽无法说出真相，反而指控普洛克托。普洛克托说出了他和艾比盖尔的奸情来证明自己证言是真实的,但是,没有人相信他的话。法官引诱和逼迫普洛克托在忏悔书上签字,但普洛克托最终撕毁了忏悔书,与其他无辜者一道被绞死。这是疯狂年代令人毛骨悚然的冤案,"自从最后一批人被处决之后,过了二十年,政府当局才对侥幸活下来的受害者和死难者的家属作了赔偿"。1712 年 3 月,教会撤销了革除许多人教籍的决定,陪审团向所有受过折磨的人赔礼道歉,请求宽恕。但是,"一些受难者的农场荒无人烟,竟有一百多年之久没人愿意购买那些田园,也没有人愿意住进去"。

萨勒姆镇发生的这起株连多人并造成许多人丧命的冤案暴露了人性的弱点,在严峻的考验面前,有人坚守良心拒绝屈从,有的人为了自保而撒谎并攀诬他人,审判者不察,将一场闹剧转变为悲剧,制造了充满血污的历史一页。

阿瑟·米勒在剧本中分析造成这一悲剧的原因时说:"在那些信奉共产主义意识形态的国家,任何稍具重要意义的抵抗,都与那个十恶不赦的资本主义妖魔有关,而在美国,如果谁不持反动观点,那么他就随时可能遭到控告,说他是红色地狱的帮凶同谋。因此政治上的反动派便被赋予一种残酷不仁的外貌,对待他们,文明交往之中的通常惯例当然也就完全不再适用。政治上的方针政策等于道德上的绝对正确,反对这种方针政策则等于是恶魔的恶毒行径。一旦这样一种等式付诸实施,社会也就变成了阴谋与阴谋互相斗争的混沌境界,政府主要作用也就从公正的仲裁者变成了上帝手中的刑鞭。"阿瑟·米勒这番话实有所指,他在创作《萨勒姆的女巫》时正值美国的麦卡锡时代,麦卡锡参议员发动的寻找和迫害"共产主义妖魔"就是在这种等式下疯狂地进行的,与萨勒姆镇发生过的事件本质上十分接近。这部影射现实的剧作是想要唤醒人们不要让历史悲剧重演,特别要警惕这些历史悲剧以新的面貌重新出现在人们面前。

早在1981年,《萨勒姆的女巫》就在上海人民艺术剧院上演过并大获成功。2002年中国国家话剧院和2011年中央戏剧学院都曾经演出此剧。对于经历过诸多苦难的国人来说,看这出剧时很难不与历史经过的某段时期产生联想。

2010年有一部美国作家凯瑟琳·霍伊的通俗小说《萨勒姆的女巫》翻译成中文出版,据说是萨勒姆女巫后代的半自传体小说,揭秘历史上秘而不宣的巫术真相。不过,该书与阿瑟·米勒的剧作及其剧情并无关系,不看也罢。

这些书，你千万不要读

曾经听高中一位同学谈：小时候闻大人言，有毒害的书不可以读，那时懵懂无知，听人言书之有毒，认为真的有毒药、毒物附着其上，初听到这“毒书”一词，居然吓得不轻。现在回想起来，都是笑谈了。尽管如此，读书要有选择，却是硬道理，岂不闻古语云“老不看三国，少不看水浒”？开卷未必尽有益的。

书，有必读之书，必不可读之书，以及可读可不读之书。必读之书，如教材和考试用书，虽蓬蒿满目，枯燥乏味，为求鱼跃龙门，让家长有瞬时的欢颜，岂可不读？必不可读之书，如古人所谓淫词艳曲、血腥暴力等坏人子弟之书，皆属此类。其他大可归为可读可不读之书，读了也许有益，不读——且看街上那些视书如仇的人未必比嗜书如命的人日子过得差。

这种分类，说起来容易，然而书山学海，卷册繁多，看什么书，未必能够早早筹划，常常不过是随手抄起一本。这样鲁莽行事，也许就读到不该看的书，搅扰了内心的清静世界不说，可能还会心猿意马地上了思想的岔道，让自己懊丧不已。笔者虽然读书不多，但是痴长多年，到底还是有些阅读体验，回想已经读过的书，觉得不该读的书还真不少，随便提及几本，供后生小子参考，并郑重提示：切莫不分良莠，乱读一气也。

中国文化的深层结构

孙隆基的这本书，是我在大学四年级时读到的。有两个男子提着黑皮包在学生宿舍楼外鬼鬼祟祟兜售此书，恰好被我遇上，正待大吼一声，急唤锦衣卫将其拿下，却忽有好奇心袭来，将一时的义勇之念击溃。我上前急看他们卖的什么书，见是《奴化的人》，封面杏黄，内页也有淡淡黄色——不是古旧书的泛黄色，而是十分浅淡的纸张黄色。头脑一热，当即买下一本，回到宿舍读起来，竟然如醉如痴。读罢仿佛醍醐灌顶，如梦方醒。

后来知道此书本是孙隆基名著《中国文化的深层结构》，改为“奴化的人”，无非想使一本过于学术化的书名变成更吸引眼球。这部书，此前曾有正规出版社出版过节本，我手上虽非正式出版社出的，却是全本。作者孙隆基毕业于台湾大学历史系，在美国获得硕士和博士学位，后来在美国和加拿大任教。这部书让我少年以来的天真烂漫一扫而空，开始了对于政治和社会文化的另类思考，从此也就走上“人生识字糊涂始”的“忧患”之路。人生幸福感的来源是不要知道太多事情，知道了甚至学会思考，徒生烦恼而已。傻子常常引起我们同情，其实傻子该同情我们，思想简单才是幸福之道。读了《中国文化的深层结构》，某些文化现象背后的原因被它道破,一些崇高的峰峦开始垮塌,眼中有光环的事物开始褪去光环,人生自此便深邃了。

叔本华曰:“一个人的幸福感是与他麻木不仁的程度成正比的。”读了这部打破幸福感的书,确实不值,我还是愿意向大家推荐于丹老师的心灵鸡汤书,感谢于老师让我们的梦很甜美而且一时不醒。随便提一句,于老师站立讲演时的丁字步,真是妙极了。

1984

最初读到花城出版社出版的乔治·奥威尔的名著中译本《1984》是在十多年前。董乐山先生译的这本小说,那时还没有广为人知,如果我记忆不错的话,封面是一个人的背影,张开双臂,本身陷在水中。当时不知道这部小说到底好不好看,抱懵买下来回去读,结果被这本书搞得心惊肉跳,几日不得安生。

这是一部描写极权主义的书,称为反乌托邦三部曲之一,另两部是赫胥黎的《美丽新世界》和扎米亚金的《我们》。所谓“反乌托邦”作品,就是将未来世界描写得不美好,不光不美好,还有些狰狞可怕。我不知道从未生活在极权社会里的人们,读《1984》这本小说时有无隔膜感。对极权社会有切身体会的,读来真觉飞沙走石,昏天惨地,触目惊心。人生在世,是愿意相信一些美好的口号和对于未来世界的美妙描述的,何必把极端邪恶的事物推到我们面前,让我们学会了不相信(类似北岛的诗《我不相信》揭示的),这还让我们怎么追求进步?

近几年来《1984》成为热门书,变成时尚的读书人和自由派知识

1984
GEORGE ORWELL

分子的新宠。当大家都以谈论这部书为时髦的时候,你不必因没读过这部书而自惭形秽,没什么了不起的。有人说"多一个人读这部书,就多一分自由的保障",我觉得还是八戒信条比较适合当下的幸福美满生活:有吃有喝的,要那么多自由干吗?不去读这部书,当央视记者将话筒戳在你面前,吼叫着:"你幸福吗?"你可以心安理得、充满自豪地说:"我幸福!"

乔治·奥威尔另一本名著《动物庄园》也不要看,这部书同样让人思想迷乱,我认为它唯一可取之处是写得简洁,差不多一口气可以读完。

悲惨世界

想了想,该换一本经典作品来警告世人了,那就拿我最喜爱的法国作家维克多·雨果开刀吧。几年前,一位年轻的美国学者谈值得推荐别人阅读的好书,写下"悲惨世界"几个字,我竟如遇故知,对这位学者大增好感。但是作为推荐阅读的书,我却不以为然。我觉得,这部书实在不适合当下年轻人阅读。

要说理由,请端坐听好:经典作家的作品,早就不是当下年轻人的菜。记得80年代《中国青年报》刊登对当时青年人阅读的调查,《基督山伯爵》《简·爱》《约翰·克里斯朵夫》等经典作品是那时大学生最喜欢的名著;如今再进行调查,只怕不会再有这类作品上榜了。在娱乐至死的年代,快餐文化势如破竹,谁还有心去读古典作家大段大段的景物描写和内心刻画?人们变成低头族,是被网上的段子、八卦新闻所吸引的,看小说也只是读《鬼吹灯》之类的东西。看《悲惨世界》?老土吧你,别自我放逐于时尚圈外了。

我劝人不要读《悲惨世界》,还有一个原因,那就是作者大气磅礴的议论太打击我们缺乏想象力的心灵,而且贯穿始终的人道主义关怀,在当下也似乎有些匮乏。读这种书,让我们容易脱离社会的主流,变得与世隔绝,成为脱序人物。

因此,我建议大家去读郭小四《小时代》《幻城》之类作品,它们是无害而且美丽的。你心智成熟一点,还会在其中找回自己多年失掉的自信。

鲁迅的所有著作

我感觉我越来越落伍了,都什么时代了,还在谈鲁迅!

有些人对鲁迅恨之入骨,有些人对鲁迅不以为然,这些都是对的,也都很切近时代的脉搏。对鲁迅恨之入骨的,大约是因为我们再想骂人,发现都是鲁迅骂过的,骂不出新意;如果自己就是鲁迅骂过的那类人,自然更生隔代之仇,对鲁迅只有敌意而没有敬意了。对鲁迅不以为然的,还有那些鲁迅斥责过的正人君子,这类人生生不息,对鲁迅的傲慢和不屑自然也是代代相传。大多数人,在中学之后就不再读鲁迅了,过去读,是硬着头皮读,为了语文考试及格或者取得好的考试成绩。过去中学语文课收了不少鲁迅的文章,那语言总觉得别别扭扭(五四作家的白话文,现在看起来不太成熟,感觉有点生涩),《丧家的、资本家的乏走狗》这类有点失格的骂作,确实未见得真好。上语文课,最让人头痛的是鲁迅作品,现在一些过来人要合力将鲁迅驱逐出课堂,就是为

了报复当年不止一箭之仇。官府对鲁迅已经不待见,那种匕首刀枪般的文字,不再适应新的和谐社会。时代变了,不需要鲁迅风格的杂文。

如今读鲁迅,容易以批判的眼光来看待一切不美好的事物,人的心气也变得不那么平和,所以还是以不读为妙。非要读的话,我倒建议去读读“当代鲁迅”“全国所有的教授都比不上”的韩寒作品,顺便用常识分析一下这个顶着作家头衔的家伙是不是他人代笔的伪作家,没事的时候正好练习一下我们的智商。

好了,千万不可一读的书还很多,为了不耽误大家吃晚饭、早饭或午饭,随便选两样意思意思,意思过了之后就此打住吧。本来嘛,网上阅读,以千字以内为好,写得太长,读者老爷老奶哪有许多闲工夫睬你,还要忙着微信朋友圈八卦呢。

老舍与其作品人物的悲剧命运

博纳科夫在《文学讲稿》一书中提到:"书本都有各自的命运,并且有时候,作者的命运往往与他们的作品命运相同。"他举了两个例子,一个是俄罗斯最伟大的小说家列夫·托尔斯泰,另一个是英国小说家、《化身博士》的作者斯蒂文森:"老托尔斯泰在一九一〇年离家出走,四处漂泊,最后死在车站站长的房间里,旁边就是轰鸣而过的列车,正是那呼啸而过的列车压死了安娜·卡列尼娜。"另一位,"斯蒂文森在一八九四年死于萨摩亚群岛,他的死具有某种意义,它以奇妙的方式模仿了他的幻想作品中的酒的主题和变形的主题。他到地窖中去拿一瓶他最喜欢喝的勃艮地葡萄酒,在厨房里启瓶塞,然后突然大声呼喊他的妻子:我怎么了?这样奇怪的感觉是怎么回事,我的脸是不是变了模样?——接着就摔倒在地板上。他的脑血管破裂了,一两个小时内一切便都结束了”。博纳科夫感叹:“什么,我的脸变样了吗? 斯蒂文森生活中的这最后一幕,与他那最优秀的作品中毁灭性的变形之间,有着一种多么奇妙的内在联系啊!”

在我国作家中,也有类似的一例。小说家老舍之死与其作品《四世同堂》中主角祁瑞宣父亲祁天佑的死如出一辙。

文化大革命开始后,老舍被红卫兵揪斗,羞辱和殴打使这位作家悲愤难抑,他忍无可忍,拿起挂在脖子上的牌子,向最起劲打他的一个女红卫兵头上砸了下去。怒吼、咆哮的红卫兵将他押向派出所……午夜时候,得到通知的老舍夫人胡絜青赶到派出所,将他接回家。红卫兵喝令他第二天继续到单位参加文化大革命。回到家里,他的衬衣与伤口和血粘在一起,胡絜青不得不用湿毛巾将衣服润湿才将衬衣取下来。第二天,老舍吩咐夫人去她的单位参加文化大革命。随后老舍也离开家,但没有去北京文化局接受红卫兵的继续揪斗,而是去往西直门外的太平湖,在那里投湖自尽。

老舍出门之前已经决定自杀,他把5岁的小孙女叫到身边,对小孙女说:“跟爷爷说再见!”这是人们知道的老舍留在世上的最后一句话。这个沉痛的道别,让人联想起《茶馆》中老王掌柜自杀前与孙女的告别。

老舍在太平湖边坐了好久,最终投湖自尽。这悲凉、沉痛的落幕,与《四世同堂》里祁天佑的悲剧一模一样。

祁天佑开着一个布铺。在日本人占据北平的时候,受日本人

四世同堂
老舍

及其中国爪牙凌辱、敲诈，铺子因难以上货而几乎要倒闭。一次，他一清早出去，回到铺中，看见柜台上堆着些胶皮鞋和一些残旧的日本造的玩具。原来是进货强行搭售的日本玩意儿，刚刚送来的。不久，一部大卡车停在铺子门口，车上跳下一个日本人、三个中国人，原来送货的又来了。一进来，一个中国人非常着急地问货在哪里，大伙计把货拿出来后，那个中国人立即夺过去极快而有力地数，数了之后确认多了十双。祁天佑承认自己收的货，并提出："多收了十双，是不是？照数退回好了！"不料日本人一个嘴巴打上来，并骂其"大大的奸商"。送货的多给了十双，当然不承认自己的疏忽。他们跑了半个城，终于查出这十双鞋，必要示一示威。他们把天佑掌柜拖出去，找出准备好的一件白布坎肩，强迫他自己穿上。三个中国人押着天佑在日本人坐的车后面走，上了马路，三个人教他喊："我是奸商！我是奸商！我多收了货物！我不按定价卖东西！我是奸商！"在三把手枪的逼迫下，天佑不得不屈辱地喊："我是奸商！"

老舍描述此时的天佑掌柜："天佑的眼被泪迷住。路是熟的，但是他好像完全不认识了。他只觉得路很宽，人很多，可是都像初次看见的。他也不知道自己是在做什么，他机械地一句一句地喊，只是喊，而不知道喊的什么。慢慢地，他头上的汗与眼中的泪联结在一起，他看不清了路，人，与一切东西。"过了多久，他不知道。他睁开眼时，已经躺在东单牌楼附近，胸前都是白沫子和血，还湿着。天佑掌柜雇了一辆车到平则门，扶着城墙，他蹭出去。"河水流得很快，好像已等他等得不耐烦了。水发出一点点声音，仿佛向他低声的呼唤呢。"天佑掌柜投了河。

奸
商

老舍投湖之前，在湖边坐了一阵，我们无从了解老舍想了些什么。不过，在他笔下的天佑掌柜之死，我们可以知道那种屈辱和绝望是极为相似的。老舍与他笔下天佑掌柜的命运如此近似，不能归咎于冥冥中有什么安排，悲剧的原因是人性的恶并未随时代的变迁而泯去。作家选择了与他作品人物同样的死法，逼死这位作家的恶是多么惊人的相似。

当初参与殴打这位著名作家的红卫兵，不知有谁曾用忏悔来赎罪？罪愆太深了，假使真有这种赎罪，对于一位死者来说，真的有实际意义吗？特别是——

用遗忘的温水，能揭下粘在血泪之上的历史白衬衫吗？

遣兴一读法律小说

近闻梁文道(凤凰卫视"开卷八分钟"主持人、香港著名书评人)在推理小说讨论活动中发言,指出中国的类型小说很值得哀叹。他提到的类型小说,指的是一种模式化的通俗小说类型,如侦探推理小说、间谍小说、犯罪小说、恐怖小说等。在英美国家、法国、日本等国,侦探、推理之类小说十分繁荣,在中国这类小说的本土作品却成绩欠奉,他将原因归结为这类小说既考验作者智力、逻辑能力,又需要极强专业知识背景,中国作家目前的水平还很不够。此外,他还捎带着批评现在红火的白话历史、职场官场等类型文学,称"写实化或者专业化的小说,你要有很好的头脑,你要下大量的工夫研究这些东西,恰恰在这两点上,中国都很不合格"。在中国,只有武侠小说成为一枝独秀的类型小说,但是也已衰落,"我觉得我们最大的问题不在严肃,而是中国的通俗文学很糟糕,没有一个很好的通俗类型文学的市场机制的话,高端的文学发展也很困难"。

长年旅居美国的梁厚甫先生以比较文化的眼光诠释中国法律题材作品的不足:“中国的法律小说,把重点放在人的身上,而不是放在法律的身上。像包公案,有了包公,法律才可以施行,没有了包公,法律就成为具文。这样绝不能做到法律人格化。又如《十五贯》,也是只侧重于县官,没有把法律人格化,美国则不然。在一般美国人心目中,法律有如一个在自己顶上的巨人。中国老讨论‘举头三尺有神明’,美国人则认为举头三尺有法律”。未将法律人格化,是中国法律题材文艺作品的最大缺陷,民众在中国法律题材作品中看到的只是清官的作用,于是产生清官情结,将希望寄托在对清官的幻想之上,由此内心培育的是人治观念而非法治观念,长此以往反而助长不守规矩、不尊重法制的思想。

梁厚甫先生曾谈起“法律小说在美国所起的作用”,对法律小说的法律文化传播功能啧啧赞赏,称“美国有今日,得力于法律观念能深入人心。例如,在水门事件中,尼克松总统不得不下台,此事的主要功劳应归之于美国人坚持总统犯法与庶民同罪的法治观念。美国人的法治观念如此根深蒂固,得力于美国的文艺作品,特别是大众文艺作品,特别是大众文艺作品中的侦探小说与法律小说”。他还特别提到,“这些小说再拍成电影和电视剧之后已成为美国全国民众的精神食粮。这些小说与电影,是美国人法治观念的主要源泉”。梁厚甫提到,美国法律小说包含以下信念对民众有潜移默化的影响作用:法律是社会公约,无论何人都无例外地受到这一公约的约束;法律面前人人平等;没有证据不能给人定罪,“执法官吏的最大事功,是找证据,而不是随便入人于罪,执法界的最大英雄,是具有找证据的天才,而不一定是孔武有力,亦不一定是神枪手";人自始就是无罪的,要认定某人犯罪,先要证据在手;美国无因果报应之说,法律就是恢恢天网;否定个人对个人的报仇行动,要报仇只能向执法官员提供证据。梁厚甫认为,"任何社会,都有一套法律系统,这一套法律系统无论为哪一个阶级来服务,必要使之人格化、尊严化,才能有作用。这两化不是教科书所能做到的,不能不借助于文艺作品,美国已有成功的例子在前"。梁先生建议:"创作法律小说或多搞这方面的翻译或者套用一些故事,也会产生好效果。"

法律题材小说、影视剧何以有这样的魔力？小说、影视剧本来就是大众喜闻乐见的文艺作品,发生在社会上的各种案件本来就具有强大吸引力,以文艺形式展现各种案件,无论是案件过程的艺术渲染还是法庭攻防的精彩展现,往往发生引人入胜的特效。各种大众文艺作品一般都含有一定的意识形态要素,意识形态体现为一种价值观念体系,美国学者路易斯·贾内梯曾言:"意识形态的一般定义是:反映某一个人、集团、阶级或文化的社会要求和理想的一套思想体系。这一名词通常与政治和党派立场有关,但它也可以是指任何人类活动——包括电影创作——所暗含的一定价值观。事实上每一部影片都向我们展示不同的人物类型、一些理想的行为、一些负面的特征,以及以影片作者的是非观为基础的一种暗含的道德寓意。"大众文艺作品公认的功能有两项,那就是娱乐与教育,有的侧重教育功能的作品甚至成为宣传广告作品,更多的是隐含有意识形态的内容,而且"即使是最轻松的娱乐片也隐含着某种价值判断"。民众观看这些文艺作品,会受到其中价值观念等意识形态要素或深或浅的影响,具有现代法治观念的小说、影视剧便成为民众法治观念的重要源泉。

当我们意识到小说、影视剧在培育民众法治观念以及法律文化传播的其他相关作用的时候,自应进一步思考怎样才能发挥大众文艺作品的这一独特作用,并鼓励人们多创作法律题材文艺作品。也许更为重要的是,聪明睿智的人们应该认识到我国正处在法治初创时期,民众法治基础的形成和稳固对于法治来说是不可或缺的。一个常识性的认识是,在民众普遍缺乏守法守规矩的习惯的社会是不能建成一个法治国的。尊重法律的社会民众群体之所以重要,正如梁厚甫先生所言:“法治,是由下而上的。”

司法谋略与米里哀主教的疑问

法国作家维克多·雨果的小说《悲惨世界》是我最喜爱的外国小说，由让·加班主演的同名电影也是我最喜欢的电影。维克多·雨果的这部史诗般的作品充满了人道主义的力量。小说的序言很短："只要因法律和习俗所造成的社会压迫还存在一天，在文明鼎盛时期人为地把人间变成地狱并使人类与生俱来的幸运遭受不可避免的灾祸；只要本世纪的三个问题——贫穷使男子潦倒，饥饿使妇女堕落，黑暗使儿童羸弱——还得不到解决；只要在某些地区还可能发生社会的毒害，换句话说，同时也是从更广的意义来说，只要这世界上还有愚昧和困苦，那么，和本书同一性质的作品都不会是无益的。"这寥寥数语，胜过万语千言，读过这部小说或看过根据这部小说改编的电影或电视剧，便知其中包含的悲悯情怀。《悲惨世界》中米里哀主教的一个小故事，让人们想起这

Les Misérables

样一个问题：司法究竟应当怎样才能经得起人道主义的严格检视。

米里哀主教如何评价一个机敏的司法官

《悲惨世界》的主人公是冉阿让，小说开篇却用不少篇幅介绍米里哀主教。米里哀主教为冉阿让出狱后的慈善行为提供了心理前提和精神基础，是小说中引领冉阿让灵魂的人物。

米里哀主教的全名是查理·弗朗索瓦·卞福汝·米里哀。这是个七十五岁左右的老人；从1806年起，他担任迪涅区主教的职位。米里哀主教是真正的教徒，他以自己的行为实践着基督徒的仁爱，并感化了这部小说的主人公冉阿让。冉阿让由一个对不公道的社会充满敌意并想要报复的人变成了对穷人充满同情、乐善好施、心怀仁德的“马德兰市长”，源自米里哀主教的救赎。米里哀主教曾说：“做一个圣人，那是特殊情形；做一个正直的人，那却是为人的正轨。你们尽管在歧路徘徊，失足，犯错误，但总应当做个正直的人。”他还告诫：“尽量少犯错误，这是人的准则；不犯错误，那是天使的梦想。尘世的一切都免不了犯错误。错误就像一种地心吸力。”他对犯过错的人有着天使般的宽厚：“对无知识的人，你们应当尽你们所能地多多地教给他们；社会的罪在于不办义务教育；它负有制造黑暗的责任。当一个人的心中充满黑暗，罪恶便在那里滋长起来。有罪的并不是犯罪的人，而是那制造黑暗的人。”维克多·雨果以小说叙事者的口吻评价说：“他判断事物有自己特异的方式，我猜想他是从《福音》中得来的。”

米里哀主教判断事物的特异方式从下面一件事反映出来：

“有一天,他在一个客厅听人说,有一件案子正在调查,不久就要审理。一个穷困潦倒的人,出于对一个女子和他们所生的孩子的爱,实在走投无路,便铸了伪币。那年头,造假币仍然要处以死刑。他造的第一枚假币,那女子拿去花时被抓住了。把她抓起来,但只有对她本不利的罪证。唯独她能招认告发,断送她情夫的性命。她矢口否认。怎么逼供她也不肯招认。于是,检察长便想了个办法。巧妙地拼凑了一些信件的片断,制造了她的情夫负心的假象,让那不幸的女人相信她有个情敌,那男子欺骗了他。她在极度妒恨之下,便举发了她的情夫,全部招认,全部证实了。那男人没救了。不久要在艾克斯城和他的同谋受审。讲述完这件事,大家交口称赞那司法官的机敏。他利用妒嫉的心理,让人出于愤恨而讲出事实,借助报复的心理而显出司法的威力。”小说接下来的几句对话让人深感震撼:

> 主教一声不吭地听着,等大家说完了,他就问道:
> “在哪审判那男人和女人呢?”
> “在重罪法庭。”
> 主教又问道:“那么,在哪审判检察官先生呢?”

米里哀主教对这位检察官的评价是以一个疑问含蓄表达的,仔细品咂这一疑问,会令人有当头棒喝的感觉。

犯罪发生后,如何发现和惩罚犯罪不但是侦办案件的专业人员最为关心的,也是社会一般民众关心的。从发现和惩罚犯罪的角度来评价,这桩伪造货币的案件因那个女人使用伪造的货币被抓而为司法机关所了解，但由于该女人拒绝招供，应当承担伪造货币罪责的人无法受到刑事追究。在案件陷入僵局的情况下，检察官使用计谋，打破人的心防，突破案件的“瓶颈”，从而获得案件的全部真相，可谓善于利用人的心理为侦查服务。对于这样的司法官，众人交口称赞，理所应当，米里哀主教却认为应当对他进行“审判”，是不是有点匪夷所思？

仔细想来，米里哀主教对于这位司法官的评价不是从结果来评价的，主要从计谋本身的性质来评价的。检察官使用的计谋无疑是“欺骗”行为，为了得到预期的口供，他不惜伪造一些信件的片断，让极力保护自己情夫的女人相信忠贞不二的爱情竟然不堪一击。打破心灵的美好，将其化为一种怨恨，这一做法让人类的心灵更加堕落，让人们感觉自己生存的社会十分糟糕。这种“欺骗”行为的不道德性因下述因素而得到强化：伪造货币的行为是穷困潦倒、走投无路的结果；这一犯罪行为出于一个男人对一个女子和他们所生的孩子的爱；这是这个男人造的第一枚假币；女人基于对于男人的爱试图保护他不受法律的惩罚；当时法国的刑法十分严酷，伪造货币要被处以极刑；当司法官的诡计奏效后，那个不幸的男人无可挽回地要被送上死路；那个被利用的女人可能会知道那个男人对她的忠诚和爱而后悔不已。当这些因素摆在人们面前，司法官的计谋能否经得起人道主义标准的检视？一个司法官，用这种可能给良心带来冲击的欺骗行为来达到发现案件真实的目的，是否应当受到谴责？

人们还可以进一步思考：如果不是这对令人同情的穷困男女涉案，而是天憎人怨的恶人受到欺骗方法的捉弄而供认犯罪并受到惩罚，司法官会因使用“诡计”而招致道义的审判吗？

对于司法中的谋略我们有过严格检视？

读古代公案小说或者真实案件的笔记记述，常常读到司法官员运用计谋查明案情的故事。例如，《十五贯》中况钟化装成算命先生从娄阿鼠口中套出真情；又如，《七侠五义》中包公夜审郭槐，布置阎罗殿，骗得郭槐信以为真，说出狸猫换太子的真情。读到这些，人们敬服这些官员足智多谋，把难以揭破的案情大白于天下，使坏人受到惩罚。《公案》有一则“朱太尊察非火死”的故事便属于这一类：

明朝嘉靖年间，太原府文水县人戚孔扬，有坟山与左之相联界。看风水的曾言此山有风水，其正穴落在左之相的地界内。戚孔扬家富人强，硬要将戚母棺柩葬在左之相地界内。左之相去阻拦，无奈戚家人多势众，不但不成功，反被其辱骂赶打。戚家葬坟之后，将山开立界，还栽插松杉。左之相托人去商求山价，提出给予补偿款才不去官府告状。戚孔扬说：“我葬祖坟山，与他何干？”根本不与他讨论价钱的事。左之相怀恨在心。这是案件的起因。

过了一个月，正是十一月二十日夜间，左之相带了利刀，将长梯倚靠在戚孔扬屋外，悄无声息扒上屋顶，潜入戚家。冲开房门，将一家男女全都杀了，还一把火将房屋点着。左之相从屋顶走出，下了梯子回家。虽然无人知晓，但杀了人还放了火，左之相自己也感到心寒，那时候把长梯放在自己门外，没有收进去，便悄悄回家，闭门去睡。等到火大了发出声响，左邻右舍听到，大家齐来救火，群起喊叫。看见火从戚孔扬家燃起，周围是墙，戚家大门紧闭,众人不能进。大家看到火焰熏天,无人从里面出来,都认为戚家自己失火。次日,知府得到报告,知道失火造成一家死亡之事。这是案件发生的经过和结果。

当时的知府是夏党,他对此事感到疑惑:“火烧起来,尽管突然和急促,应当有惊醒的人知晓后逃出来,岂有一家七人无一人能逃脱的? 此必有弊,我应当亲自去勘验。”等到现场实地勘验,惟见到处都是乱七八糟的瓦砾。令人扒开灰烬,只见骸骨堆叠,无法辨识都是谁。将四邻拘来审问,都说是戚家失火自烧,众口一词,问不出个所以然。夏知府一面令戚家亲族收贮骸骨,自己上轿到各家巡视,观察动静。到左之相门口,看见门外有一长梯,竖起比屋子要高。将左右邻居捉来盘问,问他们:“此梯常放在这里的,还是前夜救火用的?”邻居说:“ 不是常放在这的,也不是救火用的。昨日才放在这里,不知干什么用。”夏党把左之相拘来,问道:“你把长梯放在这里何用?” 左之相一时回答不上来,半晌才说:“想要修补屋漏。”夏党让他离去,问其他人:“左之相与戚孔扬有仇吗?”回答:“只前月争一坟山,没有别的仇隙。”又问:“这个地方有哪些人是小偷,可报上一人来。”回答:“小偷不少,陈五是最有名的。”夏太守立即下令把陈五抓来,私下温和地安慰他:“这里有人揭发你做贼,我考虑你穷,把你从前的罪都赦免不问。但今后你要做好人,不要再做坏事。”陈五叩头谢罪。夏党又说:“我一会儿在众人面前,问你戚家失火的事, 你说只看见左之相倚梯在戚家屋上。我自有主意。”

吩咐以后,将众人召集来,将陈五上了夹棍。审问陈五:“你夜夜做贼,夜间的事你都知道。前夜戚家着火,大家都说是你偷他家财物,被他发觉,因此放火脱身。你要好好招供,不然活活打死你。”陈五按照夏党吩咐,说:“小人确实夜夜做贼,但戚家放火不干我的是。当夜我看见左之相把梯子架在戚家屋上,进去一会儿又出来,随后就着火了,这事一问他就清楚了。”众人听了面面相觑,还以为他真的看见了。不一会儿,将左之相拘来,夏党对他说:“陈五见你登梯到戚家屋上去,出来就着火了,一定是你放的火。里面七人没有一人逃脱,一定是你先杀了他们然后放的火。”左之相见真相已经被夏太守说出来,便甘心承认:“老爷神见,确实我先进去杀人然后放火,现在以一命抵七命。我死而无憾。”

这一案件因坟地纠纷而起,戚家仗势欺人,左之相本应借助官府来解决纠纷,却挟怨夜入戚家,连杀七口,焚屋灭迹,用当代的话说:手段残忍,后果严重。此案按照当时的刑事技术水平,难以探知死亡真相,众人都简单认为戚家自己失火,并非他人放火。不过,毕竟经不起经验法则的检验,如夏太守分析的那样:火烧起来,应当有人惊醒而逃出来,岂有一家七人无一人逃脱的道理?夏党亲自到现场勘查,还仔细观察了解周围人家的情况,发现左家门口的长梯子,又从梯子长度和邻居反映的情况以及左之相对于梯子用途的反常回答,通过推理形成正确判断。不过,夏太守对于此案没有直接证据,难以定罪究治,就用一个小偷的虚假证言诈出实情。夏太守运用的,是欺骗的谋略,这个谋略不是不可接受的。

我国古代司法官运用诈术获取口供发现真相的故事并不鲜见,自古以来却很少有人研究这些诈术在当代是否应为司法所接受,也几乎没有人从中总结出一般规律,提供给当代司法参考遵循。我记得看过一个故事，略为触及这一问题：一位已经许配人家的女子与另一位她所钟爱的男青年（大概是表兄或堂兄）私下恩爱，为了不影响以后嫁给许配的人家，他们用特殊方式来代替性交。事情终于败露，官府在堂上检验，发现女子尚为处女，正为难时，有聪明之士对审案官员说有可能肛交，查验果然有这样的迹象。记述此案的作者评论说：这类聪明人真是多事。

无论如何，司法多有策略。司法人员使用欺骗手段来探明真相，引出的疑问是：可以接受的司法谋略与不可接受的非法取证行为究竟有何界限区别？

司法谋略与不可接受的非法取证行为如何区别

《悲惨世界》中伪造货币案件，放在当代，大概不会形成疑问，在法治成熟的社会，何为可以接受的司法谋略与不可接受的非法取证行为已经有了较为明晰的界限。

司法中的欺骗，表现为以虚构事实或者隐瞒真相的方式套取被讯问者的自白或者证人、被害人等的陈述。曾有加拿大学者指出："许多警官感到使用欺骗手法从被告人那里获得自白并没有错。换句话说，为了抓贼，警官必须扮演一个贼。支持这种观点的人会高兴地知道，许多法官都同意这种观点。如预料的那样，司法人员在这个问题上分裂成对立的两派。"对于司法中具体事例，有人质疑："告诉被告人说他的同伙已经招认并且牵涉到他，实则其口供是虚假的，或者甚至是真实的时候，这有什么不对吗？警察把自己人安插在警察局的监室内，以便以同被告人交朋友的方式从对方套取情报，这是不适当的吗？告诉被告人他袭击或者强奸的被害人正躺在医院里处于病危状态,实际上并非如此,这是不适当的吗?”这些问题都涉及查明犯罪真相与保障个人人格尊严的矛盾,法庭常常面临这样的难题。针对警察把自己人安插在警察局的监室以便以从被告人那里套取情报的做法,加拿大最高法院多数法官认为这一做法并没有错,因为被告人并不知道该警官是政府人员,这样检控方没有义务去证明其陈述是自愿的。使用欺骗方法或谎言不必然导致陈述不可采纳,法庭会仔细审查作出陈述时的情况。

的确,欺骗与司法谋略(特别是警察使用的侦查谋略)容易混淆,但不是不能分辨。判断时可以遵循以下标准:一是良心标准,法官接受某种方法获得的自白或其他言词证据是否感到良心上过意不去,换句话说,良心是否感到不安或受到冲击,这是从伦理道德方面设定的标准。二是与自白任意性规则相联系,依靠这种方法取得口供,是否足以导致自白失去自愿性。法庭不打算宽厚看待精心编造谎言或者捏造一种情况促使被告人去坦白的做法。不过,“无论如何,使用了诡计或者欺诈方法会自动导致口供不可采的推断是不正确的”。关键是,采用欺骗方法是否试图使之发生影响或者实际上已经发生影响,从而导致自白是非自愿。三是依靠这种方法取得口供,是否足以使无辜的人承认自己有罪,这是从真实性方面设定的标准。四是法律正当性标准或人权标准,某一做法是否违背法律正当性原则,或侵犯人权,决定了它是否可以被接受。

刑事司法中对于证据,特别是自白,可以遵循上述标准加以检验,进而决定是否加以排除。排除证据的自由裁量权最终是赋予法官的,法官在行使自由裁量权的时候应当本着良心和理性,遵循法制和现代法治原则,拒绝偏袒公权力机关及其人员,这样才能做出符合公道的裁决。许多国家就哪些手段取得的证据应予排除、哪些不须排除以及相关的证明责任制度的立法例和学术研究成果,为我国完善证据制度提供了宝贵资源。

值得一提的是,在这些标准中,良心标准将判断诉诸伦理道德,与人文素养和人道主义精神相联结。现代司法注入了人道主义的精神——人及其存在的事实本身在本质上被认为具有尊严的性质,人及其存在的尊严被视为最高的善,是其他各种价值的基础。司法中的人道主义,含有一种基本要求,就是在刑事司法中尊重个人的自由、权利和人格尊严,将人(特别是那些权利最易被抹杀的犯罪嫌疑人、被告人)以“人”相待,承认并尊重其主体地位和诉讼权利,给予其作为人应有的礼遇,反对将“人”物化、客体化、工具化。

在米里哀主教的疑问里,我们能够解读出这样一层深意:犯了罪的人同其他人一样,是有血有肉有情有欲的人,他们也同其他任何人一样有着与生俱来、不证自明的权利,对于他们的权利的限制或者剥夺,必须建立在必要的基础之上,不可随意为之,他们因被控告、有的还确因乱禁犯法而权利受到限制和剥夺,然则哪些权利应当限制或者剥夺,应有法律和道义加以严格限定。在司法中,犯罪嫌疑人、被告人作为人的性质常常被执法者忽略,他们容易被物化、客体化,当他们不被当作“人”对待的时候,对他们施以不人道的对待就会被合理化,执法者就不会因野蛮行为而受到良心的责备,执法者的人性也就被兽性所取代。

米里哀主教的故事提醒我们:当在“审判”别人的时候,每一个司法行为都应当经受得住严格的检视,在正式的司法审判之外,还存在一种道义的审判。

从侦探小说看诉讼证明

在刑事侦查中，不是所有的案件都能侦破，因此有所谓"完美的犯罪"(perfect crime)的说法。这个短语表达这样一种意思："一个被称为'完美的犯罪'的案件，需要满足两个基本条件，一是必须完全达到了犯罪目的，二是犯罪人甚至没有被怀疑过。也许，人们还可以进一步说，案件发生后没有人意识到该犯罪已经发生；被害人表面上看去是自然死亡；珠宝似乎是遗失而不是被偷走了。如果是这样的话，完美的犯罪应当从来没有被记录过——除非犯罪人自己在死后留了一份署名的自白。"

阿加莎·克里斯蒂的小说《无人生还》(又名《十个小黑人》，美国版本名为《十个小印第安人》)就描写了一起"完美的犯罪"：八个素不相识的人接到邀请，分别乘船到一个孤岛上的别墅作客。"主人"并不在岛上，但他安排了管家和管家的妻子接待他们。没有摩托艇或者其他船只到达这里，岛上

AN AUTOBIOGRAPHY
'Wonderfully easy to read and engrossing'

除了这十个人以外没有其他人。有一首关于十个小印第安孩子逐一死亡的儿歌镶在房间的镜框里。抵达后的晚餐会上,餐桌上有十个小瓷人。管家按照那位没有露面的主人的预先指示播放了一张唱片,唱片传出的声音竟是揭露这十个人曾经犯下却尚未受到处罚的严重罪行。灾难开始了,一位客人呛了一口酒之后突然死亡,与儿歌上第一位小印第安孩子死法相似,一个小瓷人也被人偷偷打碎了。随后的几天里,其余九个人有八个被逐一谋杀,最后一个也在极度恐惧的情况下自杀了。十个小瓷人随着这些人逐一死亡而全部被打碎。这真令人震惊,似乎是超自然的力量支配过这些人的命运,警察倾注精力进行了细致的侦查,最后英国警察厅派来调查该案的副专员不得不气恼地承认侦查失败:“十个人,死了十个,一个活的都没有。简直无法理解!”

如果案情发展至此宣告结束,就成了神异小说而非侦探小说矣:神异小说不必有答案,就是有答案也不必求其合理,但侦探小说的谜底必须揭开,这谜底必须合情合理。在《无人生还》中,谋杀者临终前将整个谋杀经过写成手稿放进漂流瓶扔进大海。拖网渔船爱玛·珍号船主捡到了这只漂流瓶并把他交给了英国警察局。于是真相被揭开,人们恍然大悟。

读罢全书,读者不得不对“侦探小说女王”的巧思深表钦佩,她在小说中布下了三个揭开此案谜团的线索。不过,即使最精细的读者恐怕也难以猜到谜底。

从这部侦探小说里我们可以看到:不能侦破案件不一定意味着警察愚笨。实际上,就有限时空内的人来说,人的认识能力是有限的。对待人的认识能力,应当采取公允的态度。我们须承认由于主客观条件的限制,不是所有的案件都能发现真相,也非所有的事实都能获知实情。在诉讼证明中,有的事实,即使案件侦破了也未必都能一一查清,如精神领域的事实、赃款赃物的去向和犯罪发生的精确时间,往往难以弄个水落石出。我们常说,人的认识能力具有相对性,就是指这类困窘状态。

不过,有一些热情的学者对人的认识能力抱有乐观态度,认为人类具有认识客观世界的能力,客观上已经发生的案件事实,必然在外界留下这样或那样的物品、痕迹,或者为某些人所感知,只要有一批高素质的司法干部队伍,只要严格遵守法律的规定,就能够通过调查研究查明案件的客观真实。按照这种说法,在我国不应该存在不能侦破的案件,这正是1996年修改前的《刑事诉讼法》不规定如何处理疑罪案件的原因。但在司法实践面前,这种乐观见解却不免要捉襟见肘。我们捧着《无人生还》之类小说求教:这样的案件我们能够保证一定会侦破吗?在我们的社会里绝对不存在"完美的犯罪"吗?

结论当然是,不是所有的犯罪案件都能侦破。

不过,一种神话被打破之后往往就会出现相反的一个。如今许多人将人的认识能力的有限性强调到绝对化的程度,提出任何案件都不可能发现客观真实。即使发现了也无从知道,因为,人的主观认识是否符合客观实际情况,只有上帝才知道。

在小说《无人生还》中,清楚知道谋杀过程的人已经死亡,一场谋杀确乎成了只有上帝才知道答案的悬案。不过,警察还是知道了，他们借助于谋杀者记述谋杀经过的手稿了解整个案情。

或问：这个手稿记载的内容一定真实吗？即使真实，又何从知道呢？

答曰：其实，人们在阅读手稿的时候一直在与已经知道的案件证据进行比对印证，当人们发现证据能够相互印证，并且由这些证据进行判断得出的结论是唯一的、排除其他可能性，自然会相信他们对这个案件的认识与实际发生过的客观情况相一致。人们一直在这么做，事实证明它往往有效。

读侦探小说，如果对这个回答也要质疑，要否认，实不足语也。非要这样，只好把侦探小说从书桌、书架上通通撤下来，换上神异小说算啦。

从侦探小说再看诉讼证明

老舍先生说读侦探小说他总是先读最后一章，这当然是玩笑话。侦探小说常常以“谜(mystery)”为题，如《荷兰鞋子之谜》之类，解谜的过程让人兴味盎然。看侦探小说，跟着侦探寻求真相的过程不可错过，结局往往出人意料，真是妙不可言。由于存在悬念，当案件真相大白之时，我们能够获得相当程度的满足感。如果事先知道谜底，悬念尽失，读小说的趣味要减去不少。

查明案件真相，是侦探的任务。看侦探小说，到结尾时此案件终于真相大白。当我们这样说时，并不意味着那个侦探已经将案件调查到与案件原来发生的事实丝毫不爽的程度，这既无必要也不可能。侦探是人不是神，认识能力自然有限，正像现实生活中的警察、检察官和法官一样。侦探调查案件，确认案件事实发生并将真正的罪犯揭露出来便大功告成,谁会要求一个侦探将案件调查到连细枝末节都与案件的本原事实丝毫不差的程度呢?

阿加莎·克里斯蒂在多部小说中塑造了一位脑袋长得像鸡蛋、留着漂亮小胡子、个子矮小的比利时侦探赫克尔·波洛的形象。在东方快车上,这位比利时侦探遇到了棘手案件:一个名叫雷切特的人在自己的包厢酣睡时被人杀死,身中12刀。"有一两刀是轻轻掠过,只是刮伤而已,可是另一方面,至少有三刀是致命的。"经过一番耐心调查和缜密推理,波洛最终查明了真相,是12名旅客合谋杀害了雷切特——一个因绑架儿童而惹得天憎人厌的人。谋杀发生在午夜两点,杀人现场漆黑一团,12个谋杀者鱼贯进入,用同一把刀先后捅向预先服用了安眠药的雷切特的胸膛,留下深浅不一的12处刀伤。

案件侦破了,但是侦探无法查明每一刀捅下去的精确时间,被害者有灵,大概也不能给出一个确切的答案;侦探也无法说明每一刀是由谁捅的,连杀人者本人恐怕都无法说清,人们只能猜测那些深的刀伤是身体强健的人捅的,浅的是身体羸弱的女人或者老人捅的。

但我们并不会因此说本案经调查后仍然事实不清,所谓"查明案件事实",可不是指连每一刀捅下去的精确时间和哪一刀是谁捅的都要查清楚。只要为定罪量刑所必需的事实已经查清,这就够了。事实上,在任何一起案件中,刁钻的法官都不难找到一个或者几个"事实不清"的地方。

我国刑事司法也是如此。刑事诉讼法确定的"案件事实清楚，证据确实、充分”标准，并不是指事无巨细都要查个“山高月小，水落石出”。许多年前，笔者做学生时，曾聆听严端教授讲诉讼证明，特别提到，一个人捅了另一个人 37 刀，公安司法机关不必一刀一刀查清楚，对“事实清楚”不能这样机械理解。

如今，法律真实论的支持者纷纷抨击“客观真实”的证明标准，似乎该标准就要求将案件的任何细枝末节都要一一查清楚，岂非冤枉！

辩护律师陷害当事人：文学想象的一例

许多文学作品都有法律人或者法律活动的描写。法律人及其活动本来就是现实的一部分,不仅如此,还往往是引人入胜的现实的一部分。作家偏爱讼事,在现实基础上加以想象,用生花妙笔描摹出来,于是便有了《红与黑》《荒凉山庄》这一类经典名著。至于一般的畅销小说,更不可胜数。

读小说,看其中描写的法律世界,有的因描写过于逼真,不知道是作者的想象还是确有其事,例如,读西德尼·谢尔顿的小说《午夜的另一边》,心中就萦绕不去这样一个疑问:

被自己的辩护律师陷害,这是可能的吗?

律师总是以扶危济困、匡扶正义的形象出现在世人面前,实际上也承担着雪中送炭、溽暑送冰的功能。当事人摊上官司,聘请律师为自己解困,彼此信任,协力同心,怎能反被律师所害?美国一部电影,描写一些囚犯在狱中服刑,问到他们所犯何罪,各个声称无罪,坐牢都是"被律师害的"。这不过是笑谈,未必真有其事。当然,被菜鸟律师或者笨蛋律师耽误,以致打输官司,也非不可想象。至于律师故意陷害自己的当事人,看起来不大可能。

不过,仔细想想,至少,这在理论上还是可能的。

西德尼·谢尔顿的小说《午夜的另一边》描写了这样一个故事。诺艾丽·佩琪和她私通的有妇之夫、美国人拉里·道格拉斯在希腊雅典的阿萨凯昂法院大厦33号法庭受审,被控罪名是他俩为了达到结婚目的而杀死了拉里的妻子凯瑟琳·道格拉斯。诺艾丽·佩琪是有着女王般气质的漂亮女人,拉里·道格拉斯是她年轻英俊的希腊情人。为诺艾丽·佩琪辩护的是希腊赫赫有名的律师拿破仑·乔特斯。凡是重大案件,他从来没有输过官司。陪审团对他充满好感。公众舆论对诺艾丽·佩琪和拉里·道格拉斯不利,人们未审先判,对他们犯有谋杀罪无丝毫怀疑。拿破仑·乔特斯不愧为声名显赫的律师,他进行无罪辩护,强调并无尸体存在,他高超的法庭技巧使审判向有利于本方倾斜。事实上,没有找到凯瑟琳·道格拉斯的尸体,她是死是活确实无法证实,这对被告人有利。拿破仑·乔特斯对控方证人的盘诘非常有力,舆论发生了奇妙的变化。辩护律师赢得了诺艾丽·佩琪的充分信任。不过,控诉方也不弱,审判对于被告人来说仍然充满未知数。拿破仑·乔特斯在暂时休庭时与两名被告人在审判员议事室进行了一番交谈。拿破仑·乔特斯告知诺艾丽,如果他们愿意将无罪抗辩改为承认有罪,法院愿意判决两名被告人各五年有期徒刑,实际服刑大约六个月多一点,拉里·道格拉斯将被驱逐出希腊。法院之所以同意这样做,完全归功于诺艾丽的保护人、希腊船王康斯坦丁·德米里斯。康斯坦丁·德米里斯爱她,不希望她被处死,拿破仑·乔特斯就是他为诺艾丽·佩琪聘请的。两名被告人相信了律师的一番好意。随后法庭继续审理,两名被告人将无罪抗辩改为承认有罪,审判长吃惊地提醒他们,根据希腊法律,故意杀人的刑罚是死刑。两个小时后,法庭宣判,诺艾丽·佩琪和拉里·道格拉斯因犯故意杀人罪被判处死刑。当他们意识到自己被陷害,为时已晚。其实,所谓被他们谋杀的凯瑟琳·道格拉斯并没有死,在可怕的暴风雨之夜,这个相信丈夫要杀她的美国女人仓皇攀上一只划艇逃离险境,但划艇翻了,她掉落水中,被修女从湖水里救了上来。诺艾丽·佩琪本是康斯坦丁·德米里斯的情妇,这位船王对于她的背叛怒火中烧,于是借助律师展开计划周密的报复。他能够做到这一点自然是因为钱能通神。另外,德米里斯给了修女院一大笔钱,请修女院收留这个受了惊吓而脑子有点毛病、像孩子一般的女人,让她留在修道院的高墙里面,收容她,保护她后半辈子不受外界的干扰。

这个故事出自小说家的想象,但仔细掂量,在真实生活中也不是绝对没有可能发生的。

但这种事,最好永远停留在文学想象中,现实中还是不发生为好。

在现实生活中,律师为了牟利,明知自己无补于讼事,却夸大自己的"法力",想方设法从当事人或者其亲属那里敛财,收费甚巨,令人咋舌,美其名曰"双方协议收费",这种形式的坑害却是并不鲜见的。不用文学的想象,人们常常直接耳闻目睹。窦文涛在《锵锵三人行》电视节目中曾言“发展中国家,各行各业都是发展中水平”,说得直触到要害。

究竟什么原因导致当事人或者他的家属被律师所害,不妨让法律人而不是文学家用锋利的刀剖开现实的脓包,仔细审视一番,提供个答案吧。

点金成石：犯罪小说杰作改编的一例

小说改编成电影，有很多成功的例子。阿加莎·克里斯蒂的小说《东方快车谋杀案》和《尼罗河上的惨案》改编成同名电影，都是从金子到金子的杰作，可惜“阿婆”的作品拍得成功的并不多，更遗憾的是《无人生还》同样被拍成一部电影杰作，近日 BBC 拍的一部同名电视剧着实不错。E. M. 福斯特小说改编的《看得见风景的房间》《莫里斯》和《印度之行》也属精彩之作，不负小说迷之望。近年上映的《赎罪》《面纱》也很不错，只可惜在我国影院上座率不算高，大家趋之若鹜的，是那些打打杀杀、惊险刺激的美国巨制或者国内几位大腕导演吊足观众胃口的“国产大片”。

有的电影，是点石成金的作品，更为高明。昆汀·塔伦蒂诺导演的影片《低俗小说》(Pulp Piction)就是这样一部电影，据说这部电影是根据几部地道的低俗小说改编而来，用

"MURDER ON
THE ORIENT EXPRESS"

导演本人的话说:“我每部戏都是东抄西抄,抄来抄去然后把它们混在一起……我就是到处抄袭,伟大的艺术家总要抄袭”。话说得很坦白,不过,这种“抄袭”(改编)可是一种用心创造,并不是取巧剽窃,抄他人的捷径。

还有某些电影,本来可以直接把小说搬上银幕,却有点矫情地刻意与小说保持距离,拍出来,除了视觉效果让人“惊艳”,故事却叙述得严重不靠谱儿,人物塑造也不伦不类。现成的例子就是吴宇森的电影《赤壁》。读过《三国演义》的人,再看《赤壁》,都得到医院五官科去看鼻子,或者直接躺上手术台为鼻子正位。试想《三国演义》中赤壁之战描写得何等扣人心弦,这么精彩的故事依样搬上银幕,再加上视觉技术运用,何愁不是一部既卖座又叫好、在艺术上撑得住的影片,但吴宇森却用华语电影史无前例的大投资完成了一部大话三国搞笑剧,花了那么多钱去证明自己充其量不过是个二流导演。

要是深挖一下病根,大概可以归咎到港式商业气息浓厚的“低俗”“快餐”文化,在一个可以把电视剧里诸葛亮、孙中山都弄成飞檐走壁、武功高强的大侠的“文化”环境中,让孙尚香女扮男装、孤身赴曹营侦探,不算特别意外的事情。何况这种影片既想赚国人的钱,更想让老外向外猛掏银子再附赠一座两座金×奖,自然要揣摩观众(特别是那些金发碧眼的洋人老爷老奶)喜欢看什么、看得懂什么,中国的赤壁就变成古希腊的特洛伊矣!

这也没什么奇怪,中国电影在全球美国化的背景下正在好莱坞化,香港电影人得风气之先,把香港速食面式的影片制作方式带到内地来,就有这种结果。有一利便有一弊,港式文化北渐,利在电影变得好看,不过只是视觉上的好看,流失的是厚重的文化底蕴,这就是弊端了。

欧洲电影人有点看不上好莱坞,也是这个原因。好莱坞电影人很会把握观众脉搏,许多电影都公式化了,把成功电影的要素拼接在一起,新片子就诞生了,赢取高票房屡试不爽,那些捧着爆米花的观众就是图一个乐,什么文化不文化,好玩好笑就是硬道理,于是乎以视觉盛筵见长的影片就泛滥成灾了。要看特有文化厚重感的影片,还得看欧洲的制作。

有些小说,读了之后再去看电影,大失所望。美国影片《诺言》(The Pledge)就给我这样的感觉。这是根据迪伦马特1958年同名犯罪小说改编的电影,导演西恩·潘原为一名出色的演员,后来宣布不再出演,执起了导筒;主演杰克·尼科尔森是演技派名演员(用港台口吻说是“巨星”不算过分),他主演的影片当然值得期待。可惜这部影片将故事发生地由瑞士改为美国,故事还是那个故事,却失去了小说营造的浓重的悲剧气氛。看罢影片,除了车祸现场熊熊大火和大火中燃烧的凶手以及穿红色裙子的小女孩之外,没留下深刻印象。

看迪伦马特这部犯罪小说,为小说中浓重的悲剧气氛所感染,退职警探马泰依博士的悲剧形象深深烙印在脑海中。这本来是一个可以避免的悲剧:五十岁的马泰依博士沉默寡言,表面上给人冷酷无情的感觉,当时正处在他事业的顶峰,但不善处理人际关系的他与所在单位的人有些矛盾,正值约旦王国要求瑞士联

邦政府派遣一位专家去安曼帮助整顿那里的警察局，苏黎世推荐了马泰依，这是马泰依乐意接受的委派。在即将离开州警察局前夕，苏黎世附近的梅根村发生一起案件，一个小女孩被惨杀。在现场勘查的马泰依到离案发地15分钟路程村子里，硬着头皮将小女孩的死讯告诉给孩子父母，母亲用平静的声音问："杀人犯是谁?"得到回答后，她要马泰依发誓找出凶手，马泰依无奈，只能依她所要求的"以我灵魂得救的名义"许下诺言。报案的小贩被怀疑杀了人，在警察局被逼问之下承认杀人，随即竟上吊自杀了，村民连同孩子的父母都相信凶手已经死了，但马泰依认为那个小贩并不是凶手。办理完退职手续，马泰依赶往机场前去约旦，在机场，他看到一群前来参观的儿童，想到凶手还没有落网，他突然决定留下来查缉凶手。不过，他已经从警察局退职，警察局不支持他的想法，固执的马泰依决定自己调查。经过调查，他认为凶手应当是人高马大开着一辆车的男人，用巧克力引诱女童然后进行了一系列杀人行为，被杀的小女孩都穿着红裙子。为了引诱出杀人凶手，马泰依与一个带着小女孩的妓女同居，并在凶手必经的加油站为人加油，用那小女孩做诱饵想捉到凶手。果然，种种迹象表明，小女孩被一个男人用巧克力引诱，不久，那个男人约小女孩在树林中见面，凶手就要现身了。马泰依请求警力支援，在树林中进行埋伏，但这一切徒劳无功，设局拿人的计划竟然破产了。马泰依虽然不知道为什么会失败，但他仍然固执地认为这种钓鱼的方法一定能够抓到凶手。在加油站，日复一日，"他就这样地等待着。执拗地、坚定地、热情地等待着"。等待的时间实在太久了，后来的马泰依变成了满面胡子、看上去十分肮脏的老头，坐在一条石凳上，"脚上套一双旧便鞋。他痴呆地凝视着前方"，满嘴苦艾子酒的味道,石凳周围到处都是烟蒂。但是,他等待的凶手并没有出现。那个凶手不会出现了,一个富有的、温文尔雅的小老太太临终前告诉警察局长“一桩没什么了不起的、无关紧要的事”:他的第二任丈夫阿尔伯特杀了几个小女孩,包括梅根村的那个女孩,后来他认识了一个加油站的另一个女孩,一天,他拿了巧克力球和剃刀跳上别克车开走了,十五分钟后与一辆货车相撞,受伤死去了。警察局长心情复杂地把这事告诉马泰依,但无济于事,此时的马泰依“似乎连话都不会听了”。

读罢《诺言》,脑子里满是大雨中的树林、潮湿的草地、泥泞不堪的路面,和小说中灰色压抑的色调。忘不了梅根村被害女孩的父母在得到马泰依的承诺后,望着马泰依远去的背影发出的像是野兽嗥叫的哭喊声(不知道这样号叫的是那个父亲还是那个母亲)。忘不了正直、善良的马泰依总是“痴呆而绝望地瞪视着前方”,握紧拳头,一边摇晃,一边低声诉说着什么,反反复复就是几个字,脸上焕发出无法估量的信念。他说的是:“我等着,我等着,他会来的,他会来的。”让读者难以展颜的沉重的悲剧,最终以证实了马泰依的推断作为结局,更加重了小说的悲剧色彩。

小说《诺言》的黯淡压抑的气氛,在这部美国电影中一扫而空,巨大的悲剧性被影片明朗的色调冲淡了。虽然看得出来,电影导演很认真地拍出这部影片,杰克·尼科尔森也很卖力地诠释着退职警探的角色,但电影与小说相比,还是免不了给人暴殄天物的感觉。

将一部精彩小说改编成电影,拍得不好,便如点金成铁。喜欢小说的读者去看这种电影,一不留神就倒了胃口。因此,喜欢某一部小说的人,对同名小说改编的电影,要有落差太大的心理准备。好在电影《诺言》虽然不及小说,但也还没到胡编乱改的地步。有的电影,根本就不是为小说读者拍摄的。就像《赤壁》,压根就不适合给看过《三国演义》的读者看,没看过这部古典名著的人,也许更容易接受《赤壁》里的胡编乱造、荒诞不经。

在写作并出版《诺言》之前,迪伦马特曾亲自操刀写了一部电影剧本《发生在光天化日之下》,这个剧本拍成了电影。电影出品后,迪伦马特意犹未尽,将电影中的故事写成犯罪小说,这就是《诺言》。我没有看过《发生在光天化日之下》,这部欧洲电影想必能忠实地展现迪伦马特小说所描述的悲剧气氛和感人至深的人物性格,让人们在小说之外,通过影像获得震撼(这意思,当然不是网上所说的"被雷着了")。

卷六

世间若无明眼人

美誉留芳，
臭名遗屁。
千千万万书中记。
张三李四是何人，
一堆符号a加b。

倘若当初，
名非此字。
流传又或生歧异。
问他谁假复谁真，
骨灰也自难为计。

——启功：《踏莎行·美誉留芳》

父子双簧两韩寒，
冒名欺世，
十又三年。
幽灵弄笔锦屏间，
巧饰伪装，
配以厚颜。

岂料风波起麦田，
方天画戟，
掀得云翻。
文苑南郭受讥弹，
卸甲丢盔，
一谎难圆。

——调寄一剪梅

我为何认为韩寒是伪作家？

2012年春节刚过，驶往北京的列车上，闲极无聊，给一位朋友发出一则手机短信，询问方舟子与韩寒之争是怎么回事。春节期间，在门户网站看到方韩大战的报道，当时并没有兴趣点开看看，觉得他们两个，一个是风头正健的打假之士，另一个是引人注目的青年作家，后者还因近年来发表不少公共意见而广受欢迎，两位在各自不同的领域各领风骚，井水不犯河水，怎么会掐起来，根本就像是关公战秦琼。

在火车上的几个小时，有了点闲工夫，取个巧，问问朋友，到底方韩之争是怎么回事。信息发出去之后，回讯很快就来了：方舟子揭露韩寒的作品乃他人代笔。

我看了这个短讯，颇感好奇。回到北京之后，开始阅读有关方舟子质疑韩寒的文章以及对方的回应，随便领略一下韩粉的呐喊。将双方的信息资料读过之后,有恍然大悟之感。我得出一个结论:方舟子对韩寒的质疑没有错,韩寒的确是个伪作家。

意识到韩寒是个伪作家,让我觉得有点沮丧:韩寒曾经是我很赞赏的“作家”,我曾认为他是自我教育的成功范例并在自己的课堂向学生推介,天真地认为韩寒值得那些高分而创造能力低的学子膜拜。我感到气馁的是,他是个伪作家,我却没有预见,现在经明眼人道出,真如醍醐灌顶。另外,我感到不可思议的是,居然连作家都有假,中国之作假,已经达到极致。

韩寒事件给人们的启迪是:谎越撒得大,越不容易让人怀疑。一旦作假到了不可思议的地步,几乎没人会起疑心。

或问:你何以认为韩寒是伪作家?

我把我的判断做个阐明。

韩寒成为舆论关注的焦点,源于新概念作文大赛。“新概念”一词,舶来自英语著名教材“新概念英语”。韩寒在第一届新概念作文大赛中获得一等奖,同时获奖的还有另外19人。韩寒是著名的“偏科”学生,包括语文在内的七门功课不及格,却能够在新概念作文大赛中获得一等奖,当然令人刮目相看。世人不了解获奖经过,只看到获奖结果,服膺于他是很自然的事情。时隔十三年,韩寒获奖的离奇经过才为世人所知,原来他或者他的父亲韩仁均将三篇文章寄给萌芽杂志社新概念作文大赛组委会,据说组委会有人读了,认为一个高中生能够写出如此老辣成熟的文章,实属难得。复赛当日，不见这位韩公子的影踪，据说有人不愿有遗珠之憾，乃亲切联系韩寒，期望其来补赛。于是乎在众人复赛之后，为韩寒单独安排补赛，《萌芽》编辑李其纲出题，其自称现场用纸巾（一说是布）塞入水杯，令韩寒当场为文。据说韩寒在一个小时里一挥而就，这就是世人所知的《杯中窥人》。这一段特别为人津津乐道，渲染者把韩寒往王勃的传奇上招呼。

明眼人发现此一参赛、补赛过程，疑点重重：

韩仁均称此三篇为其子韩寒自行寄出，韩寒称这三篇为其父韩仁均寄出，两人说法对不上。

韩寒家在金山，按照他们的说法，接到电话后赶到补赛现场。有网友以实证精神进行调查走访，得出结论，根据当时路况，从时间上看根本不可能。

李其纲自称现场用纸巾（韩寒说是布，又对不上）给韩寒出题，韩寒即席用一个小时完成《杯中窥人》一文，这篇文章大掉书袋，甚至拉丁文单词也用上，与韩寒连语文、英语等功课不及格的差生形象形成反差。韩寒一方后来解释说，韩寒在复赛前已经在头脑中构思了一篇可套用的作文，这篇得奖作文是套用事前构思好的作文写出来的，这一说法令人生疑。韩寒参加第二次作文大赛，现场作文倒是有套用之嫌，实在写得文不对题，韩寒似乎失去了现场一挥而就"花团锦绣"文章的才能，最后只拿到二等奖，按照作文大赛实际获奖情况，二等奖等于没有获奖。

第一次作文大赛专为韩寒安排的补赛现场，韩寒父亲韩仁均在场目击,不需要回避。

监考人员只有一人,名曰林青,在韩寒受质疑最热闹时亦未见现身,至今音讯杳然。

上海的公证处没有韩寒获奖的资料。

《萌芽》登出的韩寒获奖信息表明他是在C组,那是为社会上报名者(区别于中学在校生)且不需要复赛的组别(赵长天、李其纲等人后来解释韩寒位列C组是排版错误)。

韩寒获得新概念作文大赛一等奖,成为一大新闻。更大的新闻是,这位七门功课不及格者写了一部二十万字左右的长篇小说并隆重出版。由此产生的新闻效应,使韩寒成为舆论的焦点。

大概没有什么人怀疑这是一个骗局,因为谎撒得太大,超乎人们的想象。现在回头再看,韩寒早已露出许多马脚,只不过,那时人们没有往骗局上去想。

韩寒因小说《三重门》引起主流媒体关注,中央电视台曾录制一期节目邀请他做嘉宾。在节目中,女主持人向他问及坐在一旁的女孩是不是像"苏珊","苏珊"是《三重门》里的重要角色。韩寒对这个问题感到茫然(他显然并不了解这部小说中"苏珊"的特质),被主持人问急了,窘迫中抖了个小机灵:"这个问题我们私下谈。"当主持人问到《三重门》书名的含义时,韩寒又陷入同样的困窘,他居然回答:"我忘了!"这个令人瞠目结舌的答案,后来被解读为韩寒有个性的表现。韩寒一方解释说录制现场其他嘉宾对韩寒不友善(换句话说,韩寒感觉现场气氛不友善),因此对于主持人的问题不想认真回答,就赌气顶回去。人们相信了韩寒一方的解释,让韩寒侥幸又过一关。

当麦田、方舟子和广大网民对韩寒神话提出质疑之后,韩寒又是晒自己坐在铺开的稿纸中间的“玉照”,又是出版《三重门》手稿,看似既光明又磊落,一副信心满当当的样子,但是从另一个角度观察,这种应急过敏反应,表明对他的质疑确实击中了要害,韩寒一方不得不紧急“止血”。

韩寒起初摆出不依不饶的姿态——起诉方舟子,为了取得有利于己方的司法管辖权,还拉了个不知名“网友”来垫背。韩寒通过这一起诉动作算是精神胜利,先拿下一分。不过,笑到最后才笑得最好,韩方忽然意识到这起诉动作实际上是一个烂招,因为起诉之后的审理,等于引公权力介入这一纠纷,万一法院认真查究起来,揭了韩寒的老底,损失可就大得难以承受了。于是,接下来的一幕是:韩寒以整理材料为名撤回起诉,并声言等材料整理好了再来过招,结果几年过去了,“再次起诉”杳如仙鹤,不见了踪影。

韩寒给媒体人士石述思发了一个手机短信,石述思将这一短信向公众曝光:“石老师,我是韩寒,借用我爸爸的微博登录一下。感谢您公正的态度,如果一个公共打假人物如果要确定一个作家有代笔必须要有证据,这是重大的指控。而且从世界的共识上,如果方舟子没有证据,却提出和确认这个指控,而所有作家都是无法自证的。这其实从刚开始就剥夺了写作者的言论自由,因为无法辩解。所以在全现今世界范围内都不会有这样的指控存在。谢谢,新年快乐。”有人指出,这一短信文词拙劣,让人们联想起以韩寒名义开设的博客最初上载的一些同样拙劣的文字内容,引发大家关注和讨论韩寒博客早期文章文字水平的高潮,其中有一篇博文《京城》被大家讨论最多:

> “终于回家了。京城好大,京城国际机场好大,我一看见就惊着了,惊着就发烧了。烧了五天。京城路好宽啊,车也好多,好车也多,车多也好,好多车也。京城的酒店好大啊,就是五星的居然收不到卫星电视。算了,在京城只看新闻联播。京城的鸡骨头汤真好喝啊。京城的姑娘好严谨啊,预算五百一分不超。京城人士球打的真好,我在我们村里已经算打的好的了,村长说,你能代表我们村,去首都了。但是,我被首都人民轮奸了。女的奸完换男的,朋友奸完换亲人,且多轮。这样的摧残一个病人,世界人民震惊了。带头的某人甚至自己搞到脚抽筋啊。
>
> 终于,回来了。波音747好大啊。我去京城都干了些什么。”

人们相信,这才是司机韩寒的真实文字水平。这些低劣的文字与后来忽然文笔得到飞跃式提升的那些杂文真不可同日而语。那些杂文为韩寒赢得了社会的更大声誉,使他成为某些专家、学者眼中的“公共知识分子”“当代鲁迅”乃至未来的“民选总统”。

在韩寒受到质疑时，常有人咆哮曰：没有直接证据，怎能认定韩寒为代笔？

深究起来，直接证据是有的。这里需要解释一下，如果单独一个证据便可证明“案件”主要事实，该证据就是直接证据。韩寒自己提供了两个直接证据，一是《就这样漂来漂去》一书封底印了一段文字，当有人问到的时候，韩寒居然不知道这段出自该书正文，还说不知道从哪里来的，特别不是他的风格。二是韩寒在一次接受网站视频采访时接到一个电话，韩寒侧身一边，低声与对方交谈（后来知道，对方是一个名叫“术术”的女士，本名为张燕，中南博集天卷传媒公司副总经理），对韩寒来说，不幸的是，电话对话内容被正在录制此次采访的摄像机捕捉到，于是人们听到了这样一段对话：

术术：现在在做一个“我的18岁”的征文，你能不能写一篇啊？

韩寒：哦，哇，我还是不写了吧，真的。

术术：只是玩，我觉得挺好玩的，我也觉得……

韩寒：真的，关键是写不出来，我之前推掉过你们。包括别的频道的那个征文也都推掉过了。代写就不大好啊。

术术：并不是说什么，就是图你安个名字。又不是第一次了。

韩寒：对，也包括类似的事什么的，也是你们频道，你们网站做的，我都推掉了。我发现不大好，再代写的话。

术术:哦,那就这样。

这段对话,为证明署名韩寒的某些文章只是挂韩寒的名字实则由他人代笔提供了直接证据。

韩仁均的“隐秘博客”提供了另一个直接证据,有一篇署名“韩寒”的文章发表在韩仁均的“隐秘”(鲜有人知)博客里,大约50多分钟后出现在韩寒的博客中,细心的网友发现文中“父辈”转到韩寒的博客中变成了“爷辈”,再联系韩寒父子的年龄差别,不难得出那篇文章是韩仁均所写的结论。

至于破除韩寒神话的间接证据,那就太多了,本文不想详述,有兴致者不妨到网上去看。间接证据又称“情况证据”,不能仅凭一个证据便证明“案件”主要事实,需要与其他证据结合在一起,形成对于“案件”主要事实的证明,这样的证据就是间接证据。认定事实,不必尽依赖直接证据,间接证据达到一定数量也能够藉以对事实作出认定。韩寒事件牵扯出许多间接证据,固然每一个间接证据都有另外解释的余地,但耐人寻味的是,这些间接证据都指向同一个结论,这个结论是韩寒做假。我们看到的,所有间接证据指向的这个结论,综合来看是唯一合理的结论。

揭示韩寒是伪作家的证据实在太多,不胜枚举,我这里拉杂地列举几个例子,只是想告诉各位,为什么我认为韩寒是个伪作家并且对这一判断深信不疑。列位若有闲暇,可一访网络(如“倒寒网”)自行判断,看看得出什么结论。

用幽默化解“危机”是常有的事。当年美国总统罗纳德·里根访问加拿大，大批美国人越境随行前来抗议，场面相当尴尬，里根微笑着对加拿大总理说：“不要担心，他们前来，是想让我有宾至如归的感觉”。宾主会心一笑，气氛转而轻松。

幽默是人生的“肤轻松”软膏，遇有难堪时，抹上一抹，僵硬的面庞就可能春风解冻。不过，若是缺乏智慧，是不会有幽默感的。面对“危机”，用什么态度、以什么方式来应对，展现了一个人的心智。

不幸的是，不是所有的“危机”都可以化为一笑，真正重大的危机如尼克松的“水门事件”、克林顿的“拉链门事件”，不可能用幽默、玩笑化解。不适当地玩幽默、开玩笑，不但于事无补，甚至可能加重危机。在这种情况下，不严肃澄清事实和回应外界的指责、质疑，可能被视为傲慢和愚蠢。事实也是如此，尼克松被迫下台、克林顿公开认错道歉，证明在这种危机中轻松过关显然不容易。

尤其是，原本严肃作出承诺，事后推说“玩笑”，不但让人大跌其隐形眼镜，而且严重涉及当事人的诚信，暴露出对民众的戏侮，会进一步加重外界的疑虑和反感。

当初，网路上一位博主麦田发难，对韩寒提出质疑，认为他署名的作品乃他人代笔，甚至“团队打造”。麦田晒出证据：署名“韩寒”的13篇博客文章发表时间，居然是在参加全国汽车拉力锦标赛和全国房车场地赛之时，有些还是激烈比赛前的午夜时分；此外，其新概念作文大赛一举成名的作文《杯中窥人》也由其父韩仁均代笔，出题评委李其纲是韩仁均同学；小说《三重门》也有韩仁均的影子，并非真是17岁少年韩寒的创作。麦田的质疑强而有力，并不是空泛的猜测。韩寒不能不立即回应，紧急止损，他发表声明：能列举出身边任何亲朋好友属于“韩寒写作或者策划团队”的任何成员，或者曾经为其代笔，哪怕只代笔过一行字……均奖励人民币两千万元，本人也愿就此封笔，并赠送给举报人所有已出版图书版权。影星范冰冰也来凑热闹，声明追加二千万，以示力挺。

对韩寒这份显得底气十足的严肃声明，如果有人认为是玩笑，就太不把这位著名“作家”的信用当回事了。那时有媒体报道的题目是“韩寒被团队代笔论激怒　悬赏2000万求证据”，这“激怒”与“玩笑”是不兼容的。令韩寒始料未及的是，这样一份声明不但没有让代笔疑云消逝，反而引来方舟子以及许多网民的“韧的战斗”，他们运用缜密的逻辑规则和经验法则对韩寒的作品进行细致的文本分析，揭出韩寒在一些访谈中露出的麒麟皮下的马脚，让韩寒狼狈不堪，难以招架。有网民揭露韩寒在一次网站视频采访时说《就这样漂来漂去》封底一段话不是他写的，特别不是他的风格，他显然没有意识到那段话恰恰是从正文中摘录的，这清楚表明韩寒对于自己署名的这本书并不熟悉（在《三重门》的电视访谈中，他早就露出过马脚；至于他自曝的《三重门》手稿，被发现更像是抄稿而不是创作稿；后来网友更为劲爆的揭露是“韩三篇”居然首发于韩仁均的隐秘博客）。这类证据太多了，所有这类证据都指向一个结论而这个结论显然是唯一合理的，那就是：署名“韩寒”的作品很有可能不是他写的。当初，为了应对方舟子有理有据的质疑，韩寒在两个法院起诉，后又以整理材料为名撤回起诉，按说现在材料早就该整理完了，但至今也没有重新起诉的迹象。在网站视频采访中，这位“诚实”的“作家”韩寒称两千万悬赏是“玩笑”。

噫！悬赏之日信誓旦旦，一转脸就变成“玩笑”了。这个悬赏不是为了打消外界对于“代笔”的质疑而抛出来的吗？想那时有不少人因这种豪气万丈的声明而相信了韩寒。现在泡沫被他亲手戳破，那些拥趸者情何以堪？

其实，韩寒这类“玩笑”何止一起。早在2008年，“韩寒”就在一篇由他署名的文章中说：“今天看到新闻，说某网友猜测我三年用了枪手……我是有证据的。我早料到有那么一天，于是每次动笔写，我就摆个DV在后面拍着。到现在，我已经拍了1000盘DV带了。总计也就2000个小时。”然而现在到了紧急关头，这位边写作边拍摄的“作家”却拿不出口口声声存在的“证据”，表明这不过是又一个“玩笑”。

那么,对于“代笔”这一连韩寒自己都认为重大的“指控”,韩寒竟然屡屡开“玩笑”,当初的义正词严、理直气壮,反倒成了对其本人信誉的瓦解。人们可不可以问一句:这位“作家”还有哪句话不是“玩笑”?

也许,有一句话是韩寒无法讲出来的:他最大的玩笑,是顶着“作家”的光环,作品却是别人写的。

围方救不了韩

韩寒代笔事件不断发酵之时,韩寒及其支持者应对质疑的策略之一,是围魏救赵,即围攻方舟子及妻子刘菊花来转移对韩寒假充作家一事的注意力,模糊其焦点。君不见,网上除了大量质疑韩寒一方的帖子之外,最多的就是韩家马甲及其拥趸系统发布的抹黑方舟子及其妻子的帖子。这一围方救韩策略蒙骗一般单细胞人士还是奏效的,但是想达到韩寒在质疑中低空掠过侥幸过关的目的却是不成的,原因是:

支持韩寒的,大多是“韩粉”,他们将韩天才当作自己的偶像,与之一荣俱荣一损俱损;支持方舟子的,几乎没有几个所谓“方粉”,方舟子不像韩寒之娱乐明星化,以方舟子的外貌很难吸引别人失去理性追随其后尖叫,形成不了韩寒那种数量可观的粉丝群体。抹黑方舟子不会造成粉丝流失。支持方舟子不等于是他的粉丝。

质疑韩寒的广大网民较为理性,有自己的独立判断,他们支持方舟子建立在对方舟子质疑的具体内容和韩寒可疑之处进行理性分析的基础上。对韩寒的质疑已经成为众多网民与韩寒一方的斗争,方舟子不过是质疑韩寒一方最为有名的人而已,方舟子即使倒掉,网民质疑韩骗不受影响,会继续进行下去。

韩方抹黑方舟子及其妻子的做法冒着激起更多人反感的风险,会让人们感到韩方手段有点卑劣。

何况,明了韩寒是不是伪作家,并不需要高超的判断能力,只需要祛除偏见或者偏袒,把常识判断能力释放出来即可。有着健全判断力的人不在少数,要想让所有人昧于所见未免太过困难。有《西江月》词一首为证:

父子文坛行骗,
夜来怎得心安?
有朝一日被戳穿,
沪上巍然巨案。

纵有百般狡辩,
妄图脱身实难。
质疑声浪卷波澜,
端赖常识判断。

我的结论是:围方救不了韩。

搅浑水帖

在网络掀起的韩寒争议中，有不少搅浑水帖，列举如下：

第一类是阴谋论，发这类帖子的都得到文革真传，他们以阴谋论来转移和模糊争议焦点，通常套路是：(1)刻意混淆媒体社论与媒体采用作者投稿的不同，特别强调登载抨击韩寒的肖鹰教授文章的中青报是官媒，意思是官媒揭露韩寒有中央上层的部署，这一招随后被公开打脸，中青报又登了篇挺韩文章，导致阴谋论不攻自破。这类阴谋论绝不会顾及挺韩造神的南方报系也是官媒的事实。(2)另一种阴谋论是拿署名韩寒的文章观点来作依据，声称韩寒被质疑是因为他署名的文章观点不被左派以及政府乐见，因此遭受打压。事实上，质疑韩寒的众多网友关注的始终是一个问题：署名韩寒的那些小说杂文到底是不是他写的，至于他文章观点如何，才不是大家关心的呢。(3)声称韩寒不知得罪了谁，毫无根据地释放韩寒被打击报复的讯息，以此把水搅浑。

第二类是动机论，将对韩寒的质疑归因于所谓的羡慕嫉妒恨。或者，将质疑归因于自我炒作、想出名。这种论调让人想到一句成语：小人之心度君子之腹。

第三类是标签论，围攻质疑者个人并为其贴标签，如掀起对肖鹰教授及所属单位的网上攻击，转移对肖教授观点的理性分析，甚至将其有理据的观点简单与文革大字报画等号，把揭露文坛骗局说成是文革回潮。

第四类是无证据论，对于众多的韩寒造假的证据视而不见，高叫“无证据”。对于这种选择性视听的脑残粉来说，信者恒信，不信者恒不信，“其真无马耶，其真不知马也。”

第五类是代笔无所谓论，意思是：代笔是韩家私人的事，干卿底事，与大家何干？殊不知蒸馒头自己吃是他自家的事，拿出来叫卖就不是他一家的事了。韩寒那些荣誉和巨大的经济收益都来自他署名的那些作品，他是否造假，公众当然有权知道和质疑。

第六类以大欺小或以官欺民论，称中青报是官媒，肖鹰是清华教授，而韩寒只是社会青年、小镇屌丝，制造韩寒被霸凌的悲情，一点不顾及韩寒早已是所谓公众人物、全民岳父、公共意见领袖、当代鲁迅和未来的“民选总统”以及有数以万计脑残粉的实力人物的事实。

第七类扯淡帖，最初来自人民大学教授张鸣不以为然的论调，典型表述是：这世上值得谴责的事情很多，干吗质疑韩寒，为什么不把枪口对准其他问题。这种扯淡帖刻意抹杀揭露韩寒作假的社会意义和文化价值，试图为韩寒脱困。

对于韩寒的质疑，核心只有一个：司机韩寒署名的那些小说杂文到底是不是他写的。

众多网民无组织,无任务,无私利,只怀有对中国假骗横行的不满与对真相执着的追求。

这是脑残粉无法理解也难以企及的。

验证韩寒的两块试金石

话说要不是当初麦田打响质疑韩寒造假的第一枪，要不是方舟子围观后被扯进这个打破偶像的事件，韩寒一方仍然具有发动大量狂热粉丝的能力，以不离脐下三寸的恶骂击溃对他有根有据的质疑。有关这个事件的媒体报道，存在两个误导，一是将其定位为方韩之战，造成人们自动站队，对于方舟子韩寒本人的好恶取代了对于事实真相的探求，淡化了众多默默无闻的网民在揭露韩寒造假一事中大量可敬的工作；二是将父子双簧造假事件用柔性的“代笔”一词概括，泯去了冒名欺世牟取社会信任和财富一事的严重性。

只有《长江日报》等极少纸质传媒对这个事件进行了清醒的报道，南方报系竟然在韩寒被揭露后仍以长文对他加以呵护并对质疑造假者的方舟子进行长篇诋毁。一些所谓公知在这一事件中暴露出圈子意识、只有立场没有是非和将扯淡进行到底的精神，露出了麒麟皮下的马脚。

社会的可敬精神之一是包容，但没有是非观念的包容精神，只会造就骗子不倒的世界。这是看待韩寒事件应当有的基本认识。对于韩寒事件的辨别，不需要皓首穷经、学富五车，只需要一点正常的理性、客观的态度和 common sense（常识或者普通判断力）就够了 。

验证韩氏父子是否作假的方法并不难：一是很简单的，在无作弊可能的情况下让赛车手韩寒现场抽题当场写篇东西出来，水平只要相当于杯中窥人即可，这个最易实行，但心虚的韩方已经拒绝；二是稍复杂的，就是公权力介入调查。韩寒起诉又撤诉的闹剧表明他惧怕这个做法，表现十足心虚。现在质疑方强烈呼吁公权力介入调查，复原真相，韩寒一方虽然硬拗，却不敢借助公权力澄清自己。两方谁心虚谁胆壮，一目了然。其他什么手稿自清啊，微博长文啊，博客日记啊，全是扯淡。

在上面两块试金石中，拒绝第一块最难以消除人们的疑虑，无论再怎么躲在龟壳里用不知道怎么弄出来的文章蹦跳，只要不敢出来一显身手，是不能让明眼人信服韩氏父子没有造假的。人们始终会质疑：如果韩方硬拗的韩天才是真的，为何不用这最简单易行又可一招制敌的方式来止损？

到现在还相信韩寒是作家的，真是笨蛋。

不倒翁社会

不倒翁是儿童喜爱的玩具。传统的不倒翁玩具，塑造的是胖老头，笑哈哈立在眼前，手指一按，歪向一侧，手指一松，又恢复原状，照样哈哈笑，笑哈哈。有时候，会不会觉得我们所处的社会就是一个不倒翁社会？

君不见，文抄公郭敬明当初被起诉到法院，法院确认其《梦里花落知多少》抄袭了庄羽的《圈里圈外》，此公只赔钱不道歉，扬言用自己的作品来证明没有抄袭。噫！这话亏他说得出口，要证明没有抄袭岂能依靠新作品？用新的作品来证明自己有写作能力尚可，要证明没有抄袭，想都别想，抄袭与否有书证在，白纸黑字，怕是抵赖不得。前不久凤凰电视台《锵锵三人行》节目邀请这位身材瘦小、打扮时尚的家伙来镜头前聊天，问及抄袭时，此公赶紧把话题岔开，盖因此事太糗，根本无法掩饰也。按说，一位“作家”一旦被揭露抄袭，就应该屁滚尿流逃离文坛，在一个规则健全的社会，没有哪个出版社会再出版他的作品，人们不会容忍一个文坛小偷继续逍遥在文坛。但我们的社会的确宽大无边，不但郭敬明没有从此在文坛消失，反而颇为高调地继续在文坛招摇，不但此也，还进军电影业，将《小时代》拍成电影，极尽夸耀物欲之能事，渲染各种高档名牌，毫不掩饰地饕餮男色，就是这样一部奇烂无比的电影，却票房奇佳，脑残粉一拥而进电影院，不但看还欢笑连连、惊叫连连，真是有几流的观众就有几流的电影。

比他更嚣张的，是雇凶打人的肖传国。方舟子揭露其“脚踏两只船”“用会议摘要冒充论文”“履历造假”以及“肖氏反射弧”疗法并未得到国际公认，根本就是一场乌龙，肖传国恼羞成怒，背地里差遣他人前来暗袭方舟子，幸好方舟子身手还算敏捷，才幸免严重伤害。肖传国随后被逮捕、起诉和审判，法院确认其罪名成立，判其拘役五个半月，斯文从此扫地矣。不过，服刑出狱后不但没有面壁自省，反而继续呼冤。离奇的是，这家伙居然在深圳又获得行医资格，堂而皇之继续其肖氏反射弧的治疗，洋洋得意复又得意洋洋矣。

这类不倒翁还多的是，前些年揭露出来的学术界抄袭事件，当事者虽然被确证抄袭成立，却鲜有从此敛迹于学术界者，大多数继续在学术圈大展宏图，继续著书立说，享受一切学术荣誉与光环，仿佛什么都没有发生。要是换成其他一些国家，早就逐出学术界矣。

为何我们的社会会成为不倒翁社会？

我们的文学界、学术界和科学界没有把自身从事的事业看作“神圣事业”，为自身量定的标准自然就很低了。让文抄公、骗子混迹其中，倒也觉得心安理得。何况现在造假成风，社会容忍度很高，都是粪勺上的苍蝇——混碗饭吃，何必打破人家的饭碗，伤了彼此的和气?

祖护造假者还有自身的利益考量,一些单位领导对于丑闻捂着盖着,不欲外界知道和议论,他们将自己的仕途前程与这些掩盖事业联系在一起,窗户纸一旦捅破,大家的面子都挂不住,于是采取猫头鹰策略,睁一眼闭一眼,大事化小,小事化无。

这类事往往涉及一种可以直接用金钱衡量的利益。文坛树立起来的偶像有金钱价值,背后操盘者(如出版商)把他们当作摇钱树来呵护和培植,当然不愿意让这些大树倒掉。出版商眼中只有花花钞票,对于文抄公郭敬明如此,对于人造文学天才韩寒等人也是如此。当初韩寒父子文坛造假事件被揭露,韩氏父子起初想要复制当年骂倒白烨的成功模式,词锋不减当年地尽情嘲骂质疑者麦田、方舟子,不料这次一脚踢到钢板上,方舟子的细心、耐心和韧性让这对父子吃了大亏,韩寒被揭露得几乎仅剩下内裤。尽管为数不少的"公知"和粉丝继续挺韩,但在坚持"韧的战斗"的理性网民面前,这对父子的锐气显然受挫,他们躲在帷幕后面,龟缩起来,当年将对手骂得跌下马来的风光已经不再,韩寒作为文坛骗子的文学史定位恐怕是逃不掉的了。不过,出版利益团体不会轻易放弃这棵让他们赚翻了的摇钱树,一部署名"韩寒"的小说《一座城池》改编的同名电影借着《小时代》的东风宣传造势,韩寒"导演"的电影《后会无期》背后也有出版商支持。对于出版商来说,让韩寒保持吸金能力是他们致力的目标。

有些"公知"为文坛造假者站台,他们眼中只有立场没有是非,文坛造假者公开言论与这些"公知"有着同样的立场观点,"公知”誉之为“当代鲁迅”“青年意见领袖”甚至未来的“民选总统”，似乎形成了一荣俱荣、一损俱损的关系，他们对造假欺世的证据自然就不闻不见了。

呜呼，在这样的社会，抄袭者和文坛骗子不需要为自己的抄袭、造假行为付出沉重代价，他们不会因此垮台，也不会因这种垮台在社会上发挥以儆效尤的作用。当小男孩喊出“皇帝什么都没有穿”的时候，大家都明白皇帝什么都没有穿，但大家容忍甚至掩饰这样的事实。皇帝匿笑前行，他不是被两名织工所骗，他本人就是骗子，他知道在不倒翁的社会里，他可以有滋有味风光地活着。

跋

文化有她软软的一面，我爱文化的柔性。

文化的面貌可以刚劲有力，法律文化庄重、严肃，司法女神一手执剑，显示着法律的权威。许多国家的司法大厦都有庄严的外表，令人肃然起敬。文化也可以柔若无骨，司法理念、价值取向通过司法活动显现出来，不容易描摹，也很难触摸，但我们能够感受到它柔软的一面，像春风拂面、暗雨入夜。

文化的软，还有一个意义：对于法律人来说，文化是一种涵养工夫。我们都在努力地文化着，但文化最终要落实到一种气质、一种惯常的行为，这是长时间修炼的结果。面对粗糙而蛮性的群体，是急不得的，每日大吼三声，天天耳提面命，未必真能播散文化。优质文化的育种、生根、开花、结果，不像派发盒饭那么容易。

文化的育成，需要慢慢滋润，悄悄熏染。靠的是浅斟低唱，布置下文化的曲水流觞。

这曲水从历史深处流过来，流过现在的你，流向值得憧憬的未来。且看那法律的历史何其悠长，资源何其宏富，给当今的文化带来多少滋养。你只需俯下身子，便可捉觞细品,唇齿间或可留香。

文化是全球性的,何国没有,何地无之?不能践欧陆美壤而去的,就等这曲水沐欧风美雨而来吧。一张报纸在手,可以卧游寰宇,想知道日本的陪审制度有何来头、英国的法官为何有那么高的社会尊重度、美国的辩诉交易是否诱发过司法腐败?缓缓漂流下来的流觞给你提供答案。

曲水不停地流,文化之觞随之而来。我的期待是,有更多将文化娓娓道来的妙文到桌案上来,在文化的花团锦簇当中,每一个怀有希望的人都不会失望。

图书在版编目(CIP)数据

天 Borderless 下

阿Q之死的标本意义 / 张建伟著. ——北京：法律出版社，2017.5（2018.1重印）
ISBN 978-7-5118-9992-7

Ⅰ.①阿… Ⅱ.①张… Ⅲ.①法律—中国—文集
Ⅳ.①D92-53

中国版本图书馆CIP数据核字(2016)第230287号

阿Q之死的标本意义
AQ ZHISI DE BIAOBEN YIYI
张建伟 著

策划编辑 高 山
责任编辑 汤子君
封面创意 高 山
装帧设计 贾丹丹

开本 A5
版本 2017年5月第1版
出版 法律出版社
总发行 中国法律图书有限公司
印刷 固安华明印业有限公司

印张 13 **字数** 261千
印次 2018年1月第2次印刷
编辑统筹 学术·对外出版分社
经销 新华书店
责任印制 陶松

法律出版社/北京市丰台区莲花池西里7号(100073)
网址/www.lawpress.com.cn
投稿邮箱/info@lawpress.com.cn 销售热线/010-63939792
举报维权邮箱/jbwq@lawpress.com.cn 咨询电话/010-63939796

中国法律图书有限公司/北京市丰台区莲花池西里7号(100073)
全国各地中法图分、子公司销售电话：
统一销售客服/400-660-6393
第一法律书店/010-63939781/9782 西安分公司/029-85330678 重庆分公司/023-67453036
上海分公司/021-62071639/1636 深圳分公司/0755-83072995

书号： ISBN 978-7-5118-9992-7 **定价：** 56.00元
(如有缺页或倒装，中国法律图书有限公司负责退换)